Eis um livro que vale a pena ser lido. Leeman é lúcido, sensível e extremamente ponderado com relação a um tópico um tanto grave. Embora eu não concorde com cada detalhe da análise de Leeman, sua leitura me ajudou, despertou e alertou. Preciso de mais livros como este.

Kevin DeYoung, pastor da Christ Covenant Church, em Matthews, Carolina do Norte; professor-assistente de Teologia Sistemática no Seminário Teológico Reformado (RTS) em Charlotte

Por que se enfurecem as nações, de Jonathan Leeman, traz verdades que farão qualquer cristão — de direita, de esquerda, de centro ou o que quer que seja — ficar incomodado, e é isso que o torna louvável. Em um momento de polarização política, Leeman proporciona uma oportunidade para as pessoas se afastarem das manchetes e de toda essa ladainha para reavaliar o que realmente significa representar a Cristo no âmbito público e na comunidade local. Lido com cautela, *Por que se enfurecem as nações* pode abrandar algumas das arestas do discurso político atual e fazer com que os cristãos sejam propagadores da verdade e pacificadores, em vez de meros partidários de uma causa.

Jemar Tisby, presidente do *The Witness*, um coletivo negro cristão; coapresentador do podcast *Pass the mic*

Poucos mares são tão difíceis de navegar para o cristão como os da política. Este livro nos ajuda a evitar os erros extremos de se preocupar demasiadamente com a política ou de nela depositar excessivas esperanças. Um de meus maiores desafios como pastor tem sido apascentar meu rebanho nessa questão, de modo que Jonathan nos tem proporcionado um recurso inestimável para tal fim, independente do viés político que seja posto em discussão. De forma marcantemente sensível, porém sincera, ele abre a Bíblia e nos mostra o caminho a ser seguido.

J.D. Greear, pastor da The Summit Church, em Raleigh-Durham, Carolina do Norte

Vivemos momentos políticos tensos, tanto dentro como fora da igreja. O modelo de "guerra cultural" do último século provou-se incapaz de enfrentar a polarização do atual ambiente social. *Por que se enfurecem as nações* proporciona uma compreensão mais madura, profundamente bíblica e pastoral — tudo o que tanto precisamos — acerca do relacionamento entre a igreja e a esfera pública. Em suas páginas, Leeman equilibra repreensão e encorajamento, bem como teoria e sabedoria.

Karen Swallow Prior, organizadora do livro *Engajamento cultural: um curso intensivo sobre questões contemporâneas e as diferentes perspectivas cristãs* (Thomas Nelson Brasil)

A maioria dos cristãos conscientes sabem em seu íntimo que, ainda que o governo seja necessário, a solução para as dificuldades da vida e da organização social jamais surgirão na capital da nação. Jonathan Leeman escreveu *Por que se enfurecem as nações*, em parte, para demonstrar o quão fúteis são as soluções políticas. Seu objetivo não é fazer com que os cristãos se afastem da política, mas fazer com que encarem de forma honesta as árduas complexidades das tramas humanas que envolvem o sistema político. A certa altura, Leeman reconhece que a igreja corre o risco de ser esmagada por quase todos que fazem parte do sistema político; todavia, em um mundo repleto de ódio, somente a igreja e sua mensagem de amor são capazes de oferecer uma solução real. Qualquer cristão que se interesse por questões políticas deveria ler este livro.

Paige Patterson, presidente do Southwestern Baptist Theological Seminary

Nossas convicções políticas procedem das Escrituras ou do conservadorismo estadunidense? Nossas esperanças políticas estão firmadas em governos desta terra ou no governo celestial para o qual fomos chamados? Leeman convida os cristãos a reavaliarem e a "repensarem a fé e a política a partir de uma perspectiva bíblica"; lembrando que devemos representar o Rei Jesus como seus embaixadores fiéis, a partir das embaixadas celestiais, que cada igreja local deve ser. De modo que, seja você um cristão de esquerda ou de direita, representante de uma minoria cultural ou da maioria, parte da Geração Grandiosa ou da geração X, Y ou Z, pegue este livro e comece do zero. Certifique-se de que sua política esteja firmada nas Escrituras, para que possamos representar correta e fielmente nosso governo celestial durante nossa permanência nesta terra.

Juan R. Sánchez, pastor da High Pointe Baptist Church

Até que ponto os cristãos devem se envolver no processo político? Em *Por que se enfurecem as nações,* Jonathan Leeman nos traz uma análise cuidadosa e teologicamente robusta da relação entre fé e política. Este livro é um recurso urgentemente necessário aos cristãos que procuram fielmente integrar seus compromissos cristãos à sua atividade política. Leeman é cuidadoso, persuasivo e inflexivelmente bíblico em sua argumentação. Este livro merece ser cuidadosamente examinado por todo cristão que deseje caminhar fielmente na seara pública.

R. Albert Mohler Jr., presidente do Southern
Baptist Theological Seminary

Jonathan Leeman não apenas escreveu um bom livro, mas um livro importante. Partindo da cisão política cada vez mais profunda nos Estados Unidos, *Por que se enfurecem as nações* exorta os cristãos a não permitirem que a política domine suas vidas, mas a permitirem que Deus o faça. Leeman desafia os cristãos a rejeitarem os deuses fúteis que muitas vezes servimos e, em vez disso, optarmos pela submissão a Cristo em todos os aspectos da vida pública. Este livro refuta nossos pressupostos sobre os poderes terrenos, alimenta nossas esperanças pelo reino celestial e reposiciona o centro de nossas vidas políticas dentro da igreja de Jesus Cristo.

Thom S. Rainer, presidente e CEO do LifeWay Christian Resources

O que a igreja tem a ver com a política? Existe uma relação adequada, embasada biblicamente, entre a Igreja e o Estado? Em *Por que se enfurecem as nações,* Leeman não encoraja a igreja a se apartar ou a dominar a esfera política, mas a representar os céus em um mundo conturbado. Que conselho oportuno, especialmente para a igreja nos Estados Unidos! Trata-se de um texto de fácil compreensão e digno de mérito.

John MacArthur, pastor da Grace Community Church e autor de diversos livros publicados pela Thomas Nelson Brasil, entre eles: *Uma vida perfeita, Uma vida fiel* e *Comentário bíblico MacArthur*

Filho de imigrantes coreanos, cresci desejando ter nascido nos Estados Unidos, católico e de ascendência irlandesa, tal qual todos os meus amigos na escola primária St. Mary. A questão identitária causou um bocado de confusão e angústia em minha vida. Ainda muito pequeno, aos cinco anos de idade, no ano do bicentenário de nossa nação, lembro-me claramente de meu pai insistindo com minha mãe e todos seus amigos na igreja coreana onde congregávamos que os cristãos tinham a obrigação de votar em um cristão praticante, da denominação Batista do Sul, plantador de amendoins da Georgia, chamado Jimmy Carter — minha primeira experiência com política identitária. Muito obrigado, Dr. Leeman, por me incentivar a repensar e refletir sobre as questões abarcadas neste título. Quando os cristãos complicam demais sua identidade em Cristo (somos apenas embaixadores do governo e do domínio de seu reino), tendemos a simplificar excessivamente nossa política, transformando-a em partidarismo e identitarianismo. Isso precisa mudar.

Won Kwak, pastor da Maranatha Grace Church, em Englewood Cliffs, New Jersey

Como pastor no mesmo bairro da sede do governo estadunidense, frequentemente me pedem indicações de livros sobre política para cristãos. Jonathan Leeman estabeleceu um novo padrão. Bem exemplificado e envolvente, este livro tão bem embasado deveria ser lido em nossas igrejas antes que enfrentássemos um novo pleito eleitoral.

Mark Dever, pastor da Capitol Hill Baptist Church, em Washington, D.C., e presidente da 9Marks

POR QUE SE ENFURECEM AS NAÇÕES

JONATHAN LEEMAN

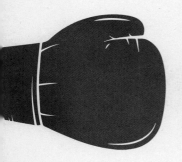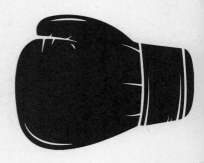

POR QUE SE ENFURECEM AS NAÇÕES

Reflexões sobre fé e política em tempos de polarização

Título original: *How the nations rage: rethinking faith and politics in a divided age*
Copyright ©2018, por Jonathan Leeman,
edição original de Nelson Books. Todos os direitos reservados.
Copyright da tradução ©2022, de Vida Melhor Editora LTDA.

Todos os direitos desta publicação são reservados por Vida Melhor Editora LTDA.

As citações bíblicas são da Nova Versão Internacional (NVI),
da Bíblia, Inc., a menos que seja especificada outra versão da Bíblia Sagrada.

Os pontos de vista desta obra são de responsabilidade de seus autores e colaboradores
diretos, não refletindo necessariamente a posição da Thomas Nelson Brasil,
da HarperCollins Christian Publishing ou de sua equipe editorial.

Publisher	*Samuel Coto*
Editor	*Guilherme Lorenzetti*
Tradução	*James Reis*
Preparação	*Guilherme Cordeiro*
Revisão	*Émerson Martins Soares*
Diagramação	*Sonia Peticov*
Capa original	*Micah Kandros*
Adaptação de capa	*Beatriz Cardeal*

Dados Internacionais de Catalogação na Publicação (CIP)
(BENITEZ Catalogação Ass. Editorial, MS, Brasil)

L741p   Leeman, Jonathan
1.ed.   Por que se enfurecem as nações: reflexões sobre fé e política em tempos de polarização
/ Jonathan Leeman; tradução James Reis. — 1.ed. — Rio de Janeiro: Thomas Nelson
Brasil, 2022.
    272 p.; 13,5 x 20,8 cm.

    Título original: How the nations rage: rethinking faith and politics in a divided age.
    ISBN 978-65-56893-22-8

    1. Cristianismo e política. 2. Igreja e o mundo. 3. Religião e política. I. Reis,
James. II. Título.

06-2022/34   CDD: 261.7

Índice para catálogo sistemático

1. Cristianismo e política   261.7

Bibliotecária responsável: Aline Graziele Benitez CRB-1/3129

Thomas Nelson Brasil é uma marca licenciada à Vida Melhor Editora LTDA.
Todos os direitos reservados à Vida Melhor Editora LTDA.
Rua da Quitanda, 86, sala 218 — Centro
Rio de Janeiro — RJ — CEP 20091-005
Tel.: (21) 3175-1030
www.thomasnelson.com.br

Para minhas filhas: Emma, Hannah,
Madeline e Sophie — em prol do
mundo que vocês herdarão.

SUMÁRIO

1. Uma nação irada, uma igreja inalterada   13

2. Esfera pública: não é neutra, mas um campo de batalha entre deuses   37

3. Coração: não exalta a si mesmo, mas nasceu de novo e foi justificado   64

4. Bíblia: não é jurisprudência, mas uma constituição   92

5. Governo: não é um salvador, mas serve para construir uma plataforma   117

6. Igrejas: não são grupos de interesse para fazer *lobby*, mas embaixadas do céu   149

7. Cristãos: não são guerreiros culturais, mas embaixadores   185

8. Justiça: não gira em torno apenas de direitos, mas do que é certo   226

PENSAMENTOS FINAIS: *por que a batalha pode piorar, mas nossas esperanças políticas devem permanecer inalteradas, inabaláveis, intactas.*   266

1

UMA NAÇÃO IRADA, UMA IGREJA INALTERADA

Estou escrevendo isso no fim da noite do Dia da Independência dos Estados Unidos, 4 de julho. Minhas filhas estão na cama. O assobio e o crepitar dos fogos de artifício já terminaram. Já a música da cobertura da rede de televisão PBS do espetáculo musical do lado de fora do Capitólio ainda ressoa nos meus ouvidos. O show combinou músicas patrióticas, discursos de notórios heróis estadunidenses e fotografias de imagens icônicas deste país: a Estátua da Liberdade, o Monumento a Lincoln, o Grand Canyon, a ponte Golden Gate e assim por diante.

Quão bela com seus vastos céus, e trigais que correm em ondas âmbar.

Sinto-me emocionado. O Dia da Independência, para mim, traz uma sensação de nostalgia, quase como um aniversário. Um aniversário evoca lembranças da infância. Quatro de Julho evoca lembranças de... como posso descrever? Lembranças dos Estados Unidos? O que ele é, o que representa, o que queremos que seja.

Não lembro quando me dei conta pela primeira vez de minha afeição pela minha nação. Talvez tenha sido durante o pipocar dos fogos de Quatro de Julho quando criança, ou durante uma aula sobre Abraham Lincoln na escola primária, ou na terceira vez

13

em que me servia da caçarola de batata-doce no Dia de Ação de Graças, ou enquanto assistia um jogo do Cubs no estádio Wrigley Field no ensino médio.

Seguramente, recordo-me de descobrir o poema de Walt Whitman, "I hear America singing" [Escuto a América cantar], na faculdade e de ficar maravilhado com ele.

> Escuto a América a cantar, os vários cânticos que escuto...
> Cada um cantando aquilo que pertence a si e a mais ninguém...
> Cantando, com suas bocas abertas, suas fortes e doces notas.[1]

Também me lembro de descobrir o compositor estadunidense Aaron Copland na faculdade. Suas peças de balé e suítes orquestrais inspiraram ideias para músicas características dos Montes Apalaches, das noites nas pradarias e reminiscentes da música típica do Velho Oeste. Até hoje, quando escuto suas músicas, sinto uma saudade profunda de décadas sobre as quais apenas li e lugares que só vi em fotografias preto e branco — todas profundamente estadunidenses.

Tais retratos são alguns dos símbolos de meu próprio amor pelo país. O que tem sido difícil para mim durante os últimos dez ou vinte anos, porém, tem sido assistir uma separação cada vez maior entre os Estados Unidos e o meu cristianismo. Eu poderia até dizer que o relacionamento está se tornando flagrantemente conflituoso.

DISCÓRDIA E DESUNIÃO

Encontrava-me no sudoeste da Ásia há algumas semanas, passando algum tempo com meu amigo Michael. Ele é um missionário

---

[1]Trecho de "America the beautiful" [América, a bela], clássica canção patriótica dos EUA, composta no século 19 por Katharina Lee Bates e Samuel A. Ward (N. do R.).

norte-americano e, juntamente com sua família, tem vivido fora dos Estados Unidos há mais de uma década. Certa noite, durante o jantar, passamos a papear sobre política.

— Eu tento ficar informado com as notícias — disse ele. — Mas como é de verdade?

Missionários são como cápsulas de tempo culturais. Eles deixam o lar para trás e sua percepção das tendências e estilos da terra natal fica congelada no tempo. "Por que você ainda usa calças *baggy*, meu irmão? Os anos 1990 já acabaram". Manter-se informado acerca das notícias, logicamente, não faz com que a pessoa consiga dimensionar o que é viver nos Estados Unidos.

— Para ser sincero, é realmente intenso — disse eu, respondendo sua pergunta. — Há muita discórdia e desunião. — Então passei vários minutos tentando transmitir ao Michael a sensação daquela divisão.

Representantes da esquerda e da direita política, por exemplo, costumavam conversar e argumentar entre si. Agora, eles apenas gritam. Quando, na Universidade de Notre Dame, perguntaram a uma preletora progressista convidada se ela conseguia identificar pontos em comum com os conservadores em questões de raça e gênero, ela respondeu: "Você não pode juntar essas duas palavras. Você precisa ser contra. Você deve lutar. Pra mim, é um limite que não pode ser ultrapassado".[2]

E teve um homem que gastou 422 milhões de dólares financiando uma campanha para legalizar o casamento entre pessoas do mesmo sexo em todos os cinquenta estados. Quando indagado sobre seus planos, ele respondeu: "Nós vamos punir os perversos".[3]

---

[2]Patricia Hill Collins, citada no artigo de Elizabeth C. Corey, "First Church of Intersectionality", *First Things*, agosto de 2017. Disponível em: https://www.first-things.com/article/2017/08/first-church-of-intersectionality.

[3]Andy Kroll, "Meet the megadonor behind the LGBTQ rights movement", *Rolling Stones*, 23 de junho de 2017. Disponível em: http://www.rollingstone.com/politics/features/meet-tim-gill-megadonor-behind-lgbtq-rights-movement-wins-w489213.

E houve um professor de Direito em Harvard que descreveu sua postura com relação aos conservadores: "A guerra cultural terminou; eles perderam, nós vencemos [...] Minha avaliação pessoal é que agir com dureza ('Você perdeu, aceite a realidade') é melhor que tentar acolher os perdedores".[4]

"É uma época sórdida. É uma época sórdida",[5] concluiu o falecido juiz da Suprema Corte Antonin Scalia, ao refletir sobre o clima moderno e relembrar como a elite dos republicanos e dos democratas confraternizava e brindava nos jantares que eram realizados em Washington, D.C., nos idos dos anos 1970 e 1980. Isso "não acontece mais". Scalia foi eleito pelo Senado para a Suprema Corte em 1986 por uma votação de 98 a 0. Hoje em dia, contudo, as batalhas pelos indicados para a Suprema Corte seguem a linha partidária praticamente sem desvios.

Scalia teceu esses comentários em 2013. Pense no que aconteceu desde então: a legalização do casamento entre pessoas do mesmo sexo pela Suprema Corte no caso *Obergefell*; os confrontos jurídicos entre direitos LGBT e liberdades religiosas; a explosão de vídeos de brutalidade policial e o surgimento do *Black lives matter* [Vidas negras importam]; o súbito protagonismo do movimento transgênero; a ascensão da extrema direita; o afastamento cada vez maior entre globalistas e nacionalistas e as eleições de 2016, ainda um tanto desnorteantes.

Nesse meio tempo, uma organização política conservadora de Washington soltou um e-mail solicitando doações, logo após a eleição de Donald Trump. Com alertas em letras garrafais, o e-mail garantia que a "esquerda radical *não aceitará*" os resultados da eleição, mas "*subverterá* o futuro". A esquerda "já protestou

---

[4] Mark Tushnet, "Abandoning defensive Crouch Liberal Constitutionalism", *Balkinization* (blog), 6 de maio de 2016. Disponível em: https://balkin.blogspot.com/2016/05/abandoning-defensive-crouch-liberal.html.

[5] Jennifer Senior, "In Conversation: Antonin Scalia", *New York Magazine*, 6 de outubro de 2013. Disponível em: http://nymag.com/news/features/antonin-scalia-2013-10/.

violentamente contra as eleições" com "dinheiro providenciado pelas elites de Hollywood e Washington". Todos aqueles que amam "a fé, a família e a liberdade" devem, portanto, tomar cuidado com a "substancial inciativa da esquerda de ENGANAR, INTIMIDAR E DESORIENTAR os legisladores". Ela iria "tentar TODOS OS TRUQUES POLÍTICOS POSSÍVEIS". Você, porém, pode "contra-atacar" e ajudar a vencer "a guerra política de 2017". Por isso, "doe agora".

Concorde você ou não com esse e-mail, preste atenção na linguagem utilizada: *radical, subverterá, violentamente, enganar, intimidar, atacar, guerra.* Perguntei a um amigo que trabalha em uma organização religiosa de direita com visões semelhantes se esse tipo de linguagem estridente era normal.

"Esse é o vocabulário padrão", disse ele. "Somos nós *versus* eles. Ou retomamos nosso país de volta (para Deus), ou eles (os liberais progressistas) dominarão tudo". Ele também explicou: "De modo geral, a política não se trata mais de pessoas que participam em um projeto conjunto de ordem social. Há muito pouco desejo de efetivamente persuadir a outra parte. A estratégia hoje em dia é conquistar poder político suficiente para fazer as coisas do seu jeito. Pode haver mais grupos que sejam mais sutis e generosos em sua linguagem, mas os grupos que estão na extrema direita e na extrema esquerda marcam o tom do debate".

Aliás, o instituto Pew Research mostra que os democratas estão mais inclinados à esquerda e os republicanos estão mais inclinados à direita do que estavam há duas décadas. E ambos enxergam o outro lado como uma ameaça para a existência da nação.[6]

A beligerância certamente não fica limitada a grupos de interesses da capital do país. Pergunte a Jordanna. Ela tem doze anos de idade. Seus pais são cristãos e seu pai trabalhou para uma administração Republicana anterior. Bastaram esses dois fatos para que ela se tornasse alvo de piadas e zombarias em sua escola pública.

---

[6]"Political Polarization in the American Public", *Pew Research Center*, 12 de junho de 2014. Disponível em: http://www.people-press.org/2014/06/12/political-polarization-in-the-american-public/.

Enquanto isso, seus professores e a administração defendem mais e mais o Orgulho Gay e outras causas semelhantes. Logo após as eleições de 2016, a escola de Jordanna (alunos e professores) participou de uma passeata anti-Trump. Os pais de Jordanna não eram apoiadores de Trump, mas perguntaram se sua filha poderia ser dispensada da passeata. A permissão foi concedida, mas Jordanna foi colocada à margem do convívio social. Os outros alunos a maltratavam. Amigas antigas pararam de falar com ela. "Por que temos de ser tão diferentes?", ela indagou ao pai em lágrimas.

Eu não relatei ao Michael todos esses exemplos quando contei como as coisas tinham ficado cada vez mais divididas, mas vários desses acontecimentos estavam repassando em minha mente. — É como se vivêssemos uma disputa entre dois planetas em conflito: a esquerda *versus* a direita — disse eu. — Ou talvez pareça mais com um planeta que se partiu em várias partes, com armas disparando em todas as direções à medida que as partes se afastam. Lembra aquele jogo antigo de Atari, *Asteroids*, de quando éramos crianças? É mais ou menos assim.

Uma coisa é definitivamente verdade: os Estados Unidos estão no meio de uma crise de identidade. Pergunte o que une os cidadãos desse país àqueles que usam bonés com a inscrição "Make America Great Again" [Torne a América grande novamente] e àqueles que seguram cartazes com a inscrição "Black Lives Matter" [Vidas negras importam], e você ouvirá respostas totalmente distintas.

DENTRO DA IGREJA TAMBÉM

— E o que é mais triste — prossegui em minha explicação para o Michael, — é o quanto essas batalhas se replicam entre cristãos e em nossas igrejas.

Tome como exemplo a eleição presidencial de 2016. Entre os evangélicos, foi como se alguém deixasse cair um fósforo aceso em uma caixa de fogos de artifício. Tweets zuniam como morteiros e *posts* no Facebook pipocavam como bombas. Pastores que jamais haviam endossado um candidato político ao longo de seus ministérios, de uma hora para outra, sentiram-se na obrigação de se manifestar. Líderes cristãos com projeção nacional fizeram o mesmo.

Michael já tinha percebido isso só pelo que presenciara na internet. Seus amigos locais frequentemente lhe questionavam sobre as eleições. Michael, porém, não tinha como saber por conta própria sobre os cismas e as tensões que cresciam também dentro das igrejas. Um amigo de outra parte do país compartilhou em um e-mail: "Estávamos jantando com alguns amigos de nossa igreja uma noite dessas. Eu fiz alguns comentários sobre Trump. As pessoas ficaram bastante nervosas. Tudo isso é loucura! Eu tenho de parar de falar sobre as eleições. Tudo isso está até mesmo restringindo nossos relacionamentos. É tudo muito perigoso".

A mídia, com a pipoca nas mãos, publicou todo esse caos. As manchetes berravam: "Donald Trump revela rixas entre evangélicos que poderiam moldar a política por anos" (*New York Times*, 17/10/2016), e "Cristãos protestantes estão bastante divididos entre Trump e Clinton" (*Faithwire*, 17/10/2016).

As eleições separaram os cristãos, sobretudo, pelo aspecto étnico. Os brancos tenderam fortemente a apoiar Trump, enquanto os não brancos demonstraram alguma inclinação de apoio a Clinton. Após as eleições, meus amigos afro-americanos estavam fartos do evangelicalismo.

— Todas essas tensões surgiram até mesmo em minhas aulas da escola dominical — contei ao Michael. Naquele outono eu dera uma aula sobre cristãos e política em minha igreja, que se reúne a apenas seis quadras do prédio do Capitólio dos Estados Unidos. No domingo após as eleições, iniciei a aula com alguns comentários sobre nossa necessidade de unidade no evangelho. Uma senhora idosa negra levantou sua mão e queixou-se por não ter sentido empatia por parte da maioria branca. Uma mulher branca de meia idade respondeu declarando que todos os democratas são "maus".

Espere um pouco: por que eu fui escolher essa aula para dar?

— Minha preocupação nisso tudo não era que os cristãos discordassem com relação a quem era o melhor candidato

— expliquei. — Preocupava-me a temperatura emocional das desavenças. A confiança começou a ruir. Relacionamentos foram comprometidos. A liberdade cristã foi ameaçada.

O que não cheguei a abordar com Michael foi algo que só me ocorreu mais tarde. Se realmente pararmos para ponderar sobre de onde veio toda essa discórdia, veríamos que a confusão e o conflito experimentados pelos evangélicos norte-americanos nas eleições de 2016 não podem ser restritos apenas àquele período de tempo relativamente curto. Aqueles eram sintomas de confusões muito maiores, problemas muito mais extensos.

Afaste-se um pouco para ampliar o contexto e examinar a perspectiva das últimas décadas. Os cristãos sentem que vêm perdendo todas as guerras culturais, batalha após batalha. Nascido em 1973, eu não me lembro da revolução sexual dos anos 1960 ou da legalização do aborto em todo o país no ano em que nasci. Ainda assim, consigo lembrar as diversas ondas de mudanças nos valores morais ao longo da minha infância, durante a faculdade e após: a representação positiva de um casal não casado na televisão em 1984, um livro infantil sobre duas mães lésbicas em 1989, debates no conselho escolar sobre a distribuição de preservativos no início dos anos Clinton e a quantidade cada vez maior de personagens gays em programas de televisão e no cinema nos anos 1990 e 2000. Some a isso a confirmação judicial do aborto em 1992, no caso *Planned Parenthood* v. *Casey*. Some ainda o reconhecimento do casamento entre pessoas do mesmo sexo, estado por estado, começando por Massachusetts em 2004 e culminando com uma decisão de abrangência nacional no caso *Obergefell* v. *Hodges*, em 2015. Some as batalhas em torno da liberdade religiosa no esteio disso, como quando o empresariado norte-americano ameaçou o comércio de Indiana por causa da Lei de Restauração da Liberdade Religiosa proposta pelo governador Mike Pence. Coloque junto também as controvérsias políticas que vieram logo após 2016 com os banheiros transgêneros, bem como as subsequentes polêmicas em ambiente de trabalho por conta de pronomes neutros.

E eis aí a autobiografia cultural da minha geração.

Pouco a pouco, os cristãos foram se sentido empurrados para a periferia do que quer que os Estados Unidos estejam se transformando. Ainda soltamos fogos de artifício, comemos a caçarola de batata-doce e torcemos por nosso time de beisebol. Algo, contudo, está mudando — e já mudou. Estou me sentindo num Estados Unidos diferente — por causa do que a mídia desdenha, as universidades estigmatizam, o governo menospreza e Hollywood ridiculariza. A liberdade religiosa, que está explicitamente descrita na Constituição, parece estar sendo derrotada nos tribunais pela liberdade erótica, que não consta em parte alguma da Constituição.

Em meio às derrotas que temos sofridos nas guerras culturais e à queda no número de pessoas que comparece aos cultos, os cristãos têm debatido bastante sobre a melhor forma de lidar com a cultura. Uns querem fortalecer o bloco eleitoral evangélico. Outros querem se empenhar em iniciativas de justiça social. Há também quem deseje abandonar os assuntos públicos nas mãos dos pagãos e se dedicar apenas à assim chamada obra espiritual da igreja.

Agora, volte o foco às eleições de 2016, quando desavenças como essas finalmente explodiram. Após numerosas décadas de perdas, os evangélicos começaram a ter uma sensação crescente de desespero. Foi como assistir o último tempo de um jogo no qual, o time que estava certo de vencer, de repente percebesse o quão distante estava da vitória. Os jogadores começam a assumir maiores riscos; nada dá certo; a equipe fica ainda mais ansiosa; os humores se exaltam; mais faltas; mais apitos. Os jogadores e os treinadores começam a culpar uns aos outros. A união do time se desfaz.

Possivelmente, o exemplo mais triste disso dentro das igrejas estadunidenses tenha sido a divisão étnica. As igrejas negras existem nos Estados Unidos, em grande medida, porque os brancos as expulsaram de suas denominações nos séculos passados. Desde a década de 1980, muitas igrejas brancas têm tentado se tornar negras, mas dentro do contexto cultural de *suas* igrejas brancas. A mensagem comunicada a minorias étnicas é: "Abra mão de suas preferências culturais para que eu possa manter as minhas".

É como a explicação que dei sobre o prazer que extraio do Dia da Independência. Eu posso lhe dizer sobre o que eu acredito que significa ser "americano". Eu, porém, falo como um americano europeu. Pergunte a um americano africano, asiático, latino ou indígena o significado do substantivo "americano". Com certeza, as pessoas que integram cada um desses grupos não deverão compartilhar perspectivas uniformes. Ainda assim, você poderá captar algumas semelhanças familiares dentro de cada grupo conforme elas forem dando suas versões da história. No capítulo 3, por exemplo, destacarei um pastor afro-americano que lida com um conflito interno com relação ao feriado de Quatro de Julho. Sua perspectiva com relação aos Estados Unidos é menos nostálgica e mais dolorosa que a minha.

Todos temos perspectivas distintas e, francamente, tanto a maioria como a minoria têm dificuldades para escutar a outra parte. Usamos termos como *culpa*, *privilégio* e *justiça*, mas atribuímos significados distintos a eles.

Tenho a sensação de que uma das maiores vitórias contemporâneas de Satanás nos Estados Unidos tem sido separar cristãos que pertencem à maioria e à minoria conforme linhas partidárias. Os cristãos brancos possuem forte inclinação à direita. Os cristãos negros possuem forte inclinação à esquerda. (Para ser honesto, não tenho certeza com relação aos evangélicos latinos, asiáticos e indígenas). E essa divisão partidária prejudica a confiança e destrói a unidade cristã ainda mais.

Não seria talvez hora de os cristãos repensarem a fé e a política?

Objetivo 1: repensar a fé e a política

Esse é um dos primeiros objetivos deste livro: repensar a fé e a política a partir de uma perspectiva bíblica. A certa altura, o título provisório deste livro era *Recomeço político*.

UMA NAÇÃO IRADA, UMA IGREJA INALTERADA

Temos diversos livros sobre fé e política sendo publicados atualmente. Alguns defendem um tipo de distanciamento, outros defendem maior envolvimento. Tais livros têm seu lugar e eu mesmo fui beneficiado por eles. Boa parte deles, contudo, depende da capacidade do autor de entender o momento e oferecer seu melhor conselho sobre como reagir a ele. Também eu me encontro, atualmente, diante de um momento de divisões e discórdias na vida americana. Esse, porém, não é meu interesse principal. Pretendo, em vez disso, buscar fundamentos em algo mais sólido e seguro. Não se trata da minha sabedoria, mas da sabedoria de Deus, conforme nos é revelada em sua Palavra.

Permita-me caracterizar meu primeiro objetivo dessa forma. Uma vez por ano, meu amigo Patrick e sua esposa reavaliam suas prioridades financeiras por meio do que ele chama de "orçamento base zero". Com o orçamento base zero, todos os itens do orçamento familiar ficam de fora até que sua inclusão tenha sido justificada. A família precisa de uma casa daquele tamanho? Eles devem doar mais dinheiro para a igreja? Eles entendem que nada pode ficar isento de questionamentos. A alternativa seria um "orçamento incremental", no qual você aceita tudo do orçamento do ano anterior, e então adiciona ou remove itens de forma fragmentada.

Há sabedoria nas duas abordagens, mas é útil que uma família vez ou outra repense suas prioridades do zero. Certo ano, Patrick e sua esposa decidiram que tinham uma casa "grande demais". Então decidiram fazer algo nada americano: passaram a viver em uma casa menor!

Eu quero utilizar a abordagem do orçamento base zero para tratar do cristianismo e da política neste livro. Partindo do princípio de que tudo pode ser discutido, como deve ser uma visão política biblicamente orientada? Quais são os princípios bíblicos a que devemos nos ater firmemente? Quais são as questões de sabedoria e discernimento que podem ser encaradas com mais leveza? E o que devemos descartar completamente? Demasiadas vezes, agarramo-nos a nossas convicções políticas com o mesmo zelo e certeza com que nos dedicamos a Deus.

23

Certa vez perguntei a um amigo que leva suas opiniões políticas muito a sério se ele supunha que Jesus concordaria com suas posições sobre política tributária e saúde pública. Minha pergunta foi quase em tom de piada, mas ele disse que sim! Eu queria ter respondido que confundir nossas opiniões com o posicionamento de Deus transforma nossas convicções em ídolos, o que por si só já divide a igreja e leva a injustiças dentro e fora da igreja.

É fácil para o cristão (como para todas as pessoas) abordar o tópico da política a partir da perspectiva de um orçamento incremental. Pegamos as visões, pressupostos e práticas em que nascemos e aceitamos sem discutir. Então buscamos formas de promover melhorias secundárias. E, sejamos francos, na maior parte do tempo, essa é a melhor abordagem, especialmente se você acredita que há sabedoria no passado e não imagina que você ou sua geração saibam mais que todos que viveram antes de você. Eu não sou um radical político. Não quero promover uma revolução. Não quero desaprender todas as coisas boas que aprendemos ao longo dos últimos milhares de anos da história humana sobre liberdade, justiça, democracia e direitos.

Ainda assim, como cristãos que valorizam a sabedoria de Deus acima de tudo que possa ser produzido por homens e mulheres, devemos nos empenhar de tempos em tempos e dizermos: "Espere um pouco: isso é bíblico?". Então, dependendo da resposta, devemos estar dispostos a nos livrarmos de tudo o que for necessário. E devemos fazer o mesmo com aquilo que nossa nação, tribo ou povo considera ser mais precioso. Reticência em tomar essa atitude pode ser indicação de um ídolo político, ainda que não seja tão visível quanto a estátua erguida por Nabucodonosor.

Acima de tudo, preocupa-me que algumas vezes deixemos que os princípios do americanismo determinem o modo como lemos as Escrituras, em vez de permitirmos que as Escrituras definam como avaliamos os princípios do americanismo. É como se tivéssemos uma grande sopa que estivéssemos cozinhando por séculos, onde tivéssemos misturado todas as nossas frases favoritas, como se fossem batatas, cenouras e pedaços de carne:

- "deem a César"
- "todos devem sujeitar-se às autoridades governamentais"
- "vida, liberdade e busca da felicidade"
- "lei alguma que defina uma religião"
- "muro de separação entre a Igreja e o Estado"
- "do povo, pelo povo e para o povo"
- "juro lealdade à bandeira"
- "em Deus confiamos"

As citações políticas das Escrituras são cozinhadas juntamente com as citações sagradas da história dos Estados Unidos, com uma alterando o sabor da outra.

Pense, por exemplo, naquela frase bíblica favorita de muitos cristãos estadunidenses: "deem a César o que é de César e a Deus o que é de Deus" (Mateus 22:22). A minha impressão é que a maioria dos cristãos americanos interpreta essa frase da seguinte forma: o domínio do governo e da política estão em um círculo e o domínio de Deus, da igreja e da religião estão em outro círculo.

Espere um pouco. Era isso que Jesus estava dizendo? Não estaríamos permitindo que certos ideais americanos restringissem nosso entendimento das Escrituras?

Por um lado, Jesus estava com certeza afirmando que aqueles judeus sob domínio romano deviam respeitar seu governante romano. Muitos contemporâneos de Jesus diziam que um governo gentio era ilegítimo e que eles precisavam voltar a ter um rei judeu. Jesus dizia o contrário. O arranjo que havia entre a igreja do Antigo Testamento e o governo — para arriscar um anacronismo — estava chegando ao fim. Os estadunidenses entendem isso corretamente e, corretamente, separamos o Estado e a Igreja.

Por outro lado, examine o versículo em seu contexto. Jesus olhou para uma moeda e perguntou qual era a imagem que estava gravada nela. Resposta: a de César. Tudo bem, mas à imagem de quem César foi feito? Resposta: à imagem de Deus. O que significaria: dar a Deus o que pertence a Deus inclui César! Jesus não estava afastando Deus para a esfera privada, concluiu o estudioso do Novo Testamento Don Carson. Mais exatamente, "a famosa afirmação de Jesus significa que Jesus sempre triunfa sobre César".[7] A imagem real seria assim:

Agora avance para Mateus 28, onde Jesus afirmou que possui toda autoridade nos céus e na terra. Jesus julgará as nações e seus governos. Eles existem porque Jesus permite, não o contrário — ainda que os Estados não reconheçam esse fato (João 19:11; Apocalipse 1:5; 6:15-17).

Separação entre Igreja e Estado não é o mesmo que separação entre religião e política. Isso, contudo, é algo que só perceberemos quando derramamos a sopa na pia para examinarmos atentamente cada pedaço.

É por isso que o subtítulo deste livro fala sobre "repensar" a fé e a política.[8] Estamos esvaziando a panela de sopa na pia para começar

---

[7] D. A. Carson, *Christ and culture revisited* (Grand Rapids: Eerdmans, 2008), p. 57 [no Brasil: *Cristo e cultura: uma releitura* (São Paulo: Vida Nova, 2012)].

[8] O subtítulo da edição original é: "*rethinking* faith and politics in a divided age" (N. do E.).

do zero. Misturando metáforas, estamos adotando uma estratégia de orçamento base zero para raciocinar sobre política. O objetivo não é descartar tudo o que já aprendemos, mas nos certificarmos de que estamos pensando corretamente, agindo corretamente, amando corretamente e até adorando corretamente em nossa vida política.

Após ter lido este livro, você não sairá ganhando se estiver contando com meu discernimento. Eu quero que você conte com Deus, que é um fundamento muito mais estável sobre o qual se firmar.

Nesse sentido, espero que o livro seja útil não apenas para estadunidenses do século 21, embora esse seja o contexto da discussão. Espero que ele demonstre ser útil para cristãos de todas as nações.

Objetivo 2: investir nossas esperanças políticas primeiramente na igreja

Se o primeiro objetivo do livro é nos ajudar a repensar a religião e a política, seu segundo objetivo é encorajar-nos a investir nossas esperanças políticas, acima de tudo, em nossas igrejas locais. Por esse motivo, outro título provisório que aventei com o editor foi *Igreja antes do Estado*.

Talvez esse objetivo o surpreenda. A igreja não é política, ou é? Não se engane: repensar as coisas implica em implodir alguns de nossos paradigmas atuais. E essa é uma das primeiras coisas que quero detonar. Igreja e Estado são instituições distintas providas por Deus e devem permanecer separadas. Toda igreja, porém, é uma organização política em todos os aspectos. E todo governo é um campo de batalha entre deuses, de modo a ser profundamente religioso. Ninguém separa sua política da sua religião; seja cristão, agnóstico, ou um progressista secularizado. Isso é impossível.

Permita-me lhe dar uma amostra do que quero dizer quando falo da natureza política da igreja, relatando uma história verdadeira de um dos membros da igreja onde congrego: Charles. Ele vive em Washington, D.C., e é redator de discursos políticos. Ele já escreveu discursos para membros de gabinetes, presidentes de partido e outras figuras importantes da capital. O trabalho de Charles, sem a menor dúvida, coloca-o no centro da política dos Estados Unidos.

Charles também convive com Freddie, um morador de rua que se tornou cristão e juntou-se à nossa igreja. Após alguns anos, a igreja descobriu que Freddie estava roubando dinheiro de outros membros para sustentar seu vício em drogas, então ele foi removido da membresia. Foi aí que Charles se envolveu na situação. Ele começou a ler a Bíblia com Freddie e, pouco a pouco, Freddie começou a se arrepender. Após algum tempo, Charles ajudou Freddie a comparecer diante de toda a igreja, confessar suas mentiras e furtos e pedir perdão. A igreja bateu palmas, ovacionou e recebeu Freddie de volta. Charles e Freddie choraram de alegria.

Eis uma pergunta crucial: qual Charles é o Charles "político"? O redator de discursos ou o formador de discípulos? Colocando de outra forma, qual Charles lida com temas políticos como seguridade social, política habitacional, reforma criminal e educação? Resposta: ambos. Aliás, Charles lhe dirá que a vida política do formador de discípulos molda e dá integridade à vida política do redator de discursos. Trata-se do mesmo homem trabalhando, do mesmo Rei governando, dos mesmos princípios de justiça e retidão sendo aplicados, da mesma política em ação.

Esse redator de discursos tem muitas esperanças políticas de leis melhores e práticas mais justas. A maior de suas esperanças políticas, porém, ganha vida no meio da congregação. A igreja local deveria servir como comunidade política modelo para o mundo. Trata-se da mais política das assembleias, visto que representa o único que tem poder para julgar presidentes e primeiros-ministros. Juntos, confrontamos, condenamos e convocamos as nações, à luz das palavras do nosso Rei e do sal de nossa vida.

Ao contrário de Charles, porém, muitos cristãos norte-americanos continuam a investir suas esperanças políticas mais elevadas neste país. Desde os tempos coloniais, temos chamado nossa nação de "uma cidade construída sobre um monte". Desde a época de Abraham Lincoln, pedimos que nossos líderes proporcionem "uma paz justa e duradoura entre nós e todas as nações". Não seria possível, contudo, que toda discórdia e divisão atualmente enfrentadas pelos cristãos fosse um catalisador, o qual Deus pretende utilizar para forçar alguns de nós a repensar onde nossas esperanças políticas estão efetivamente depositadas?

Apenas pense: onde começamos, *pela primeira vez*, a fazer de nossas espadas arados, e de nossas lanças foices? Onde, *pela primeira vez*, o amor pelo inimigo começa a dissolver o tribalismo de uma nação? Onde, *pela primeira vez*, a paz justa e duradoura de Lincoln pode começar a germinar e crescer?

Resposta: em nossas igrejas locais.

A conversão nos torna cidadãos do reino de Cristo, posiciona-nos dentro das embaixadas desse reino e coloca-nos para trabalhar como embaixadores da justiça e da retidão dos céus. As igrejas são cidades construídas sobre montes, disse Jesus — e ele não estava falando dos Estados Undios.

Objetivo 3: aprender a *ser*, antes de *fazer*

Isso nos traz ao terceiro objetivo deste livro. Se nossas esperanças políticas devem estar primeiramente depositadas em nossas igrejas, devemos aprender a *ser*, antes de *fazer*.

Minha igreja se reúne a seis quadras do Capitólio dos Estados Unidos. Está repleta de jovens que, como Charles, se mudaram para a capital na esperança de fazer a diferença ao trabalhar nas diversas esferas do governo. E o trabalho que fazem é importante. Afinal de contas, bons governos são pré-requisitos para tudo o mais que há na vida, incluindo a vida da igreja.

Entretanto, como um dos presbíteros, ou pastores, da igreja, frequentemente lembro nossos membros que são servidores públicos, lobistas bem relacionados e militares das forças armadas, que a verdadeira ação política tem início no ministério de doutrina de nossa igreja e flui a partir de lá: a partir de nossos relacionamentos com os demais membros, com nossos familiares, em nossos locais de trabalho e além. Primeiro seja, depois faça. Não venha me dizer que você está interessado em política se você não procura ter uma vida justa, reta e apaziguadora com todos que fazem parte de seus círculos mais próximos.

Paulo indagou os judeus de seu tempo: "Você, que prega contra o furto, furta?" (Romanos 2:21).

Eu também tenho algumas perguntas.

Você, que reivindica uma reforma da política de imigração, pratica a hospitalidade com visitantes em sua igreja que sejam de etnia ou nacionalidade diferentes da sua?

Você, que vota a favor dos valores da família tradicional , honra seus pais e ama seu cônjuge com amor sacrificial?

Você, que fala contra o aborto, também aceita e ajuda mães solteiras em sua igreja? Você incentiva a adoção? Você prioriza seus próprios filhos em lugar do conforto financeiro?

Você, que fala sobre reforma da previdência, doa aos necessitados em sua congregação?

Você, que proclama que todas as vidas importam, só tem amigos que se parecem com você?

Você, que lamenta as injustiças estruturais, trabalha contra elas em sua própria congregação? Você se alegra com os que se alegram e chora com os que choram?

Você, que luta pelo casamento entre homem e mulher, ama sua esposa, valorizando-a como se fosse seu próprio corpo e purificando-a pelo lavar da água mediante a Palavra?

Você, que se preocupa com a economia e o mercado de trabalho, obedece a seu chefe com um coração sincero, não para agradar homens, mas em obediência a Cristo?

Você, que se preocupa com a carga tributária das empresas, trata seus funcionários com justiça? Você os ameaça, esquecendo que aquele que é Mestre, tanto deles como seu, está no céu e não faz acepção de pessoas?

Por fim, assim como você compartilha suas opiniões sobre todas essas questões nas redes sociais, também compartilha de bom grado

UMA NAÇÃO IRADA, UMA IGREJA INALTERADA

a Ceia do Senhor com os membros da igreja que discordam de você? Você ora para que eles sejam espiritualmente abençoados?

"Toda política é local", disse o ex-presidente da Câmara dos Deputados dos Estados Unidos, Tip O'Neill. Ele estava mais certo do que imaginava.[9]

A política deveria começar com cada um de nós colocando de lado as espadas verbais que podemos ser tentados a brandir contra outros membros da igreja que votem diferentemente de nós. Qualquer impacto político que nossos irmãos na fé possam ter na igreja e por meio dela durará para sempre. É excelente a forma como meu pastor principal, Mark, coloca: "Antes e depois dos Estados Unidos, houve e haverá a igreja. Nossa nação é um experimento. A igreja é uma certeza".

Quando digo que devemos *ser* antes de *fazer*, quero dizer que a igreja local deve primeiramente se empenhar para viver a justiça, a retidão e o amor em unidade. Somente então ela pode recomendar seu entendimento de justiça, retidão e amor à nação.

Com esses dois últimos objetivos, quero mudar nosso enfoque de redimir uma nação para viver como uma nação redimida, como Charles e Freddie fizeram juntos. Nossa vida no meio da congregação deve nos ensinar sobre a justiça e o amor que Deus deseja para toda a humanidade. Então, as lições que aprendermos dentro da igreja esclarecerão nossa ação pública fora dela.

Deus instaura governos para construir plataformas básicas de paz e justiça sobre as quais possamos viver nossa vida. Os cristãos, conforme têm oportunidade de trabalhar no governo, devem promover princípios de justiça. Deus, ainda assim, funda igrejas, entre outras razões, para distinguir o povo que representará uma imagem mais completa de justiça. O trabalho de cristãos em Washington, no governo estadual, na prefeitura, no seu conselho escolar significa muito pouco sem o brilho radiante das embaixadas do reino por

---

[9]Tip O'Neill; Gary Hymel, *All politics is local, and other rules of the game* (Minneapolis: B. Adams Publishing, 1995).

trás deles e o testemunho de cada cristão enquanto embaixador de Cristo.

Objetivo 4: preparar-nos para a batalha e para a fúria

Conforme a igreja avança para a esfera pública, devemos nos preparar para a batalha. Esse é o quarto objetivo deste livro e a origem do título em que o editor e eu finalmente concordamos: *Por que se enfurecem as nações.*

Conseguiu captar a referência a Salmos 2?

> Por que se amotinam as nações
>> e os povos tramam em vão?
> Os reis da terra tomam posição
>> e os governantes conspiram unidos
>> contra o Senhor e contra o seu ungido, e dizem:
> "Façamos em pedaços as suas correntes,
>> lancemos de nós as suas algemas! "(v. 1-3).

As discórdias e conflitos do atual momento cultural são apenas mais um exemplo da fúria das nações contra o Senhor. As divergências dentro da igreja têm origem nessa fúria. O descaso que você sente na mídia, na academia ou nos tribunais tem origem nessa revolta. As discussões nas redes sociais retratam essa revolta. Ironicamente, os sites de notícia até sabem que essa agressividade leva a mais "cliques". Fúria significa dólares em publicidade.

Se a esfera pública é um campo de batalha dos deuses, os santos deveriam esperar que a fúria das nações ardesse em combate. Os filósofos políticos frequentemente afirmam que podemos saudar uns aos outros na esfera pública em termos religiosamente neutros, por meio daquilo que eles chamam de contrato social. No capítulo 2, sustentarei que isso não passa de um Cavalo de Troia para a idolatria. Na verdade, todo combatente lutará pelo tipo de justiça do seu deus. Todas as vezes. O tempo todo. Eles até enviarão leões para devorar os santos, sempre que nos opusermos a seus deuses e a sua versão de justiça.

Entretanto, em meio a leões no calor da batalha, todo cristão, por amor ao próximo, deverá lançar mão de toda vantagem política que Deus lhe der, ainda que isso não envolva o acesso privilegiado de um redator de discursos de Washington, D.C., como Charles. Devemos adentrar a esfera pública sendo o que chamo de pragmáticos com princípios.

Eis uma pergunta incômoda levantada pela realidade das batalhas: com que frequência você imagina que os estadunidenses pensam no salmo 2 quando são questionados sobre versículos bíblicos que falam sobre política? E outra ainda mais inquietante: com que frequência enxergamos os Estados Unidos em Salmos 2? Sim, uma daquelas nações e povos amotinados que conspiram contra o Senhor e seu Messias são os Estados Unidos.

Ou você imaginava que nosso país estava livre das acusações em Salmos 2? Confesso que essa ideia faz com que eu me sinta bastante desconfortável. É quase como se afrontássemos nosso próprio lar.

Objetivo 5: tornar-se menos americano e mais patriótico

Quero contribuir para que nos tornemos *menos* americanos, de forma a nos tornarmos *mais* patrióticos. Em outras palavras, quero ajudar, a ti e a mim, a nos identificarmos mais com Cristo, para cada vez mais amarmos nossos concidadãos, independente do nome da nossa nação.

Quando você se torna cristão, sua identidade muda dramaticamente e você recebe uma nova cidadania. De uma hora para outra, sua característica mais relevante deixa de ser seu sexo, quem são seus pais, sua origem, quanto dinheiro você possui, a cor da sua pele, sua nacionalidade, sua inteligência ou beleza, se você é casado ou casada ou qualquer outra coisa que as pessoas geralmente usam para identificar uns aos outros. A coisa mais importante a seu respeito é que você está unido a Cristo em uma nova aliança e passou a ser cidadão do Reino.

POR QUE SE ENFURECEM AS NAÇÕES

Quem é você, cristão? Eis o que você é: nova criação; nascido de novo; herdeiro adotado; membro do corpo de Cristo; cidadão do reino; filho do Rei divino.

Quando tudo isso acontece, você acaba precisando renegociar uma forma de se relacionar com todas as suas antigas categorias. Como você se relaciona com seus pais, seus colegas, seus amigos, seu grupo étnico, seu governo, a sociedade de maneira geral, e até mesmo com o que nossa cultura afirma ser o significado de "homem" ou "mulher"?

A Bíblia chama os cristãos de "estrangeiros", "forasteiros", "peregrinos" e "exilados", dependendo da sua tradução. Cada um desses rótulos nos lembra de que esse mundo não é nosso destino final, e que aguardamos outra cidade, cujo arquiteto e construtor é Deus. Tais denominações estão em harmonia com as instruções de Jesus, segundo as quais devemos viver no mundo, mas sem pertencer ao mundo. E saber como encontrar o ponto de equilíbrio nessa questão de viver-sem-pertencer é algo problemático em todas as esferas da vida, especialmente em nossa relação com a vida pública. Como viver a cidadania de uma nação sendo cidadãos do reino de Cristo?

O primeiro passo é abrir mão dos Estados Unidos e de nossa identidade norte-americana por tempo suficiente para nos rendermos ao Senhor, deixando-o moldá-la conforme sua vontade. Tornamo-nos melhores amigos dos Estados Unidos quando amamos primeiramente a Cristo. Isso nos liberta para sermos honestos e não ficarmos cegos diante de nossas falhar nacionais. "Quem fere por amor mostra lealdade, mas o inimigo multiplica beijos" (Provérbios 27:6).

O segundo passo é recordar que Salmos 2 não fala da força da fúria das nações, mas de sua futilidade.

"Do seu trono nos céus o Senhor põe-se a rir e caçoa deles" (v. 4).

O salmo promete a vitória e o domínio de Cristo sobre toda nação, exército e governo:

"Pede-me, e te darei as nações como herança e os confins da terra como tua propriedade. Tu as quebrarás com vara de ferro e as despedaçarás como a um vaso de barro" (v. 8-9).

Chegamos, portanto, com a palavra do Rei dos reis e Juiz dos juízes, e sua palavra alcança todas as nações, inclusive a nossa:

Por isso, ó reis, sejam prudentes; aceitem a advertência, autoridades da terra. Adorem ao Senhor com temor; exultem com tremor. Beijem o filho, para que ele não se ire e vocês não sejam destruídos de repente, pois num instante acende-se a sua ira. Como são felizes todos os que nele se refugiam! (v. 10-12).

Como mencionado anteriormente neste capítulo, um time que está perdendo se desespera e toma medidas desesperadas. Mas como seria a política da igreja se estivéssemos convencidos — convencidos de verdade — tanto de que teremos tribulações neste mundo, como de que Jesus venceu este mundo, tal qual ele prometeu? Não seria uma confiança curiosa e encantadora que não estaria desesperada para vencer a guerra cultural, mas, com ternura e coragem, estaria comprometida em promover o bem do próximo?

O principal objetivo deste livro não é ajudar os cristãos a terem um maior impacto na esfera pública. Não é ajudar o mundo a ser algo. É ajudar cristãos e igrejas a serem algo.

Minha postura neste livro é a postura de um pastor. Quero que o povo de Cristo siga a Cristo em todas as áreas da vida, inclusive quando desempenharem as funções de eleitores, servidores públicos, lobistas, jornalistas, juristas e cidadãos.

Este livro, portanto, é para cristãos.

Agora, espero que o que segue abaixo capacite alguns leitores a causarem impacto na esfera pública, e que todos os leitores saibam o que significa viver uma vida tranquila e pacífica (1Timóteo 2:2). Precisamos, contudo, começar por conhecer quem somos e sendo fiéis à essa identidade.

Lembre-se, portanto, do seu batismo. Seu batismo declara que você foi sepultado e ressuscitado com Cristo, devendo representar a virtude, a justiça e o amor dele em todo lugar que for.

A postura política cristã, em poucas palavras, não deve jamais ser a de *se abster*. Nem a de *prevalecer*. Deve sempre ser a de *representar*, e devemos fazê-lo quer o mundo nos ame ou nos despreze. Qualquer um que lhe diga: "Recue, estamos perdendo!" ou "Avance, estamos ganhando!" provavelmente já sucumbiu a um tipo de utopismo, como se fosse possível construirmos um céu na terra. Em vez disso, o céu começa em nossos cultos, ainda que como um mero reflexo turvo. Os cristãos são embaixadores do céu e nossas igrejas são suas embaixadas. Nem pânico nem triunfalismo nos caem bem — já uma alegre confiança sim. Representamos esse reino celestial futuro no tempo presente, esteja o horizonte nublado ou límpido.

CONCLUSÃO

Sem dúvida, aqui chegamos à ironia com que iremos nos deparar ao fim de todo nosso processo de reformulação: a tarefa política da igreja continua a mesma. Até que Cristo volte, as nações irão se enfurecer e conspirar em vão. Nós, enquanto isso, apontaremos para o Senhor e seu Ungido, tanto em palavras como em ações. Estaremos do lado certo da história enquanto estivermos ao lado do Senhor da história. Sua justiça será nossa justiça.

Para ser honesto, você pode ou não ter algum impacto público nessa vida. Você pode ou não fazer a diferença "lá fora". A sociedade pode melhorar ou piorar, independentemente das ações de cristãos fiéis. Isso está fora do seu controle e do meu. O que está dentro do nosso controle é buscarmos a justiça, amarmos o próximo e fazermos ambos com sabedoria, não de forma insensata.

No Último Dia, Deus não lhe perguntará: "Você causou mudanças?", mas "Você procurou fielmente causar mudanças naqueles lugares onde eu lhe dei oportunidade e autoridade?".

2

ESFERA PÚBLICA: NÃO É NEUTRA, MAS UM CAMPO DE BATALHAS ENTRE DEUSES

Governos servem a deuses. Isso é válido para qualquer governo em qualquer lugar, desde que Deus concedeu governos ao mundo. O juiz julgando, o eleitor votando, o presidente presidindo, todos eles trabalham para seus deuses. Nenhum cidadão ou servidor público é religiosamente indiferente ou neutro.

Permita-me explicar em duas etapas. Primeiro passo: nossa religião ou nossa adoração é maior do que aquilo que ocorre na igreja. Envolve tudo o que fazemos. Para enxergar isso, basta perguntar um porquê atrás do outro.

— Estou comendo mingau de aveia no café da manhã.

— Por que você está comendo mingau de aveia?

— Para ficar saudável.

— Por que você quer ficar saudável?

— Para poder trabalhar bem.

— Por que você quer trabalhar bem?

— Para poder ter o que desejo.

— Por que você quer ter o que deseja?

— Para poder ser feliz.

— Por que você pensa que isso fará você feliz?

Se você insistir em perguntar a uma pessoa vários porquês, após algum tempo você chegará a um beco sem saída: algo que não tem nada por trás e que não sai do lugar. Ali você encontrará o deus daquela pessoa. Nossos deuses são os becos sem saída ou os fundamentos de tudo o que pensamos, desejamos ou fazemos. Nossos deuses são:

- qualquer coisa sem a qual nem concebamos viver sem;
- qualquer coisa que amemos acima de tudo;
- qualquer coisa na qual depositemos toda nossa confiança, com a qual contemos e na
- qual creiamos acima de tudo;
- qualquer coisa que seja nosso porto seguro.

Nossos deuses motivam igualmente nossas decisões mais e menos importantes. Foi por isso que o apóstolo Paulo nos disse: "glorifiquem a Deus com o corpo de vocês" e façam isso "com o que quer que comam ou bebam" (1Coríntios 6:20; 10:31); seja mingau de aveia ou barrinhas de cereais, conforme o que eu preferir.

Um dos mais importantes filósofos do direito da última metade do século 20, Ronald Dworkin, falou exatamente isso. "A religião", disse Dworkin, "é uma cosmovisão profunda, abrangente e diferenciada" e "uma crença em um deus [sobrenatural] é apenas uma manifestação ou consequência dessa cosmovisão mais profunda". Religião é qualquer coisa que dê propósito e ordem ao universo de uma pessoa. Dworkin, portanto, descreve a si mesmo como um ateu religioso.[1]

---

[1] Ronald Dworkin, *Religion without God* (Cambridge: Harvard University Press, 2013), p. 1 [no Brasil: *Religião sem Deus*, tradução de Marcelo Brandão Cipolla (São Paulo: Martins Fontes, 2019)].

ESFERA PÚBLICA: NÃO É NEUTRA, MAS UM CAMPO DE BATALHAS ENTRE DEUSES

O escritor não cristão David Foster Wallace resume a lição: todo mundo presta culto. Ele escreveu: "Nas trincheiras cotidianas da vida adulta, o ateísmo na verdade não existe. Nem há esfera da vida desprovida de algum tipo de adoração. Todo mundo presta culto. A única coisa que podemos escolher é o que adorar".[2]

Você provavelmente percebeu que estou me referindo a deuses — plural — não deus ou Deus, porque nossos corações costumam conter diversos. Num momento adoramos o Deus da Bíblia. No momento seguinte, é o deus da aprovação dos nossos pais. Então vem o deus do desejo carnal e depois o deus da aceitação cultural. Em seguida, vem o deus daquilo que é legal, que é sucedido pelo deus da cor da nossa pele, e depois pelo deus de um herói do Super Bowl e então pelo deus da ambição pessoal. Você entende aonde quero chegar.

Nossos corações são campos de batalhas entre deuses. Assim, o primeiro passo para um entendimento da minha afirmação de que governos servem deuses é enxergar que nossa religião é maior do que aquilo que acontece na igreja. O segundo passo é perceber que nossa política vai além daquilo que ocorre na esfera pública. Aliás, nossa política envolve tudo o que fazemos.

Geralmente, entendemos política como pertencente à esfera dos congressistas, vereadores, conselhos escolares e urnas eleitorais. Isso tudo faz parte da política, mas há um contexto mais amplo. A história da política é a história de como eu e você ordenamos nossos dias, relacionamentos, bairros e nações para obtermos aquilo que mais queremos — para conseguirmos aquilo que adoramos. Todos lançamos mão de todo poder que possuímos, incluindo os mecanismos do Estado, para obter o que consideramos mais *digno* de adoração; aquilo que reverenciamos, por assim dizer.

Assim como nossa natureza é religiosa, programada para adorar; ela também é política, programada para instaurar uma ordem social.

---

[2]David Foster Wallace, *This is water: some thoughts, delivered on a significant occasion, about living a compassionate life* (New York: Little, Brown and Company, 2009), p. 98-101.

Você vê isso quando as crianças brincam de casinha e distribuem entre si os diversos papeis. "Você vai ser o filhinho. Eu vou ser a mamãe". Você percebe isso nas discussões sobre se a bola correu ou não para longe.

Ou, se você estivesse comigo, teria ouvido isso do filho de quatro anos de um advogado amigo meu. Certo dia, no jardim de infância, sua professora lhe pedira para entrar após o recreio. O menino de quatro anos, filho de um advogado, respondeu sinceramente: "Levarei seu pedido em consideração".

Em um mundo caído, brincamos com as regras e manipulamos as pessoas acima de nós para obter benefícios da vida em vantagem própria. Por esse motivo, mesmo que pense não ter interesse algum por política, você está profundamente interessado em política.

Quando crianças, trocamos obediência por biscoitos. Quando adultos, tentamos empregar em vantagem própria: decisões no trabalho; disputas conjugais; estilos de vestuário; tendências artísticas; tipo físico; cor da pele; identidade nacional; estereótipos de gênero; afinidades sociais; suspiros e revirar de olhos; assiduidade na igreja; marcas de veículos; amizades e muito mais — tudo visando formar nossas pequenas maquinações imundas, segundo os desejos do nosso coração. Sempre que podemos agarrar as alavancas do poder estatal, fazemos o mesmo. A espada do Estado não passa de mais uma ferramenta para esse projeto político mais amplo de domínio e aquisição.

Nenhum rei ou rainha governa simplesmente por governar. Todo rei ou rainha — e adicione aqui o meu nome e o seu — governa por uma razão. E essa razão é nossa religião, nossa adoração.

A política serve a adoração. Os governos servem deuses.

GUERRAS RELIGIOSAS

Os estadunidenses hoje falam sobre guerras culturais. Seria um pouco mais preciso denominá-las guerras religiosas, porque sua origem se assenta na religião. Nenhum de nós adentra a arena pública deixando para trás nossos objetos de culto. Nós levamos nossos deuses conosco. É impossível agir de outra forma.

Semana passada eu dei aula para estudantes universitários cristãos que fazem estágio em Washington, D.C. Um dos estudantes perguntou se teria o direito de impor nossa moralidade por meio da lei. Eu respondi: "Cite para mim uma lei que não imponha a moralidade de alguém".

A classe parou. Pensou. Então riu. "É verdade, não existe nada assim".

Semelhantemente, uma senadora dos Estados Unidos, manifestando-se no Comitê de Justiça do Senado, expressou preocupação com o fato de uma professora de direito, de confissão católica romana, ter sido indicada para um cargo de Juíza Federal. A senadora explicou: "Creio que, qualquer que seja a religião, ela possui seus próprios dogmas [...] E acredito que no seu caso, professora, quando a senhora lê seus discursos, conclui-se que os *dogmas vivem fortes dentro da senhora*, que é algo que preocupa quando falamos de questões relevantes em torno das quais muitas pessoas têm lutado há anos neste país" (grifo meu).[3] Se eu pudesse, teria proposto à senadora o mesmo desafio que propus à classe de universitários: senadora, por favor, cite uma questão relevante que não dependa dos dogmas de cada um dos lados envolvidos? Talvez uma questão de menor importância? Senadora, a senhora presume que seus próprios dogmas não motivam suas posições e decisões?

Verdade seja dita, por trás de cada voto no Comitê de Justiça do Senado, decisão da Suprema Corte, manifestação de protesto, reunião de conselho editorial, campanha de rede social, entrevista coletiva de grupo de interesses, e-mail de comitê de ação política, anúncio publicitário na televisão e veto presidencial, existe a

---

[3]Dianne Feinstein, conforme citação em Aaron Blake, "Did Dianne Feinstein Accuse a Judicial Nominee of Being Too Christian?" *Washington Post*, 7 de setembro de 2017. Disponível em: https://www.washingtonpost.com/news/the-fix/wp/2017/09/07/did-a-democratic-senator-just-accuse-a-judicial-nominee-of-being-too-christian/?utm_term=f211307afle9.

cosmovisão básica de alguém sobre *como as coisas deviam ser*. E por trás dessa cosmovisão existe *um deus*. Isso é válido, quer o assunto em debate seja aborto, casamento entre pessoas do mesmo sexo, política fiscal, leis migratórias ou financiamento para parques nacionais.

Da mesma forma, as leis e a constituição definem o lugar onde há consenso entre nossos muitos deuses, ou onde um deus derrotou os demais. Elas são os termos de vitória, os tratados de paz, o arrefecimento das tensões após décadas e séculos de batalhas. Nenhum deus vence todas as batalhas. As leis de um país são, mais exatamente, uma coletânea de valores e compromissos antagônicos, justapostos ao longo do tempo mediante concessões e negociações.

Não podemos evitar trazer nossos deuses para a esfera pública. O filósofo político de Harvard Michael Sandel não usa a linguagem de múltiplos deuses — essa é uma forma bíblica de falar sobre o assunto —, mas concorda com o seu argumento principal. A posição pró-escolha, dizia ele, "não é verdadeiramente neutra na questão moral e teológica subjacente". Pelo contrário, ela "parte do princípio" de que a doutrina cristã sobre o tópico "é falsa". Tanto a tese de banir o aborto como a tese de permiti-lo pressupõe "alguma resposta à controvérsia religiosa e moral que está implícita". Ele prossegue e diz a mesma coisa sobre o casamento entre pessoas do mesmo sexo: "a questão tácita moral é inquestionável".[4] Sandel então remonta aos debates Lincoln-Douglass para defender sua argumentação. Nos debates sobre raça no senado de Illinois em 1858, Stephen Douglass declarou-se neutro com relação ao escravagismo. Abraham Lincoln respondeu que somente alguém que aceitasse a escravidão poderia dizer aquilo. Douglass, como qualquer outra pessoa, tinha uma posição moral acerca da escravidão e, por trás dela, uma posição religiosa.

---

[4]Michael J. Sandel, *Justice: what's the right thing to do?* (New York: Farrar, Straus and Giroux, 2009), p. 251-4 [no Brasil: *Justiça: o que é fazer a coisa certa*, tradução de Heloísa Matias e Maria Alice Máximo (Rio de Janeiro: Civilização Brasileira, 2011)]; veja também *Democracy's discontent* (Cambridge: Harvard University Press, 1998), p. 100-8.

Assim como nosso coração é um campo de batalha para os deuses, assim também é a esfera pública: o terreno das nossas guerras religiosas.

Ou pedimos ao Estado para assumir um papel de salvador, ou, para fazer o mesmo de outra forma, reivindicamos que ele sirva nossos deuses. Algumas vezes, nossos deuses concordam entre si, outras vezes não. E é então que a luta começa na esfera pública.

O que é a esfera pública? São todos aqueles lugares aonde a nação vai para conversar, debater e tomar decisões que vinculam todo o povo de maneira geral. É a carta para o editor, a Associação de Pais e Mestres, os corredores do Congresso. A esfera pública de uma nação é aonde a cidadania vai para guerrear em prol de seus deuses.

Ali, os embaixadores de Jesus e Alá, os representantes de Deus com "D" maiúsculo e o deus com "d" minúsculo dos darwinistas; os agentes dos ídolos de uma e de outra parte encontram-se para brigar e lutar, disputar e cruzar suas espadas, pelo propósito de ganhar o dia e ter controle das alavancas do poder estatal.

Assim foi na Grécia antiga. Imagine Sócrates: aquela figura imponente de sabedoria filosófica. Ele foi executado, segundo o relato de Platão, por "crer em divindades inventadas por si, em vez dos deuses reconhecidos pelo Estado".[5]

Aconteceu o mesmo na Roma antiga. Césares e senadores, como Tácito, acusavam os cristãos de ateísmo e ódio pela raça humana por não prestarem homenagem aos deuses romanos. E os romanos acreditavam que a benevolência dos deuses sustentava a prosperidade do império.[6]

---

[5]"Socrates' Defense (Apology)," traduzido por Hugh Tredennick, in: Edith Hamilton; Huntington Cairns (eds.), *The collected dialogues of Plato* (Princeton: Princeton University Press, 1961), p. 10 [no Brasil: *A defesa de Sócrates: diretamente do Grego*, tradução de Sérgio Avrella (Curitiba: Base, 2010)].

[6]Veja *Tacitus, Annals*, livro XV, capítulo 44. Veja também os comentários de Porfírio na obra de Robert Louis Wilken, *The Christians as the Romans saw them* (New Haven: Yale University Press, 1986, 2003), p. 156.

Vemos o mesmo no Israel da antiguidade; que, como diria um profeta, possuía tantos deuses quanto cidades (Jeremias 2:28; 11:13).

Assim também sucedeu nas revoluções comunistas na China e na Rússia, quando tanto Mao quanto Lenin imaginaram poder exterminar seu pior rival político: Deus.

O mesmo, portanto, pode também acontecer entre aqueles que aderem ao conservadorismo, ao liberalismo e ao nacionalismo. O conservadorismo pode idolatrar as tradições; o liberalismo, a liberdade; o nacionalismo, a nação.

Nossos deuses, quaisquer que sejam, estão sempre presentes no embate por quem assume o comando.

A batalha sagrada irrompe, mesmo quando a negamos. Nossos deuses determinam nossa moralidade e nossa política, inevitavelmente. Eles não são sempre coerentes entre si. E eles nem sempre são visíveis para nós, mas estão sempre lá, definindo nossas posições e posturas políticas. Política espiritualmente neutra é algo que não existe.

Assim como o Partido Comunista Chinês tentava eliminar Deus, aqueles que protestavam contra o Partido Comunista tinham o mesmo objetivo. "Não queremos deuses nem imperadores", cantavam os estudantes reunidos na Praça da Paz Celestial em Pequim, na primavera de 1989. Eles queriam ser seus próprios deuses e imperadores, é claro. Em nossos pecados, minhas filhas e eu temos afinidades. O mesmo vale para você e seus filhos, se vocês conhecerem seus próprios corações.

MAS NÃO DEVEMOS SEPARAR A POLÍTICA DA RELIGIÃO?

É claro que falar assim vai contra o modo que nós, estadunidenses, cristãos e não cristãos, fomos educados para falar e pensar.

Aprendemos na escola o zelo com que os pais fundadores procuraram separar governo e religião. O presidente e assim chamado pai da Constituição, James Madison, disse: "Uma aliança ou conluio entre governo e religião é algo que deve ser evitado a qualquer custo".[7]

Embora você possa ouvir políticos, lá e cá, lançando pitadas de referências ao Altíssimo em seus discursos; e até o presidente encerrando seu Discurso Anual sobre o Estado da União com um "e Deus abençoe a América", o poder legislativo que formula as leis e os juízes que as aplicam não ousariam invocar uma autoridade divina. Assim afirmou o Juiz da Suprema Corte, Oliver Wendell Holmes: "O direito comum não é uma onipresença superior que nos supervisiona desde os céus".[8] A Constituição dos Estados Unidos é a "lei suprema sobre a terra"; ela testifica de si mesma no artigo 6.2.

Lutamos para manter política e religião separadas também em nossas igrejas.

Eu compareço à escola dominical. O professor explica que o evangelho de Jesus Cristo é a boa palavra da salvação, não a promessa de mudança política. Mais tarde, ao abrir minha Bíblia de estudos, leio nas notas sobre Mateus 5.3 que Jesus "é um libertador espiritual, não um libertador político".[9]

É assim que nós falamos e pensamos. Algumas pessoas afirmam que política e religião devem ser mantidas totalmente separadas. Chamemo-las de separatistas radicais. Elas diriam que a instituição do Estado lida com questões políticas, ao passo que a instituição da Igreja lida com questões religiosas. Podemos representar essa concepção da seguinte forma:

---

[7]Citado em Os Guinness, *A free people's suicide: sustainable freedom and the American future* (Downers Grove: InterVarsity Press, 2012), p. 128.

[8]Southern Pacific Co. v. Jensen, 244 U.S. 205 (1917).

[9]Nota sobre Mateus 5:3, *Christian Standard Bible: Study Bible* (Nashville: Holman Bible Publishers), p. 1505.

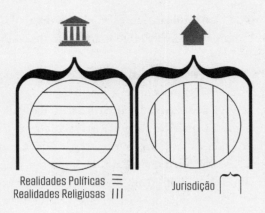

A maior parte dos cristãos não se considera separatista radical, mas separatista moderado. Acreditam que a política e a religião podem se sobrepor em certas áreas, mas devem se manter predominantemente separadas. Mais ou menos assim:

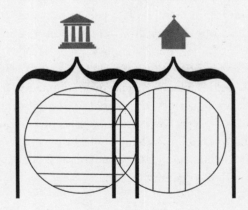

Você não falaria sobre praticar sua religião na urna de votação ou em um júri popular. Você também não diria que os cultos na igreja almejam se envolver em discussões políticas. Correto?

Há questões históricas e teológicas delicadas por trás do impulso de separar política e religião. O imperador e o papa já governaram a Europa "cristã" juntos. Mais ou menos assim:

ESFERA PÚBLICA: NÃO É NEUTRA, MAS UM CAMPO DE BATALHAS ENTRE DEUSES

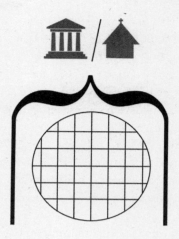

Esse governo compartilhado entre a Igreja e o Estado, especialmente quando combinado com uma visão da membresia na igreja que ignorava a necessidade de regeneração, ajudou a criar nações inteiras nominalmente cristãs cujas populações não eram realmente formadas por cristãos nascidos de novo. O governo compartilhado forçou uma fé falsa. Matou e torturou pessoas em nome de Jesus. Fez com que as igrejas se desviassem do objetivo de pregar o evangelho.

A Reforma Protestante não resolveu esse problema de forma imediata. Em alguns aspectos, ela temporariamente piorou a situação. Os príncipes da Alemanha e os reis da Inglaterra se tornaram soberanos sobre todas as coisas, incluindo a igreja. Eles ofereciam a estrutura anterior, mas colocavam o Estado no topo. Assim, soberanos católicos e protestantes entraram em guerra. No outro lado do Atlântico, nas colônias britânicas, uma denominação protestante tentava eliminar a outra.

Houve ainda outra coisa que surgiu a partir da Reforma: a ênfase de Martinho Lutero na consciência individual, que acabaria por produzir uma doutrina de tolerância religiosa. No início dos anos 1600, teólogos batistas como John Smyth e Thomas Helwys afirmavam que Deus não permite que governos se intrometam em questões religiosas ou em questões de consciência. No fim dos anos 1600, filósofos como John Locke defenderam essa tese com argumentos mais filosóficos. Locke dizia que governos deviam se ocupar com "questões externas", como vida, liberdade, saúde, dinheiro, terras, casas e afins. Igrejas, contudo, deviam se ocupar com "questões internas", como o cuidado das almas e da mente.[10] Os governos, portanto, devem dar espaço para protestantes e católicos, anglicanos e batistas.

Um século mais tarde, nos idos dos anos 1770 e 1780, Thomas Jefferson, fã de John Locke, propôs a mesma separação entre a pessoa interior e a pessoa exterior. Então elaborou a conclusão: "Não me afeta em nada que meu próximo afirme existir vinte deuses ou nenhum Deus".[11]

Em torno da mesma época, um ministro batista chamado John Leland disse algo bastante parecido: "Que cada homem [...] adore segundo sua própria fé, quer um Deus, três deuses, nenhum deus ou vinte deuses, e que o governo proteja seu direito de fazê-lo".[12]

O EXPERIMENTO AMERICANO

Pensemos então sobre o que está acontecendo aqui. Adeptos do Iluminismo como Jefferson e fiéis protestantes como Leland devem ter motivos ligeiramente distintos para querer separar governo e religião — um afirmava se basear na razão, o outro na revelação —, mas ambos concordavam que tal separação deveria ser mantida. Assim, correndo o risco de simplificar demasiadamente, eles apertaram as mãos e entraram em um acordo. Hoje em dia, chamamos esse acordo de Experimento Americano.

---

[10]John Locke, *Second treatises of government and a letter concerning toleration* (Oxford: Oxford University Press, 2016), p. 218-9 [no Brasil: *Carta acerca da tolerância: segundo tratado sobre o governo; Ensaio acerca do entendimento humano*, traduções de Anoar Aiex e Jacy Monteiro (São Paulo: Abril Cultural, 1983)].

[11]Thomas Jefferson, *Notes on the state of Virginia*, editado por Frank Shuffelton (New York: Penguin Books, 1998), p. 165.

[12]Citado em Jon Meacham, *American gospel: God, the Founding Fathers, and the making of a nation* (New York: Random House, 2006), p. 32.

O Experimento Americano é a ideia de que pessoas de religiões diversas podem se unir e instaurar um governo fundamentado em certos princípios universais compartilhados. Pense nisso como um contrato com pelo menos cinco princípios. O primeiro princípio desse contrato é que os governos obtêm "seus justos poderes do consentimento dos governados", afirma a Declaração da Independência. O segundo princípio é a liberdade religiosa. O terceiro são outras formas de liberdade e igualdade. O quarto é o conceito de justiça como um direito. E o quinto é a separação entre a Igreja e o Estado.

Ora, os pais fundadores viviam em uma sociedade formalmente religiosa. Em muitos de seus textos, eles fizeram menção à lei natural para justificar esses vários princípios: Deus existe, de modo que todos são responsáveis por sua conduta e comportamento primeiramente diante de Deus, e só depois perante o Estado. A Constituição jamais recorre a essas justificativas, mas aqueles que a assinaram muito provavelmente procuraram fazer com que ela desse aos cristãos uma posição privilégiada na esfera pública, ainda que protegendo as igrejas da influência governamental.

Eis, contudo, o que é crucial. Não é apenas porque duas pessoas religiosas firmam um contrato que o contrato em si se torna religioso. E o conceito dos fundadores de um governo mediante consentimento não inclui Deus no contrato. Na verdade, a cláusula legal firmada no artigo 6º da Constituição, proibindo qualquer tipo de religião obrigatória, fez com que a crença em Deus fosse como o teto-solar em um carro: um item opcional. O cidadão pode crer ou não em Deus, mas o contrato que constitui o governo permanece íntegro, assim como um carro é um carro com ou sem um teto-solar.

Da mesma forma, a argumentação em defesa da liberdade religiosa não depende da crença em um Deus com "D" maiúsculo. Afinal, como você pode exigir que as pessoas creiam em Deus para aceitar o argumento que diz que elas são livres para não crer em Deus? Desde sua origem, portanto, a argumentação em defesa da liberdade religiosa se baseou no direito à liberdade de consciência. Todas as pessoas, quer creiam ou não em um Deus com "D" maiúsculo, querem uma consciência livre.

O mesmo é válido para os compromissos com a liberdade, a igualdade e com direitos de forma geral. É possível oferecer uma defesa teológica de cada um desses princípios, como o fizeram os pais fundadores e várias gerações de norte-americanos. Seus princípios, contudo, são autossuficientes e não precisam ser defendidos por ninguém.

Retomando a analogia do carro, seria como se os pais fundadores tivessem projetado um carro com bons motoristas em mente, mas nada no projeto pudesse impedir que maus motoristas assumissem o volante e fizessem o carro colidir. Eles procuraram manter a separação entre a fé e a política, entre a religião e o governo. Ainda assim, a verdade irônica é que não temos como deixar de guiar o carro em nome do nosso Deus ou dos nossos deuses.

Seria tolice imaginarmos algo diferente.

DETECTORES DE METAL IDEOLOGICAMENTE ENVIESADOS E CAVALOS DE TROIA

O que acontece quando as pessoas se iludem, imaginando ser possível separar nossa política da nossa religião?

Para começar, você cria a ilusão de um cenário público que é religiosamente neutro, ou ao menos parcialmente neutro. O que você consegue, porém, é um ambiente enviesado contra a religião organizada. As religiões organizadas são deixadas de fora. Os ídolos anônimos são incluídos.

Imagine um detector de metais, daqueles usados em aeroportos, que não detecta metais, mas religião, instalado na entrada da esfera pública. A máquina apita sempre que alguém tenta passar um Deus sobrenatural com "D" maiúsculo escondido em uma de suas convicções, mas não detecta pequenos deuses com "d" minúsculo de fabricação própria ou construídos pela sociedade. Para dentro dessa área pública, secularistas, materialistas, darwinistas, consumistas, elitistas, chauvinistas e, francamente, até fascistas podem entrar carregando seus deuses como pequenos ídolos de madeira em seus bolsos. O mesmo não se aplica aos cristãos, judeus ou muçulmanos. Caso esses entrem e reivindiquem algo em nome de seu Deus com

"D" maiúsculo, soa uma sirene semelhante a um alarme de incêndio. A consequência disso é que o ambiente público pende inevitavelmente para o lado secularista e materialista. O debate público se torna enviesado ideologicamente.

Eis outra ilustração. A ilusão de separação é como um Cavalo de Troia para ídolos e deuses anônimos. Você lembra como os soldados gregos se esconderam dentro de um gigantesco cavalo de madeira, que foi deixado do lado de fora dos portões de Troia? O povo de Troia puxou o cavalo para dentro dos portões da cidade. Então, enquanto a cidade dormia, os soldados saíram sorrateiramente e destruíram a cidade. Da mesma forma, alegar haver separação entre política e religião mantém a religião organizada do lado de fora dos portões da cidade, ao mesmo tempo em que oculta ídolos escamoteados e deuses anônimos dentro dessa mesma alegação.

Quando não estamos prestando atenção, até mesmo aqueles três princípios caracteristicamente americanos de direitos, igualdade e liberdade se tornam cavalos de Troia. Afinal de contas, quem decide quais direitos estão certos, ou como definir igualdade, ou quais liberdades são justas? Devemos defender o *direito* ao aborto, o casamento *igualitário* e a *liberdade* para uma pessoa definir seu próprio gênero? Bem, a resposta depende do que seu Deus ou seus deuses dizem. Os cristãos, portanto, encontram-se na rara posição de querer afirmar que direitos, igualdade e liberdade são dons concedidos por Deus; mas olham em volta e veem as pessoas tratarem esses dons como deuses, ou pelo menos como cavalos de Troia que escondem seus verdadeiros deuses.

Uma pesquisa recente com 1500 estudantes universitários, por exemplo, sugeriu que a liberdade de expressão está "profundamente ameaçada" nos *campi* dos Estados Unidos.[13] Será que a liberdade de expressão está em perigo, ou será que aquilo que nossa sociedade

---

[13]John Villasenor, "Views Among College Students Regarding the First Amendment: Results from a New Survey," *Brookings Institution*, 18 de setembro de 2017. Disponível em: https://www.brookings.edu/blog/fixgov/2017/09/18/views-among-college-students-regarding-the-first-amendment-results-from-a-new-survey.

POR QUE SE ENFURECEM AS NAÇÕES

percebe como sendo uma expressão moralmente aceitável está rapidamente mudando de uma geração para a outra? Os alunos e as administrações das faculdades em, digamos, 1790, 1840 ou 1950, jamais teriam tolerado toda forma possível de expressão. Imagine como a administração e os alunos de um campus reagiriam diante da possibilidade de um palestrante que defendesse o aborto ou o casamento entre gays em 1840. Não nego que algumas nações possuem limites mais amplos ou mais restritos para o que seria uma expressão moralmente aceitável. Mas toda nação tem seus limites e tais limites dependem dos deuses que predominam. O conceito da liberdade de expressão é um cavalo de Troia. Ele esconde os deuses de alguém.

Seria cabível dizermos o mesmo sobre a liberdade religiosa? Em um país cujo consenso moral muda rapidamente, os cristãos são tentados a se refugiar na liberdade religiosa como uma medida emergencial, pelo menos para se protegerem. Mas espere um pouco: nós já definimos a liberdade religiosa como liberdade de consciência, lembra? E se minha consciência exigir coisas que sua consciência considerar abominável? Qual consciência ganhará a causa? A própria ideia de uma consciência livre começa a parecer um cavalo de Troia vazio. As pessoas podem acomodar dentro dela os soldados do deus que desejarem.

Por exemplo, em 1992, um caso julgado na Suprema Corte, *Planned Parenthood v. Casey*, disse que "homens e mulheres de boa consciência podem discordar" com relação ao aborto. Dessa forma, devíamos proteger o direito de uma mulher escolher o aborto como forma de respeitar sua consciência. Ou seja, deveríamos proteger o aborto como uma liberdade religiosa. Afinal, liberdade sexual não é liberdade religiosa em uma cultura pagã? Não se trata de um altar de adoração? Assim o era no mundo antigo. E os defensores do movimento pró-escolha lutam por sua causa com um zelo religioso.

Em outras palavras, quando você define liberdade religiosa sem levar em conta o Deus das Escrituras, esses termos acabarão sendo utilizados contra o povo daquele Deus. Sim, esse é o paradoxo da liberdade religiosa.

ESFERA PÚBLICA: NÃO É NEUTRA, MAS UM CAMPO DE BATALHAS ENTRE DEUSES

Não me entenda mal: apresentarei razões profundamente cristãs para defender a tolerância religiosa, juntamente com os direitos, a liberdade e a igualdade de forma geral — aqueles ideais dos Estados Unidos — mais adiante neste livro. Ainda assim, encontramo-nos atualmente em um estranho momento da história no qual argumentos *estadunidenses* em defesa da liberdade religiosa podem acabar por destruir a liberdade religiosa, e argumentos *estadunidenses* em defesa dos direitos e da igualdade podem acabar destruindo direitos e igualdade.

A LINGUAGEM CRISTÃ SE TORNA IRRACIONAL

Assim, o primeiro resultado de fingirmos poder separar política e religião é inclinarmos ideologicamente o chão da esfera pública contra nossa herança moral cristã e a religião organizada de forma geral. O segundo resultado é que isso faz alguns elementos do discurso cristão — especialmente aqueles relacionados a família, sexualidade e religião — soarem irracionais e, portanto, injustos.

Imagine a seguinte situação. Você está em um almoço com um amigo não cristão. Surge o assunto do casamento entre pessoas do mesmo sexo ou de banheiros transgênero. Você tenta pensar em uma forma de dizer que casamentos entre pessoas do mesmo sexo são errados ou que Deus criou o homem e a mulher. Você sabe, contudo, que colocar a questão de forma assim tão clara não vai levar a nada. Na verdade, tais palavras podem nem fazer sentido para seu amigo não cristão. "É errado? O que você quer dizer com 'errado'?"

Lembro-me de participar de um acirrado debate político certa tarde no curso de pós-graduação, com nove de meus colegas de ciências políticas. Estávamos no ano de 1996 e eu era o único cristão professo. O primeiro tópico do debate foi o aborto. Somente eu argumentava em defesa da vida da criança. Os outros nove defendiam o direito da mulher de abortar seu filho. Ainda assim, a conversa prosseguia de forma respeitosa e cordial, porque eu conseguia usar uma linguagem que meus colegas reconheciam e entendiam:

"O bebê possui seu próprio DNA"; "Os livros de biologia dirão que se trata de uma vida humana"; "O bebê também possui direitos!"; e assim por diante. Eles discordaram de mim, de forma bastante veemente. Contudo, eles me respeitaram, porque conseguiram entender minha lógica.

Então o tópico da conversa mudou para a moralidade da homossexualidade. Mais uma vez, eu me vi sozinho argumentando contrariamente. Dessa vez, porém, o tom da conversa mudou. Deixou de ser cordial e respeitoso. Meus colegas se sentiam chocados e ofendidos por alguém ter uma visão tão intolerante sobre o assunto. (E estávamos em 1996!) Lembro-me de pensar posteriormente que, nas tais guerras culturais, o tópico da homossexualidade demonstraria ser mais controverso e difícil que o próprio aborto. Minhas opiniões não faziam sentido diante da versão de racionalidade ou de justiça que eles tinham.

Na esfera pública, as pessoas temem o irracional e sentem raiva diante da injustiça. Irracionalidade e injustiça estão vinculadas, porque a primeira frequentemente leva à segunda. E esse temor e essa raiva fazem sentido. É sábio temer uma força poderosa que seja irracional e é moralmente correto sentir raiva diante da injustiça. É fácil, portanto, avaliar os deuses de uma nação indagando quando tal nação considera moralmente correto temer e sentir raiva — até mesmo fúria.

Meus colegas de classe sentiram raiva de minhas posições com relação à homossexualidade em 1996. Eles as consideraram irracionais e injustas. E o mesmo medo e a mesma raiva com relação às visões cristãs sobre família e sexualidade estão cada vez mais difundidos no debate público norte-americano hoje em dia. Utilizar essa linguagem atualmente soa irracional e injusto, provocando irritações.

O único vocabulário moral permitido no ambiente público hoje em dia é a linguagem dos direitos, da igualdade e da liberdade. Essa linguagem funciona bem para os cristãos quando todos compartilham uma mesma moralidade com características cristãs.

Com efeito, porém, leva a um diálogo desonesto, quando nossos princípios morais e nossos princípios religiosos divergem radicalmente. Ela esconde o que está realmente em jogo, como uma senadora dizendo a uma indicada à magistratura que seus dogmas vivem fortes dentro dela, como se a própria senadora também não tivesse seus próprios dogmas fortes dentro de si.

Em certo sentido, creio que os pais fundadores dos Estados Unidos compreendiam tudo isso. George Washington disse em seu Discurso de Despedida que "a verdadeira religião e uma boa moral são os únicos alicerces sólidos da liberdade pública e da felicidade". John Adams igualmente observou: "Nossa Constituição foi formulada apenas para um povo moral e religioso. É totalmente inadequada para o governo de qualquer outro".[14] Esses dois fundadores, em outras palavras, teriam atribuído ao menos parte do crédito pelo sucesso e pela longevidade de nossa nação, não à democracia ou aos valores liberais (liberdade, direitos, igualdade), mas a "verdadeira religião e uma boa moral". Eles pareciam compreender que o Experimento Americano é como uma arma: o modo como ela será usada depende da moralidade da pessoa que a segura. Ou como um carro: muita coisa depende do condutor. Ou como um cavalo de Troia: que soldados estão escondidos no interior?

Escritores e pastores por vezes dizem que a solução para as guerras culturais de hoje em dia é voltar à doutrina dos pais fundadores. Não creio que jamais a tenhamos abandonado. O que mudou foi a fonte da nossa moralidade. Cristãos ou não, a geração dos fundadores compartilhava uma moralidade com características cristãs (tirando o tópico da escravidão, a desigualdade entre negros e brancos e o tratamento dispensado às mulheres). Esse não é mais o caso.

Nossos direitos podem ter vindo de Deus, mas nós os tornamos deuses. Somos como crianças ricas e mimadas que esqueceram que toda riqueza que possuímos vem de nossos pais. E assim tolamente as desperdiçamos.

---

[14]As citações de Washington e Adams foram extraídas de Guinness, *A free people's suicide*, p. 117-9.

SEPARAÇÃO ENTRE A IGREJA E O ESTADO

Há algumas semanas, falava por telefone com um amigo que reclamava dos evangélicos estadunidenses. Considerando-se um separatista, ele se referia criticamente a eles como "teonomistas moderados". Teonomistas creem em algum tipo de associação entre a Igreja e o Estado, frequentemente semelhante ao que Deus ordenou a Israel na antiguidade. *Theos* é a palavra grega para Deus, enquanto *nomos* é a palavra para lei. Junte-as e você terá Deus-Lei, que na prática se torna Igreja-Estado, ou algo assim.

É isso que eu recomendo? Bem, se por teonomista você entende que trarei parte da minha religião para a esfera pública, então sim; pois *todo mundo* é um teonomista nesse aspecto, inclusive meu amigo. Não, eu não trarei toda minha religião para a esfera pública. Contudo, aquilo com que adentro a esfera pública representa minha religião. O mesmo é válido para qualquer pessoa. Nesse sentido, separatismo é algo que não existe. Não passa de um blefe. Porém, se, por teonomista, você entende que pretendo misturar Igreja e Estado, então *não*. Eu não defenderia a teonomia porque sou um apoiador ferrenho da separação dessas duas instituições ordenadas por Deus. Como afirmei no capítulo 1, não podemos separar a religião da política, mas devemos separar a Igreja do Estado. A perspectiva deste livro, portanto, é essa:

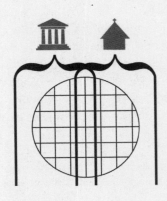

ESFERA PÚBLICA: NÃO É NEUTRA, MAS UM CAMPO DE BATALHAS ENTRE DEUSES

Toda vida é tanto política como religiosa, visto que somos criaturas políticas e religiosas. Igreja e Estado possuem autoridades distintas, dadas por Deus, com jurisdições separadas. Exploraremos isso mais a fundo nos capítulos seguintes.

Isso nos traz ao segundo paradoxo deste capítulo. O primeiro, você deve lembrar, é que a lógica da "liberdade religiosa", se não o vocabulário em si, será utilizada contra o povo de Deus em uma sociedade corrompida. O segundo é o seguinte: atualmente, quase todo estadunidense defende a separação entre a Igreja e o Estado, mas essa divisão institucional é cristã e se aplica exclusivamente aos cristãos (e talvez a membros de outras religiões organizadas, mas por ora me concentrarei somente nas igrejas).

A separação, portanto, funciona de forma esplêndida entre cristãos em igrejas de diferentes denominações. Não me faça pagar impostos para sustentar sua igreja anglicana e eu respeitarei sua liberdade de batizar seus bebês.

A conversa, contudo, muda quando falamos da relação entre um cristão e um não cristão. O não cristão, afinal, não tem uma igreja. Quando o não cristão defende sua crença na separação entre Igreja e Estado, ele se refere à separação entre o governo e a *minha* igreja, não a dele. Ele está efetivamente dizendo: "Você não pode me impor nenhuma de suas crenças ou princípios morais, pois elas vêm da sua igreja". Tudo bem, mas isso também não significa que ele não pode me impor suas visões idólatras e não cristãs? Ah, aí é que está a carta na manga! Ele não possui uma igreja oficial, nem um deus com um nome. E não existe isso de separação entre idolatria e Estado. Azar o meu. Sorte dele. Entende o que quero dizer quando digo que a regra se aplica exclusivamente aos cristãos?

Dentro de uma lógica bíblica, a separação entre Igreja e Estado não se trata de decidir qual princípio moral deve sujeitar uma nação. Trata-se do fato de que Deus concedeu ao estado um tipo de autoridade e às igrejas, um outro tipo. Ainda assim, quantos não cristãos você imagina serem capazes de definir no que consiste a autoridade da igreja, ou sequer se importem com isso? Aliás, quantos cristãos você acredita que saibam o que é a autoridade da igreja? Contudo, a menos que você possa esclarecer o que é a autoridade de uma igreja, não será capaz de explicar a separação entre Igreja e Estado. A separação, afinal de contas, significa que o Estado não deve fazer o que Deus autorizou a igreja a fazer, e vice-versa. Você sabe o que ele autorizou que as igrejas fizessem? Detalharemos isso mais adiante.

Por ora, podemos dizer que a crença cristã na igreja nos *desvia* politicamente. Ela nos impede de impor, não todas, mas diversas crenças nossas entre os incrédulos — como a crença de que Jesus ressuscitou dentre os mortos e é Rei dos reis. Nossa doutrina da igreja diz: "Ei, cristão, pratique sua crença de que Jesus é rei lá, entre seus companheiros da igreja".

Aqueles que não creem não possuem uma doutrina da igreja que os desvie. Eles impõem quaisquer crenças e princípios morais que quiserem. As pessoas frequentemente criticam João Calvino por sua tese de que o Estado devia fazer cumprir os dois primeiros mandamentos (sem outros deuses; sem ídolos), e eu concordo com essas críticas. Entretanto, ocorre-me que cada vez mais progressistas seculares fazem o que fez Calvino — promovem publicamente seus deuses e perseguem formas de adoração que os ofendam. Meu amigo, Andrew T. Walker, recentemente escreveu um tweet sobre isso:

> Não se engane: o secularismo é uma forma de teocracia. É um tanto zeloso com sua própria glória, controla sua adoração e exige um conjunto de posturas éticas.

Como os progressistas seculares fazem isso? Certamente por meio de leis e de processos judiciais. Ainda assim, é válido destacar o papel das escolas públicas e da política educacional em formar discípulos. A educação é o "dever moral primordial" de uma sociedade, disse o filósofo político John Dewey, uma vez que é "o método elementar de progresso e reforma social". Por meio das

ESFERA PÚBLICA: NÃO É NEUTRA, MAS UM CAMPO DE BATALHAS ENTRE DEUSES

escolas públicas, as crianças de uma nação passam a "compartilhar da consciência social" daquela nação.[15]

Em outras palavras, as escolas públicas, como agentes do Estado, participam da doutrinação religiosa de seus alunos. Antes da Guerra Civil, as escolas reforçaram uma orientação protestante. Do fim do século 19 ao início do século 20, os currículos escolares começaram a seguir uma orientação naturalista. Após a Segunda Guerra Mundial, o progressismo secular foi se tornando cada vez mais predominante. Hoje em dia, as escolas trabalham para cultivar alunos conscientes em questões de justiça social.[16]

Um membro de minha igreja, cujos filhos frequentam uma escola pública em Washington, D.C., recebeu recentemente um e-mail da escola notificando os pais sobre a participação da escola em um desfile do Orgulho Gay. Valorizo o fato de a escola ter enviado um e-mail. Isso nem sempre acontece atualmente. A mensagem explicava que a escola "valoriza a diversidade" e "se empenha para criar um ambiente seguro e inclusivo". A administração acreditava que participar de um desfile seria "uma ótima forma de envolver seu(s) filho(as) de forma proativa em um diálogo sobre a população LGBTQ, de um modo que priorizasse aceitação, respeito e compreensão, promovendo a disseminação de informações corretas e positivas".

Também tenho a esperança de que as escolas promovam "aceitação, respeito e compreensão" de todas as pessoas, independente de como elas se identifiquem. Minha fé cristã, contudo, não trata toda construção identitária concebível como moralmente legítima. Seria correto promovermos "aceitação, respeito e compreensão" por aqueles que se identificam como ladrões, adúlteros ou (como vi em um julgamento televisionado) vampiros? Pelas pessoas propriamente

---

[15]John Dewey, *My pedagogic creed* (New York: E. L. Kellogg & Co., 1897), p. 16-7.

[16]Russell Dawn, "Why Public Schools Will Always Include Religious Indoctrination," *Federalist*, 29 de março de 2017. Disponível em: http://thefederalist. com/2017/03/29/public-schools-will-always-include-religious-indoctrination/.

ditas, sim. Por suas identidades como ladrões, adúlteros ou vampiros? De acordo com minha fé, não.

O que o e-mail dessa escola representa, portanto, é o esforço articulado do Estado para doutrinar religiosamente os filhos de meu amigo, com dez, oito e cinco anos de idade, em uma fé diferente da confessada pelos pais. Uma fé que cultua os deuses da autodefinição e da autoexpressão.

Por meio da sala de aula, do legislador e dos tribunais, o progressista secular moderno acha ótimo poder usar o Estado para impor seus códigos morais e religiosos. E por que não acharia? Não há um Deus com "D" maiúsculo que diga o contrário. Assim, esses deuses com "d" minúsculo e seus sacerdotes passam despercebidos nas câmaras legislativas, nos tribunais e nas salas de aula. Minha doutrina da igreja, porém, impede que eu tente impor tudo o que a Bíblia diz sobre sexualidade a cada cidadão por intermédio do sistema público de ensino.

Mais uma vez, no pensamento atual, a separação entre Igreja e Estado só se aplica àqueles que creem em uma igreja institucional. Em consequência, a separação entre a Igreja e o Estado enviesa o sistema político contra os cristãos, ao menos em certo tipo de sociedade.

AMERICANOS, TÃO RELIGIOSOS COMO SEMPRE

Não há dúvidas quando a isto: os norte-americanos continuam tão religiosos como sempre foram. Não quero dizer que se identifiquem como metodistas, mórmons ou muçulmanos. Estou dizendo que eles cultuam *algo*. E essa adoração transparece em sua política.

Mary Eberstadt, em seu livro *It's dangerous to believe* [É perigoso crer], comenta que "um novo corpo de crenças" e uma "ortodoxia" substituíram a estrutura judaico-cristã do passado. "Sua fé fundamental é a da revolução sexual", diz ela. O ponto de partida dessa nova fé secular é que "liberdade pode ser definida como vontade autônoma". Seu segundo princípio é que "o prazer é o bem supremo". Segundo essa nova religião, a moralidade sexual do cristianismo bíblico representa uma "repressão injusta". Os pecadores de outrora se tornaram os santos de hoje, observa ela; enquanto os pecados do passado se tornaram as "virtudes" de hoje e "expressões positivas de liberdade".

O primeiro mandamento dessa fé é que "nenhum ato sexual voluntário entre adultos é errado — talvez exceto em casos de adultério". Dessa forma, "tudo o que contribuir para atos sexuais consensuais é um bem absoluto; enquanto que qualquer coisa que interfira ou ameace interferi-los é intrinsecamente errado". Ela também convida o leitor a observar o caráter absolutista dessa nova religião. Contracepção e aborto são tratados como "sacrossantos e inegociáveis". Tal fé nem ao menos evita o horripilante procedimento do aborto com nascimento parcial. Em vez disso, comenta ela, "o aborto nessa nova fé possui o status de ritual religioso. É sacrossanto. Trata-se de um ritual comunitário".

Não são as heresias do passado, como o pelagianismo e o arianismo, que ameaçam o cristianismo, observa ela. O maior oponente religioso isolado do cristianismo no ocidente contemporâneo é o "sexo". Em um capítulo intitulado "Anatomia de uma caça às bruxas secular", ela explica:

> Afinal de contas, os cristãos e demais dissidentes não são ameaçados de demissão por escrever e autopublicar livros [como aconteceu com o comandante dos bombeiros em Atlanta] sobre, digamos, o que a Bíblia ensina contra roubar. Capelães militares não estão sendo removidos de seus postos e marginalizados por utilizarem citações do livro de Rute. Não, cada ato cometido em nome dessa nova intolerância possui um único denominador em comum, que é a proteção da [...] revolução sexual a qualquer custo.

Ela então conclui sua tese: "O progressismo secularista é atualmente menos um movimento político e mais uma igreja". E aquilo que conhecemos como guerra cultural não contrapõe pessoas com fé religiosa de um lado e pessoas sem fé de outro lado. "É na verdade uma disputa entre *fés opostas*".[17]

A única ressalva que eu acrescentaria aos comentários de Eberstadt é a seguinte: a força propulsora dessa fé não é essencialmente o sexo, mas o ego. As filosofias iluministas de Locke e Jefferson partiam do ego. O Experimento Americano, maravilhoso em tantos aspectos, especialmente dentre um povo virtuoso, exalta em última análise o ego. A revolução sexual pode ter sido a consequência inevitável da exaltação do ego que o Iluminismo promove desde seu princípio. Deus nos deu o sexo para que experimentássemos um leve aroma do que será nossa união com ele. Sempre que a humanidade substitui Deus por seu dom, frequentemente criamos templos religiosos em torno daquele dom. Assim o vimos com as prostitutas cultuais no mundo antigo e entre deusas como Afrodite. O mesmo ocorre hoje em uma nação que venera suas heroínas de Hollywood e a pornografia na internet.

CONCLUSÃO

Mais adiante no livro retornaremos à maior parte dos temas levantados aqui e tentaremos ser mais práticos. Meu propósito neste momento é tentar lhe passar uma visão geral um pouco diferente — dar-lhe um mapa um pouco diferente daquele que muitos estadunidenses usam.

Voltemos então ao início do capítulo: governos servem seus deuses. Será um deus ou outro. Nossa política e nossa adoração não são tão separadas como pensamos. Ambas envolvem reverência. Ambas envolvem dizer quem é digno de dominar e julgar.

Os cidadãos do mundo antigo costumavam considerar que seu rei era um deus (como no Egito), ou era um representante exclusivo de um deus (como na Babilônia). Deus, portanto, alerta seu povo

---

[17] Mary Eberstadt, *It's dangerous to believe: religious freedom and its enemies* (New York: Harper, 2016), p. 23-8.

repetidamente de que não devem colocar sua confiança em seu próprio rei ou em reis estrangeiros. E ele avisa a reis estrangeiros para não colocarem sua confiança em seus deuses. Nossa confiança sempre demonstra quem são nossos deuses.

Isso significa que nossa política revela nossa adoração. Foi assim no passado e é assim hoje.

Toda nossa vida é fundamentalmente política, porque toda nossa vida é medida em relação ao Rei Jesus e ao fato de ele nos reivindicar por inteiro. Isso é verdadeiro para cristãos e não cristãos. Nós ou vivemos em submissão, ou vivemos em rebelião. Os mecanismos do Estado não passam de mais uma ferramenta a ser utilizada nesse contexto político mais amplo.

As nações não cristãs não confiam em Deus; portanto, enfurecem-se contra ele e seu Filho. Por esse motivo, a esfera pública é um campo de batalha entre deuses. Pode acontecer de esse campo de batalha ter, ao mesmo tempo, vários deuses em combate contra vários deuses. A batalha fundamental, contudo, contrapõe todos os deuses a Deus. Eles se enfurecem contra ele.

Converter-se ao cristianismo, entretanto, significa mudar nossa adoração e nossa política. Submetemo-nos ao Rei Jesus em todas as coisas. Reconhecemos que ele é digno de louvor e qualificado para governar todas as coisas. Nossa política e nossa adoração se unem em torno dele.

Ele cria uma política inteiramente nova para nós, um renascimento político, uma nova criação política. Veremos isso em seguida.

3

CORAÇÃO: NÃO EXALTA A SI MESMO, MAS NASCEU DE NOVO E FOI JUSTIFICADO

Era 5 de julho. O trabalho duro ainda não tinha começado, então eu estava dando uma rápida olhada na internet para ver o que havia perdido durante o feriado do Dia da Independência. Dois posts chamaram minha atenção. Ambos os autores teciam considerações sobre o 4 de julho à luz dos muitos problemas da América. Falarei sobre um dos artigos agora e deixarei o outro para o fim do capítulo.

O primeiro, publicado no *New York Times*, trazia o título "A formação de um não patriota". O autor, ateu e professor de filosofia na prestigiosa Universidade Duke, descrevia como os estadunidenses deviam retirar os óculos cor-de-rosa e fazer um profundo exame dos muitos pecados históricos da nação: o desterro e o assassinato de nativos americanos; os séculos de escravidão; as leis de Jim Crow, que mantinha os negros "separados, mas iguais"; os campos de internação para japoneses na Segunda Guerra Mundial; a recusa de cidadania aos "coolies" chineses que construíram a ferrovia transcontinental; os elementos impeditivos à democracia em nossa Constituição, como o colégio eleitoral, e mais. Um olhar assim tão honesto, refletiu o autor, solaparia nosso patriotismo. Sua frase final: "Uma vez que o processo de desencantamento seja concluído, também chega ao fim a formação do não patriota".[1]

O problema, disse o professor, é que romantizamos a história americana, especialmente por meio do cinema. Escolha qualquer pecado histórico da lista acima, e você encontrará um filme que reescreva e glamorize o assunto. O massacre de nativos americanos? Veja só que película divertida retratando índios e caubóis com John Wayne! Representação desigual no Senado dos Estados Unidos? Não se preocupe com isso. Já assistiu o corajoso discurso de Jimmy Stewart no Senado em *A mulher faz o homem*?

Admito que o artigo me incomodou. Parte do que me incomodou foi a tônica elitista do autor. Ele parecia querer deixar subentendido que "se você acredita na América, é, na melhor das hipóteses, ingênuo; no pior dos casos, hipócrita e conivente com os pecados da nação. Eu, por outro lado, sou honesto e equilibrado, simplesmente a favor do progresso".

Entretanto, o que mais me perturbou tinha a ver com sua crítica a algo que amo: os Estados Unidos (e aqueles filmes). Eu sei que os fatos mencionados são reais. Isso, porém, não nos obriga a desprezar nosso país, certo? Nunca é fácil ouvir críticas a grupos que você ama. Meu instinto era minimizar a importância daqueles fatos e criticar o mensageiro. Se ele se dispunha a afrontar patriotas como eu, então eu, em meu coração, também o ofenderia. "Ora, professor, o senhor não passa de um acadêmico inseguro, que odeia os Estados Unidos e padece de um grande sentimento de inferioridade. Então tome essa!"

A política costuma provocar reações defensivas com relação aos grupos a que pertencemos, seja família, nação, partido político,

---

[1]Alex Rosenberg, "The Making of a Non-Patriot", *New York Times*, 3 de julho de 2017. Disponível em: https://www.nytimes.com/2017/07/03/opinion/the-making-of-a-non-patriot.html?mcubz=3&_r=0.

classe econômica, etnia, equipe, grupo e até local de trabalho. Por quê? Porque nossos grupos nos dão um sentimento de identidade. "Eu sou americano". "Eu sou chinês". "Eu sou republicano". "Eu sou policial".

Estar associado a alguns grupos significa mais para nós que estar associado a outros. No romance de Anthony Doerr, *All the light we cannot see* [Toda luz que não podemos ver], por exemplo, o narrador dá voz aos habitantes de Saint-Malo, França, da seguinte forma: "Somos primeiramente maloenses [...] então bretões. Franceses, caso não sobre mais nada".[2] Sua lealdade era dedicada acima de tudo à sua cidade (Saint-Malo); então à sua etnia (bretões); e, por fim, à sua nação (França).

Podemos igualmente imaginar alguém que priorize totalmente sua nação, etnia ou algum outro fator. Essa lista de lealdades, contudo, segue uma prioridade, pois todos nos identificamos segundo os grupos que ocupamos. Eles nos proporcionam um senso de pertencimento, propósito, valor. "Espere um pouco, você foi criado no Oregon? Eu também fui!"

Tais grupos de lealdade trazem implícitos rivalidades políticas. Rivalidades — individuais e coletivas — impulsionam a política. Parte do que tornou o Presidente Franklin Roosevelt tão eficaz foi sua capacidade de utilizar o poder da rivalidade individual em vantagem própria. O presidente atribuía determinado trabalho a um membro de sua equipe. Então, de forma dissimulada e em momentos diferentes, atribuía a mesma tarefa a outro membro de sua equipe. Quando o primeiro lhe dava retorno, o presidente o questionava com informações que já havia recebido do segundo. A equipe rapidamente aprendeu seu jogo. Eles tinham que se superar uns aos outros para se manter nas boas graças do presidente.

Permita-me arriscar uma pequena conjectura. Acredito que, apesar de certas disputas pessoais, todos ainda se sentiam como

---

[2]Anthony Doerr, *All the light we cannot see* (New York: Scribner, 2017), p. 11 [no Brasil: *Toda luz que não podemos ver*, tradução de Maria Carmelita Dias (Rio de Janeiro: Intrínseca, 2015)].

CORAÇÃO: NÃO EXALTA A SI MESMO, MAS NASCEU DE NOVO E FOI JUSTIFICADO

uma equipe quando se identificavam como democratas, juntamente com seu chefe, contra seus oponentes republicanos; ou, como dunidenses, contra os alemães durante a Segunda Guerra Mundial. Rivalidades pessoas dão lugar a rivalidades coletivas conforme o campo de batalha se altera.

É assim que funciona para a maioria de nós. Posso implicar com meu irmão mais novo em casa, mas, se você mexer com ele no parquinho, será como se tivesse mexido comigo. A política é tanto um esporte individual como de equipe e ficamos continuamente alternando entre um tipo e outro de competição.

É assim que funciona entre as nações e seus governantes, segundo Salmos 2. As nações guerreiam entre si constantemente. Sabemos disso. O salmista, contudo, observa que elas "conspiram unidas contra o SENHOR e contra o seu ungido" (v. 2). Interessante. A maior rivalidade política da história, pelo que parece, é entre as nações da terra e o Messias.

Por trás de toda essa competição — entre equipes presidenciais, irmãos, nações e assim por diante — existem os desejos do coração humano. As nações se amotinam porque o coração humano se opõe ao governo por parte do Pai e do Filho: "Façamos em pedaços as suas correntes, lancemos de nós as suas algemas!" (v. 3) afirmam os reis da terra em nome de seus povos.

Tiago apresenta acusação semelhante: "De onde vêm as guerras e contendas que há entre vocês? Não vêm das paixões que guerreiam dentro de vocês? Vocês cobiçam coisas, e não as têm; matam e invejam, mas não conseguem obter o que desejam. Vocês vivem a lutar e a fazer guerras" (Tiago 4: 1-2).

Rivalidades individuais e coletivas são feitas do mesmo material. O desejo do nosso coração. Nosso coração deseja ser exaltado. Ele quer ser adorado. O coração quer o que o coração quer. É claro, utilizamos nossa identidade coletiva para bons propósitos, segundo a vontade de Deus. Mas também a utilizamos na grande empreitada de conquistar domínio e exaltação pessoal. E essa empreitada é outro nome para política em um mundo decaído.

A política da Criação se inicia com o nosso coração buscando a glória e a fama de Deus. Deus nos criou à sua imagem para sermos um reflexo *dele* por meio de nosso domínio (Gênesis 1:26-28).

A política da Queda, porém, começa com um coração que busca sua própria glória e fama. Adão e Eva sentiram-se seduzidos quando a serpente lhes disse que eles poderiam "ser como Deus" (3:5). É claro que o plano não funcionou, então Adão usou uma coletiva de imprensa para jogar a culpa tanto em Deus como em Eva: "Foi a mulher que me deste por companheira que me deu do fruto da árvore, e eu comi" (v. 12). Seu filho, Caim, repetiria no futuro o hábito paterno de auto-adoração e autoproteção, apesar de os meios de auto-exaltação terem se tornado assassinato.

Observe, portanto, como adoração e domínio estão interligados. Aquele que for mais digno de adoração possui o direito de dominar. Esse é Deus. O pecado começa com o desejo de ser adorado (de "ser como Deus") e nos leva a tomar conta das rédeas ("e eu comi").

Não causa surpresa alguma que tantas pessoas afirmem odiar política. A política, nas questões públicas, desnuda todo e qualquer coração caído, como manequins deformados em uma loja de departamento. Repórteres disputam audiência. Políticos disputam eleições. Assessores de imprensa distorcem histórias. Sentamos para almoçar e reclamamos do sujeito em Washington. Mas o que eles *fazem lá*, nós mesmos *fazemos aqui*, onde moramos: promovemos a nós mesmos e aos nossos planos. Os políticos e os comentaristas apenas possuem plataformas mais ambiciosas. A mordida de Adão e o massacre de Faraó são a mesma coisa. Faraó apenas agiu em maior escala.

Um amigo meu, Kyle, que congrega na mesma igreja que eu frequento, deparou-se com o caráter de autopromoção da política, quando teve de enfrentar a Comissão de Controle de Animais, formada por oito pessoas, em nosso condado de Maryland. A vizinha de Kyle reclamava que seu cachorro, Bo, latia demais durante o dia. A vizinha era uma advogada que não trabalhava fora e que resolvia seus problemas pessoais por meio de processos judiciais (já havia processado nossa cidade e nosso condado diversas vezes).

Kyle, cuja esposa e filhos ficavam em casa o dia inteiro, negavam os latidos. Ainda assim, lá estava ele, no "tribunal do cachorro", como ele mesmo chamou. Aparentemente, o presidente da comissão deixara o poder do tribunal do cachorro lhe subir à cabeça. Ele começou, em um tom emocional e agudo: "As pessoas pensam que podem nos ignorar e que tudo fica por isso mesmo. Pois não podem!" Seguiu-se um sermão de quatro minutos. Kyle, que já havia trabalhado em órgãos de inteligência e à época assessorava um senador dos Estados Unidos, respondeu que ele não seria "interrogado". O presidente da comissão, já com o rosto vermelho, respondeu que era exatamente o que ele faria. Um policial que fazia parte da comissão, revirando os olhos, puxou o presidente para fora da sala e explicou — aparentemente — que, não, eles não tinham permissão para interrogar pessoas no tribunal do cachorro. O presidente voltou para sua cadeira e calmamente perguntou ao Kyle sobre seu lado da história.

Ah, a política em um mundo decaído.

No último capítulo, apresento um mapa do panorama político representando as vertentes políticas como em um campo de batalha entre deuses. Esse campo de batalha existe no coração de cada um de nós, como também na esfera pública em geral, para não mencionar a rivalidade entre nações.

Passemos então àquilo que motiva cada ator individual nesse panorama: o coração. Precisamos começar pelo coração se quisermos ter esperança de uma verdadeira mudança política. Ele é a fonte da vida, segundo Provérbios (4:23). Jesus disse algo semelhante: o que conta não é o que entra na pessoa; mas o que sai dela, do seu coração (Marcos 7:18–23).

O problema é que governos não podem mudar o coração, que é precisamente o motivo pelo qual Deus autorizou que eles usassem a força. Eles podem incentivar um ou outro coração decaído, como Roosevelt fez ao criar conflitos entre interesses pessoais de seus funcionários em prol de um bem maior. Um governo, contudo, não tem como mudar a natureza de um coração, assim como um tratador do zoológico não tem como mudar as pintas de um leopardo (Jeremias 13:23). Um governo não pode fazer com que as pessoas realmente desejem coisas justas.

Como cristãos, contudo, devemos começar pelo coração se quisermos fazer nosso próprio recomeço político. O que a Bíblia oferece, podemos afirmar, é uma política da nova criação ou de um novo coração.

Se o propósito do capítulo anterior era avaliar o que a Queda de Adão e Eva nos legou politicamente, o propósito deste capítulo é avaliar o que a redenção de Cristo nos oferece politicamente. Imagine que estamos apagando o quadro negro ou acionando o botão político de "reiniciar".

GOVERNAR A SI MESMO DEPENDE DE AUTOJUSTIFICAÇÃO

Se o propósito principal do coração decaído é governar e adorar a si mesmo, ele luta continuamente para conquistar esse troféu por meio da autojustificação.

Eu explico. Uma justificação é uma argumentação. A autojustificação, portanto, é uma argumentação defendendo por que você merece conseguir o que deseja.

— Mas, pai, ela foi sentada na frente da última vez. Agora é minha vez.

— Minha vez de entrar em campo, técnico. Eu sou mais rápido.

— Eles deviam me promover. Eu tenho os melhores números de vendas.

— Ele pode ter vencido no colégio eleitoral, mas eu venci o voto popular. Precisamos mudar a Constituição.[3]

---

[3]No sistema eleitoral dos Estados Unidos, o presidente do país não é escolhido apenas pela maioria do voto popular, como no Brasil, mas pela maioria absoluta dos votos dos membros dos colégios eleitorais de cada Estado. O colégio eleitoral deve votar no mesmo candidato que venceu a eleição em seu estado. Porém, cada

Perceba o que está acontecendo em todas essas afirmações. Uma pessoa apresenta um argumento defendendo a tese de que ela deve ser exaltada. E ela tenta justificar seu desejo. A autojustificação é o trono sobre o qual se assentam o autogoverno e a adoração pessoal. Os dois se fundamentam e dependem desse argumento. Faz sentido?

Agora, eis aqui um dos pontos mais importantes deste capítulo: toda rivalidade, todo conflito, toda polarização em facções, toda discriminação, toda opressão e todas as guerras na história da política humana depende desse tipo de raciocínio de autojustificação.

— Sou mais inteligente que você. Portanto, eu mereço dominar você.

— Sou mais rico que você. Portanto, eu mereço explorar você.

— Sou mais branco que você. Portanto, eu mereço escravizar você.

Cada exemplo é acompanhado por um argumento que se autojustifica e, sobre o trono desde argumento, assenta-se o domínio, a exploração ou a escravização. Até mesmo um supervilão de história em quadrinhos, como Lex Luthor, convence a si mesmo por meio de alguma justificativa segundo a qual ele tem o direito de matar o *Superman* e dominar o mundo, por mais destrambelhada que sua argumentação possa ser.

Voltemos no tempo por um instante. Quando Deus criou Adão e Eva, ele os justificou. Ele disse, a eles e a todo o universo, que sua existência era boa e digna porque ele os tinha criado. Eles eram valiosos e preciosos aos seus olhos. "E Deus viu tudo o que havia feito, e tudo havia ficado muito bom" (Gênesis 1:31). A justificação de Adão e Eva dependiam dele. Ele os definiu como algo "bom".

Estado tem um número proporcionalmente diferente de membros do colégio eleitoral (e, portanto, de peso de votos), de acordo com sua população, assim como há um número diferente de deputados federais para cada estado brasileiro, a depender do tamanho de sua população. Na prática, isso quer dizer que, nos Estados Unidos, nem sempre o candidato que recebe o maior número de votos de eleitores individuais será o vencedor, mas sim o que conquistar o maior número de votos em colégios eleitorais (N. do R.).

Era sua palavra, portanto, que lhes dava o direito de dominar: "Deus os abençoou, e lhes disse: 'Sejam férteis e multipliquem-se! Encham e subjuguem a terra! Dominem sobre os peixes do mar, sobre as aves do céu e sobre todos os animais que se movem pela terra'" (v. 28).

Então veio a Queda. Adão e Eva descartaram o domínio de Deus e ao fazê-lo também descartaram sua palavra de justificação. Eles queriam dominar nos seus próprios termos, sem estarem subordinados a ele, então tiveram de buscar um novo argumento. Pela primeira vez, precisavam justificar a si mesmos. Adão, por conta disso, culpou Deus e Eva, como já vimos. E Caim apontou para seu sacrifício de frutas e vegetais. "Veja a minha obra, Deus."

Então teve início a fúria e a conspiração de Salmos 2.

Toda história humana, a essa altura, se transformou em uma busca por justificação. Todas as manhãs, cada um de nós se levanta e planeja o dia para poder validar nossa existência. Em cada ambiente que adentramos, buscamos por essa mesma confirmação: "minha vida importa, minha presença é importante, eu sou bom". O eu caído sente o desejo intrínseco de fazer algo — suas obras — para sua própria justificação.

Leis de um tipo ou de outro são coisas que utilizamos para justificar a nós mesmos a nossa existência, mais ou menos assim: "Eu guardei as leis de Deus. Eu sou bom o bastante. Ele precisa me aceitar". Ou assim:

— Eu respeitei a *lei da igualdade*, pai. Coloque-me no banco da frente.

— Minha velocidade permitirá que vençamos conforme as *regras do jogo*. Minha vez de entrar em campo.

— Meu sucesso em vendas significa que eu *atingi as expectativas para uma promoção*. Promova-me.

— As *regras da democracia*, propriamente ditas, ditam que eu deveria assumir o cargo. Eu tenho a maior quantidade de votos, no final das contas.

Em outras palavras, as leis se tornaram os ganchos onde penduramos aquilo que a Bíblia denomina como "obras". É sobre isso que o autor bíblico está falando quando discorre sobre tentarmos nos justificar por meio de nossas obras. É uma outra forma de dizer que tentamos nos justificar por meio da lei.

Quando nos negam aquilo que queremos, ficamos furiosos. Ficamos furiosos quando algo se contrapõe às nossas justificações, aos nossos argumentos. A filha fica emburrada por não conseguir ir no banco da frente. O jogador fala mal do treinador. E assim por diante.

Não são, todavia, apenas indivíduos que passam suas vidas justificando a si mesmos. São times, empresas, etnias, colégios, igrejas, exércitos e nações. São todos os nossos grupos. Cada um deles se sente intimamente compelido a lutar pelo direito de existir, tomar decisões e até mesmo dominar qualquer que seja o campo de batalha no qual ele esteja inserido. Um time que jamais vencer acabará por perder sua torcida e, após algum tempo, será vendido. Uma empresa que não faça vendas suficientes acabará fechando. Uma nação que não consiga convencer seu povo de que merece existir — de que algo meritório os une — será conquistada. Aliás, qual é a história dos direitos civis nos Estados Unidos? Foi uma discussão que se alongou por décadas de que os afro-americanos importam, de que eles mereciam ser tratados da mesma forma que os americanos de ascendência europeia, de pele mais clara. Trata-se de uma argumentação de justificação.

Não há dúvida de que os argumentos justificatórios de alguns são corretos e justos, especialmente quando se fundamentam nas leis de Deus. Um exemplo é o movimento pelos direitos civis. Em sua melhor versão, ele insiste que todas as pessoas foram criadas à imagem de Deus e são, portanto, dignas de igual dignidade e respeito.

Demasiadas vezes, porém, nossos argumentos de autojustificação se prestam a propósitos de auto-adoração, resultando na crença de que temos o direito de mandar nos outros, explorar os outros, e até mesmo dominar e destruir os outros. Como consequência: Caim matou Abel; Jacó enganou Esaú; Faraó massacrou os recém-nascidos; Davi assassinou o marido de Bate-Seba; Absalão destronou Davi; a Assíria conquistou Israel; Herodes e Pôncio Pilatos conspiraram contra o Ungido de Deus, pregaram-no em uma cruz e assim executaram a fúria das nações (Atos 4:25-28).

O ponto principal é que autogoverno depende de autojustificação. Autojustificação é o "mereço" na expressão: "Eu mereço governar". E a autojustificação leva a opressão, discriminação, violência e fúria.

Ora, o que podemos então fazer para nos afastarmos da autojustificação e nos aproximarmos de um tipo de política associada à nova criação e a um novo coração? As bem-aventuranças de Jesus nos dão a resposta.

Passo 1: aceitar nossa condenação

Quer Israel tentasse ou não se justificar diante de Deus por meio do cumprimento de sua lei, ele não tinha como conseguir. A lei só condenava a nação e seus cidadãos. De forma semelhante, a lei de Deus condena a todos nós.

Isso nos traz ao primeiro passo rumo a uma política do novo coração: devemos aceitar nossa condenação sob a lei de Deus.

Talvez você tenha experimentado uma discussão com seu cônjuge, um colega ou algum membro de outro partido político. Então, aparentemente sem motivo algum, a pessoa admite que está errada. Quando isso acontece, é como se a tensão na sala evaporasse. A bomba é desarmada. Seu coração até se aquece com relação à pessoa. A confissão, ironicamente, cria uma sensação de união, ainda que apenas temporariamente.

O primeiro passo para iniciarmos uma política do novo coração é colocarmos de lado os argumentos de autojustificação e dizermos de todo coração: "Sim, eu estou errado". Ela começa quando reconhecemos nosso pecado e que perdemos o direito de governar, porque não demos prova de que somos dignos. Reconhecemos que o trono sobre o qual estamos assentados é uma farsa, um trono de papelão. Nossos argumentos são estúpidos. Nossa fúria é tola e equivocada. Dessa forma, descemos do trono e abrimos mão do governo.

"Bem-aventurados os pobres em espírito", disse Jesus no Sermão do Monte. Ou seja, bem-aventurados são aqueles que deixam de insistir em promover a si mesmos e seu domínio. Em vez disso, eles encerram sua argumentação. Fecham sua boca. Param de se defender e admitem que são fracos.

"Bem-aventurados os que choram", continuou Jesus na bem-aventurança seguinte. Eles choram por seu pecado e culpa. Eles choram por causa da dor que causaram a outras pessoas ao tentar governar. Eles enxergam a insensatez de sua auto-adoração e dano que causaram por fingirem ser o deus do universo.

Estranho, não? A existência do inferno é uma das coisas mais difíceis de se crer na Bíblia. Entretanto, o caminho da paz política, da harmonia e da plenitude começa pelo reconhecimento de que merecemos o inferno. Até que o façamos, continuaremos a sustentar nosso direito de governar. E, quando você sustenta o seu direito e eu sustento o meu, é inevitável que entremos em conflito. — Passe-me o volante — e o outro lado responde. — Não, passe-me você o volante.

Passo 2: buscar o perdão e a justiça de Deus

O segundo passo para alcançarmos uma política do novo coração está ligado intrinsecamente ao primeiro: quando aceitamos nossa incapacidade perante a lei de Deus, devemos então buscar o perdão e a justiça divinas que somente Deus pode conceder.

"Bem-aventurados os humildes" (Mateus 5.5). Somente quando encerramos nossas tentativas de autojustificação e passamos a contar com a justificação de Deus, descemos do trono de Deus e, como deveria ser, pedimos que ele governe. "Oh, Deus, minha tentativa de governar fez com que tudo virasse um caos. Eu mereço ser castigado. Por favor, perdoe-me e seja o rei da minha vida".

Quando não buscamos o perdão de Deus e, em vez disso, seguramo-nos teimosamente ao controle de nossa vida e à justificação pelas obras, insistimos na tentativa de provar que somos dignos por alguma métrica mundana: raça ("Sou ariano"), etnia ("Sou hútu"), sexo ("Sou homem"), classe social ("Sou aristocrata"), nacionalidade ("Sou sérvio"), conhecimento ("Sou marxista" ou "libertário"), religião ("Eu cumpri a lei de Deus"). E o que algumas vezes surge dessa mentalidade é o uso de tais métricas para oprimir e guerrear. Assim aconteceu com os nazistas arianos com relação aos judeus, os hútus com relação aos tútsis, homens com relação às mulheres, aristocratas com relação aos camponeses, sérvios com relação aos croatas, marxistas com relação aos monarquistas, e fariseus com relação aos pecadores.

Quando, porém, reconhecemos que somos justificados somente pela fé, sabemos não possuir direito algum de governar quem quer que seja ou oprimir outras pessoas. Entendemos que fomos aceitos unicamente por conta do dom da misericórdia de Deus. A posição política que assumimos na sala do trono de Deus e quaisquer méritos que possamos ter perante a criação não pertencem a nós. Trata-se de uma dádiva.

Após nos humilharmos e pedirmos o perdão de Deus, ele nos declara "justos". "Bem-aventurados os que têm fome e sede de justiça" (v. 6). Essa passagem de Mateus pode não se referir especificamente à doutrina paulina da imputação, mas o contexto teológico mais amplo é que, juntamente com o perdão, Deus concede a justiça do próprio Cristo àqueles que anseiam por ela. É como o compartilhamento mútuo de bens e dívidas que ocorre quando duas pessoas firmam um pacto de união conjugal. Quando eu e minha esposa nos casamos, por exemplo, ela assumiu a responsabilidade pela dívida do meu empréstimo estudantil. E eu assumi a propriedade de seu Honda Civic. Isso é o que Martinho Lutero teria chamado de uma "maravilhosa troca". De fato, foi! Lutero, logicamente, falava sobre a transferência do nosso pecado para Cristo, e da justiça de Cristo para nós. Ou, nas palavras de Paulo, "Deus tornou pecado por nós aquele que não tinha pecado, para que nele nos tornássemos justiça de Deus" (2Coríntios 5:21).

CORAÇÃO: NÃO EXALTA A SI MESMO, MAS NASCEU DE NOVO E FOI JUSTIFICADO

Cristo não nos disse "Eu aceito" e concedeu-nos sua justiça naquela maravilhosa troca por causa de algo que tivéssemos feito. Ele o fez, novamente, como uma dádiva. Isso significa que não temos nada do que nos gabarmos. Nós não assumimos mais uma posição de senhor sobre os outros. Não dizemos mais: "sou mais inteligente" ou "sou mais branco" ou "sou mais rico". Podemos apenas afirmar: "Sou um mendigo que ganhou pão"!

O versículo bíblico mais relevante politicamente para seres humanos decaídos bem pode ser: "Onde está, então, o motivo de vanglória?" (Romanos 3:27).

É uma pergunta retórica. Vangloriar-se é outro termo para autojustificação. Paulo vinha refletindo sobre o fato de que não podemos ser justificados por obras, mas apenas pela fé. E ser justificado pela fé significa que não nos cabe mais ficar criando argumentos, ostentando pretensas conquistas, ou nos colocando acima das outras pessoas.

Passo 3: demonstrar misericórdia e buscar a paz

Quando um coração para de argumentar em defesa de sua própria justiça e de seu direito de governar, mas passa a confiar na justiça de Deus, ele dá mais um passo: demonstra misericórdia e busca a paz.

Ouça mais uma vez as palavras de Jesus: "Bem-aventurados os misericordiosos" e "Bem-aventurados os pacificadores" (Mateus 5:7,9). Os líderes religiosos hipócritas da época de Jesus não demonstravam misericórdia, nem promoviam a paz. Em vez disso, condenavam e se assenhoreavam sobre os demais. Pense na parábola de Jesus sobre o servo impiedoso (18:21-35). Ele descreveu um servo que teve uma dívida de milhões de dólares perdoada por seu mestre, mas que não pôde perdoar algumas centenas de dólares que alguém lhe devia. O mestre então lhe lançou na prisão. Ali estava um homem que não compreendia que sua vida e sua liberdade dependiam inteiramente do perdão.

Fico muitas vezes chocado com a carga de inclemência e farisaísmo que vemos nas manifestações políticas nos Estados Unidos hoje em dia. O rico menospreza o pobre, e o pobre desdenha o rico de volta. O racista deprecia a minoria, e a minoria e seus defensores devolvem o favor. Progressistas criticam conservadores, e conservadores fazem o mesmo. Um lado chama o outro lado de fanático, que por sua vez acusa o primeiro lado de partidarismo cego, que é outra forma de chamar de fanático. Consegue enxergar o ímpeto à rivalidade e à presunção e à bazófia?

O presidente de um *think tank*[4] em Washington, D.C., observou: "Não temos um problema de agressividade na política dos Estados Unidos. Temos um problema de desprezo". Tal desprezo, segundo sua definição, seria "a mais absoluta convicção de que o outro ser humano é totalmente inútil". Lamentavelmente, observou ele, "se você ouve as pessoas conversarem entre si hoje em dia na vida política, elas falam umas com as outras com o mais puro desprezo".[5]

Sua solução? "Praticar afetividade".

Não é um mau conselho, na medida do possível — não muito diferente de demonstrar misericórdia e buscar a paz. A dificuldade, logicamente, é que o coração humano é o que é. A única solução verdadeira, de longo prazo, para nossa política, permeada por desprezo, rivalidade e fúria, é um coração nascido de novo. Você não consegue dar o terceiro passo sem passar pelos passos um e dois.

Uma política com um novo coração começa por largarmos as armas de guerra. Ela reconhece que recebeu misericórdia, então oferece misericórdia.

Foi exatamente isso o que aconteceu após Dylann Roof, com 21 anos de idade, ter disparado e assassinado nove membros da Igreja Episcopal Metodista Africana Emanuel, em Charleston, Carolina do Sul. Quando Roof compareceu perante o tribunal,

---

[4]Centro de reflexão; instituição ou grupo de especialistas de natureza investigativa e reflexiva (N. do T.).

[5]Arthur Brooks, "The Real Problem with American Politics", *Harvard Kennedy School*, Facebook, 6 de maio de 2017. Disponível em: https://www.facebook.com/harvardkennedyschool/videos/10154251688431403/.

compareceram também os membros restantes da igreja. Um por um, eles o perdoaram. Ao fazê-lo, eles coletivamente largaram o que seriam armas de guerra justificáveis e deram testemunho da esperança que todos compartilhavam em um homem que morrera por seus inimigos e vencera a fúria das nações.

INTERLÚDIO: UMA POLÍTICA DA NOVA CRIAÇÃO

Antes de explicar o quarto passo, pergunto-me se um sentimento de tensão se acumula em você conforme passamos do passo um ao três. Será que Jesus realmente chamaria os cristãos para entrar na esfera pública a fim de confessar pecados, declarar a justificação somente pela fé e demonstrar misericórdia? Se for assim, como conseguiremos defender a justiça ou combater a injustiça?

Tal tensão, se for isso que você estiver sentindo, trata-se da tensão entre a política da Queda e a política da nova criação. Ambas criam e formam um povo. Ambas organizam sua vida. Ambas exigem submissão e obediência. Ambas almejam justiça. Ambas vislumbram um juízo final pela espada. A primeira, porém, já governa seus cidadãos pela espada, enquanto a segunda segue governando seus cidadãos pela Palavra e pelo Espírito. A primeira age pela força, já a segunda transforma nosso coração e nossa natureza. A primeira destaca princípios de justiça, a segunda se concentra em princípios de misericórdia e graça. A primeira se baseia naquilo que se vê; a segunda, naquilo que não se vê.

Mas não nos deixemos enganar: não estamos falando de política versus religião. Estamos falando de duas políticas diferentes que se baseiam em duas religiões distintas. A política da Queda é consequência necessária da religião da auto-adoração; a política da nova criação nada mais é que adoração a Deus.

É por isso que as bem-aventuranças de Jesus são tão formidáveis, profundas e sobrenaturais. São como uma nave de outro planeta que pousa na terra. Elas trazem a política da nova criação para um mundo dominado pela política da Queda.

Séculos antes de Jesus, Deus já havia prometido uma política da nova criação por meio do profeta Jeremias. O contexto dessa profecia era um Israel errático no exílio:

> "Estão chegando os dias", declara o Senhor, "quando farei uma nova aliança com a comunidade de Israel e com a comunidade de Judá" [...] "Porei a minha lei no íntimo deles e a escreverei nos seus corações. Serei o Deus deles, e eles serão o meu povo. Ninguém mais ensinará ao seu próximo nem ao seu irmão, dizendo: 'Conheça ao Senhor', porque todos eles me conhecerão, desde o menor até o maior", diz o Senhor. "Porque eu lhes perdoarei a maldade e não me lembrarei mais dos seus pecados" (Jeremias 31:31-34).

Perceba os componentes desse novo tipo de política. Primeiro, temos um governante justo — Deus —, então, temos um povo — "Serei o Deus deles, e eles serão o meu povo". Esse novo tipo de política, portanto, não é apenas algo isolado. Na verdade, é o que une eu e você a um novo povo, sendo que somos todos unidos a este Deus. Ela cria novas lealdades e um novo sentimento de identidade.

Em segundo lugar, há um realinhamento dos desejos do povo com o governo do governante: "Porei a minha lei no íntimo deles e a escreverei nos seus corações". Os participantes dessa nova sociedade política querem o que Deus deseja, porque Deus os faz assim. Por meio do profeta Ezequiel, Deus faz essa mesma colocação: "Darei a vocês um coração novo e porei um espírito novo em vocês; tirarei de vocês o coração de pedra e lhes darei um coração de carne. Porei o meu Espírito em vocês e os levarei a agirem segundo os meus decretos e a obedecerem fielmente às minhas leis" (36:26-27). É por isso que devemos falar sobre uma política com um novo coração. Deus nos concede um novo coração por meio de seu Espírito, de modo que passamos a obedecer.

Um terceiro ingrediente: não há rivalidades dentro deste grupo, porque todos possuem iguais oportunidades e acesso político à sala do trono de Deus: "Ninguém mais ensinará ao seu próximo nem ao seu irmão, dizendo: 'Conheça ao Senhor', porque todos eles

CORAÇÃO: NÃO EXALTA A SI MESMO, MAS NASCEU DE NOVO E FOI JUSTIFICADO

me conhecerão, desde o menor até o maior". Não há pessoas com maior ou menor acesso político aqui. Todos possuímos pleno acesso. Somos todos príncipes e princesas, com acesso ao trono a qualquer momento que desejarmos.

Em quarto e último lugar, o alicerce da misericórdia fundamenta essa comunidade política remida. Os membros dessa sociedade não pertencem a ela por berço ou mérito, mas por misericórdia: "Porque eu lhes perdoarei a maldade e não me lembrarei mais dos seus pecados". Eles não têm nada do que se vangloriar em si mesmos.

Aqui temos todos os componentes necessários para uma comunidade política ideal. Formam o povo de um governante justo, cujos desejos estão alinhados aos dele. Todos possuem nível igual de acesso, de forma que não há rivalidades, e o fundamento do grupo é a misericórdia. Eles passaram pelos três passos descritos acima: aceitaram sua condenação, buscaram o perdão e a justiça de Deus, e demonstraram misericórdia e buscaram a paz. Agora, juntos, mostram ao mundo algo totalmente diferente.

É claro que estou falando sobre a igreja, o povo do reino de Cristo.

CONTINUAÇÃO DO INTERLÚDIO: UMA IGREJA

Como cristãos, somos participantes dessa nova comunidade política ideal. Há quem pense que deveríamos nos restringir apenas à política da nova criação; mas, na verdade, devemos participar tanto da política da nova criação como da política da Queda. Não, não estou afirmando que existem "dois reinos", como alguns autores já descreveram. Há apenas um reino e Deus é Senhor sobre todas as coisas. Falar separadamente sobre uma política da Queda e uma política da nova criação significa que devemos viver à luz da Queda e à luz da nova criação — ao mesmo tempo. Não vivemos em dois reinos; vivemos simultaneamente em duas eras: a era da Queda e a era da nova criação.[6]

---

[6]Abordo o conceito de "duas eras" em contraposição a "dois reinos" em maiores detalhes em *Political church: the local assembly as embassy of Christ's rule* (Downers Grove: IVP Academic, 2016), p. 274-8.

Deus concedeu a espada do governo a toda a criação por causa da Queda. Os cristãos, assim como toda a humanidade, devem empunhar essa espada quando a ocasião exigir. Deus, contudo, também concedeu a Palavra do evangelho e seu Espírito em prol de uma nova criação. Os cristãos também devem pregar a Palavra. Por causa da Queda, os cristãos precisam às vezes enfatizar princípios de justiça, retribuição e prevenção. Precisam agir como policiais, juízes e legisladores. Em nome da redenção, os cristãos devem às vezes enfatizar princípios de contrição, misericórdia e perdão. Contextos distintos exigem ênfases distintas, mas os princípios de justiça e redenção permanecem continuamente vigentes para os santos.

Ainda assim, aqui está a chave, em certo sentido, para todo este livro: *para um cristão, a vida política deve começar dentro da igreja — em nossa vida comunitária na nova criação como congregações locais.*

A igreja local é onde praticamos os três passos iniciais dessa política da nova criação e do novo coração que temos discutido. Na Ceia do Senhor, nas orações de confissão e nos louvores de lamentação, expressamos nossa pobreza de espírito, lamentamos nosso pecado e manifestamos nossa sede de justiça. Por meio da pregação, ouvimos os comandos do Rei e aprendemos o que é a verdadeira retidão e a real justiça. Em nossa comunhão, praticamos essa vivência. Uma cultura do evangelho se desenvolve na medida em que nos mostramos vulneráveis e transparentes, confiando na integridade do outro. A igreja local é onde estruturamos e organizamos nossa vida como um modelo para toda a humanidade. É onde a rebelião é interrompida e reconhecemos que a reivindicação que o Rei Jesus faz sobre nossa vida é correta e legítima.

Ao mesmo tempo, como mencionado anteriormente, nossa participação nessa nova sociedade política altera nosso relacionamento com todos os demais grupos aos quais pertencemos. Nossa política de novo coração não fica restrita ao interior de nossas igrejas. Assim como quem não é cristão, usamos nossas identidades coletivas ("Sou americano"; "Sou de direita"; "Sou um executivo"; "Sou nipoamericano") para reforçar nossas identidades pessoais no projeto maior de autojustificação. Quando Deus nos justifica e nos dá um novo coração, não deixamos de pertencer aos diferentes grupos a que estamos associados — eu continuo sendo americano, por exemplo —, mas não precisamos mais deles para nos sentirmos justificados. Eu não preciso deles para me sentir digno, valioso ou melhor que as outras pessoas. E tem mais: eu já não preciso me virar do avesso para cumprir as regras do grupo e provar para todos no grupo: "Eu realmente sou um de vocês, gente!". E isso muda a forma como me relaciono com meus grupos.

Cumprir as regras do grupo é crucial onde eu moro — a capital do país. Se você for democrata, tome cuidado para não falar demais sobre sua oposição ao aborto. Se você for republicano, não fale muito sobre preocupações com encarceramento em massa. Manifestar tal tipo de visão poderá fazer com que outros membros do partido questionem suas credenciais.

É claro que isso não acontece somente em Washington. Famílias fazem isso. Etnias fazem isso. Times esportivos fazem isso. Jogadores de videogame fazem isso. Ambientalistas fazem isso. Oficiais das forças armadas e agentes de polícia fazem isso. E por trás de tudo isso está a autojustificação.

Quando nos unimos à comunidade da nova aliança, podemos parar de usar nossos vários grupos no eminente projeto de autojustificação. Já não precisamos provar para ninguém que fazemos parte de algo, muito menos para nós mesmos. Isso nos permite tratar nossa participação em todos aqueles grupos de forma mais leve. Podemos usá-los para o bem quando for possível, mas podemos deixá-los de lado quando não for conveniente. Não somos mais escravos de nenhum de nossos grupos.

A doutrina da justificação somente pela fé, em especial, é a mais notável fonte de unidade política na história. Ela despoja os atores políticos dos incentivos para a guerra e a dominação, dando-lhes o que todos os povos, nações e exércitos procuram: justificação, estima, validação de sua existência. O Espírito Santo lhes concede um coração renascido que anseia por integridade e

POR QUE SE ENFURECEM AS NAÇÕES

justiça verdadeiras. E ele cria uma comunidade pacífica, vivificante e politicamente justa.

O restante de Mateus 5 descreve uma comunidade politicamente harmoniosa, formada por pessoas que não odeiam, discriminam ou matam, mas que buscam reconciliação (5:21-25). Eles não exploram ou usam os outros (v. 27-30). Honram os mandamentos comuns da aliança com Deus (v. 31-32). Eles falam a verdade em todas as ocasiões (v. 33-37). Utilizam suas posses para proteger e suprir a todos (v. 38-42). Eles até mesmo amam seus inimigos — "para que vocês venham a ser filhos de seu Pai que está nos céus" (v. 44-45).

Mark Zuckerberg, fundador e diretor executivo do Facebook, também quer transformar o mundo em uma comunidade política justa, pacífica e vivificante. Ele já até chamou o Facebook de igreja! Dois bilhões de pessoas possuem conta no Facebook, mas apenas 100 milhões, segundo ele, pertencem a "comunidades relevantes". Isso não é o suficiente, disse Zuckerberg. Devíamos aspirar algo maior e melhor. "Esse é nosso desafio", disse ele, "precisamos construir um mundo onde cada pessoa tenha um sentimento de propósito e comunidade. É assim que uniremos cada vez mais o mundo. Precisamos construir um mundo onde nos importemos igualmente com quem quer que seja — seja uma pessoa na Índia, ou na China, ou no México, ou na Nigéria — da mesma forma como nos importamos com alguém que esteja próximo de nós". Ele está convicto de que com o "*roadmap* de produto" correto, nós podemos fazer isso. "Eu sei que podemos fazer isso. Nós conseguimos reverter esse declínio."[7]

Sua ambição é admirável, ainda que insensata e soberba. Seria Zuckerberg capaz de recriar o coração humano? Conseguiria ele atribuir uma justiça alheia, justificando as pessoas a ponto de elas não terem mais nada a provar, nem irem mais à guerra?

---

[7]Mark Zuckerberg, "Bringing the World Closer Together," *Facebook*, 22 de junho de 2017. Disponível em: https://www.facebook.com/notes/mark-zuckerberg/bringing-the-world-closer-together/10154944663901634/.

CORAÇÃO: NÃO EXALTA A SI MESMO, MAS NASCEU DE NOVO E FOI JUSTIFICADO

Eis o que é necessário para uma comunidade política justa. O que Zuckerberg precisa não é de uma mova linha de produtos, mas de uma igreja.

Passo 4: esperar tanto perseguição quanto louvor

Uma política da nova criação, como já mencionei, não deve permanecer inteiramente restrita à igreja local, como se fosse um pote com uma tampa bem apertada. A tampa deve ser aberta e o conteúdo deve ser derramado.

Um presbítero que serve junto comigo, antes de se juntar à nossa igreja, foi comandante de uma base militar. Sem entrar em detalhes desnecessários, eu simplesmente diria que um dos soldados de sua base cometeu um grande erro, do tipo que custa a vida das pessoas. A mídia cobriu o caso. Meu amigo, comandante da base, aceitou toda a responsabilidade: "Foi nossa falha". A mídia, em resposta, ficou espantada. Ninguém assume responsabilidades publicamente! Bem, meu companheiro de ministério assumiu. Após algum tempo, ele foi promovido. E com justiça.

E lembra-se do membro de minha igreja, Kyle, que precisou comparecer perante o tribunal do cachorro? Ele se defendeu perante a comissão, como era de se esperar. Defendeu sua posição segundo princípios de equidade, por meio da instituição de governo provida por Deus para benefício de uma sociedade decaída. Contudo, após os fatos, Kyle e sua esposa convidaram sua vizinha litigante para jantar. Eles tomaram conta da filha dela e se esforçaram ainda mais para manter seu cachorro quieto. Então, pouco a pouco, "ganharam" a amizade da mulher. Nada disso teria acontecido se meu amigo tivesse se comportado de forma orgulhosa, ignorando o seu próprio pecado. Ele agiu dentro dos limites da política da Queda, ou do tribunal do cachorro, mas então foi além e empregou a política da nova criação, oferecendo paz e misericórdia.

Note que a reação das pessoas à política da igreja nem sempre será assim. Mais frequentemente, será complicada e confusa. Por vezes a igreja enfrentará reações de fúria e, ocasionalmente, desfrutará de alguma admiração.

A fúria não é difícil de compreender. As pessoas passam toda uma vida tentando se justificar. Então vem o evangelho e diz que todos os seus argumentos, todo seu trabalho duro, todas as suas justificativas não são suficientes. Que, em vez disso, Cristo precisou morrer por seus pecados e eles precisam se render a ele. A fúria vem porque a lógica da sua condenação por parte de Deus, combinada com sua promessa de misericórdia, contradiz sua própria lógica de mérito e autojustificação. "Você não vê o quanto eu me esforcei para chegar até aqui?!"

Quando a reação do mundo é de admiração, também não é algo complicado de compreender. Deus deu a cada pessoa uma consciência. Nossa consciência, como uma configuração de fábrica, reconhece como corretas a contrição, a humildade e a misericórdia. De alguma forma, essas coisas fazem sentido para nós, por mais duro que seja nosso coração. Por algum motivo, sempre torcemos pelos mais humildes e nos opomos aos arrogantes em contos como *a Bela e a Fera*, no qual um sujeito soberbo é amaldiçoado, mas acaba por se render à mansidão, à misericórdia e ao amor. A correção dessas coisas parece estar programada no código-fonte do nosso coração.

Isso nos traz ao quarto passo para nossa política de novo coração: esperar perseguição e, algumas vezes, elogios. Em suas bem-aventuranças finais e nas palavras que se seguem, Jesus nos alerta para esperarmos tanto antagonismo quanto admiração: "Bem-aventurados os perseguidos por causa da justiça" e "Bem-aventurados serão vocês quando, por minha causa os insultarem, perseguirem e levantarem todo tipo de calúnia contra vocês" (Mateus 5:10-11). Quando nossos argumentos de autojustificação são postos de lado, uma nova justiça tem início, e o mundo quase sempre odeia essa justiça. Momentos depois, porém, Jesus descreve seu povo como luz para o mundo. As pessoas verão essa luz em nossas boas obras e "[glorificarão] ao Pai de vocês, que está nos céus" (v. 16).

A passagem dá maior ênfase ao aspecto da perseguição, se medirmos palavra por palavra. Ainda assim, as reações do mundo à nossa política da nova criação, com um novo coração, são as mais diversas. Ele às vezes gostará e às vezes não. E em épocas e locais diferentes podem tender mais em uma direção ou outra. Pergunte a cristãos do século 14 na Mongólia, cristãos do século 17 no Japão, ou de partes do Oriente Médio hoje em dia. Cristãos estão sendo perseguidos. A América do Norte no século 21 parece estar se tornando cada vez mais desfavorável, mas mesmo aqui as reações seguem relativamente misturadas. Essa mistura, aliás, é o desafio do cristianismo e da política. Esse é o motivo de o debate público ter hoje em dia tantos altos e baixos, tantas divisões e discórdia.

Às vezes o mundo nos odeia por fazer o que é certo; às vezes ele nos ama.

NOSSO DESAFIO POLÍTICO

O desafio que os cristãos têm diante de si é abordar a política sempre tendo em vista a queda e a redenção. A primeira perspectiva envolve combater a injustiça e defender a verdade. Chamamos de abominação o massacre de crianças nascituras. Afirmamos que o casamento entre pessoas do mesmo sexo é uma ficção. Apontamos os efeitos desumanizantes e a crueldade da supremacia branca. Defendemos os pobres. Sustentamos que a terra não deve ser destruída. Reconhecemos que Deus deu o governo à humanidade com o propósito de produzir paz e prosperidade. Em prol do amor, trabalhamos por esses objetivos.

Quando, contudo, abordamos a política *unicamente* à luz da Queda, temos em mãos apenas metade da solução para a iniquidade e a injustiça; como um médico que pode lhe dizer o que não fazer, mas não aquilo que deveria ser feito. Como o antigo Israel, abandonamos nosso coração e tratamos as questões políticas como assuntos meramente externos, como algo a ser tratado exclusivamente no âmbito das leis e dos tribunais. Tornamo-nos semelhantes ao indiferente professor de filosofia, que identifica e contesta os crimes dos outros, condenando-os sem oferecer uma saída salvífica. Tornamo-nos como o inspetor Javert na versão musical de *Les Miserables*: "Eu sou a lei, e da lei não se zomba".[8]

Aqueles que não são cristãos reagem nos chamando de santarrões, hipócritas e arrogantes, tal qual Jesus qualificava os fariseus. E eles estão certos. Como os filhos de um pastor hipócrita, os não cristãos que nos conhecem bem sabem que não estamos à altura de nossos sermões moralistas.

Seria essa uma acusação justa contra tanta atividade cristã na esfera pública hoje em dia? Como é fácil opinar em assuntos públicos negligenciando a trave no próprio olho!

Um caminho melhor não renuncia à política da Queda. Ele inicia, todavia, pelo reconhecimento de que a política sempre começa no coração. Ele possui uma doutrina mais completa sobre a humanidade. Por causa disso, adentra o espaço público com uma percepção mais completa de seus próprios pecados: "Eu posso não ter assassinado, mas odiei. Eu posso não ter cometido adultério, mas cobicei". Um caminho melhor acusa a injustiça e defende a verdade, mas o faz com mansidão, muita misericórdia e compaixão. Não tenho como dar uma receita para um equilíbrio adequado entre a defesa da justiça de Deus na esfera pública e a adoção de uma postura de pobreza de espírito, que possa ser aplicada em cada situação que você possa vir a enfrentar. Tudo dependerá das circunstâncias. Mas é esse equilíbrio que eu e você precisamos alcançar.

Voltemos ao livro de Tiago. Lembre-se de que ele diagnosticou a fonte de todas as nossas rivalidades políticas: "Vocês cobiçam coisas, e não as têm; matam e invejam, mas não conseguem obter o que desejam. Vocês vivem a lutar e a fazer guerras" (Tiago 4:2). Perceba agora onde Tiago foi buscar a solução. Ele nos lembra que "Deus se opõe aos orgulhosos, mas concede graça aos humildes" (v. 6). Ele então exorta: "Portanto, submetam-se a Deus" (v. 7). Eis uma

---

[8]"Javert's Suicide," in *Les Miserables*, um musical de Alain Boublil e Claude--Michel Schönberg, letras de Herbert Kretzmer.

política da nova criação em ação. Ele continua: "Entristeçam-se, lamentem e chorem. Troquem o riso por lamento e a alegria por tristeza. Humilhem-se diante do Senhor, e ele os exaltará" (v. 9-10).

Seguem-se então as ramificações políticas exteriores: "Não falem mal uns dos outros" (v. 11). Ele afirma expressamente aos mais abastados: "Ouçam agora vocês, ricos! Chorem e lamentem-se, tendo em vista a miséria que lhes sobrevirá. A riqueza de vocês apodreceu, e as traças corroeram as suas roupas" (5:1-2). Chorar por quê? "Vejam, o salário dos trabalhadores que ceifaram os seus campos, e que por vocês foi retido com fraude, está clamando contra vocês. O lamento dos ceifeiros chegou aos ouvidos do Senhor dos Exércitos" (v. 4).

Eis aqui uma das maiores ironias políticas da vida: as pessoas se comprometem a lutar com todas as forças seguindo políticas da Queda. Jovens idealistas se mudam para Washington, D.C., trazendo consigo as mais nobres ambições. Debatem em prol da verdade e lutam contra injustiças, chegando a fazer grandes sacrifícios pela causa. Mesmo assim, ao longo do caminho, como as pessoas abastadas a quem Tiago se dirige, cedem ao desejo de governar e perdem de vista o chamado de Deus à humildade, à pacificação e ao serviço ao próximo. Tornam-se, em vez disso, petulantes, fariseus santarrões e, portanto, uma ilustração da injustiça — exatamente o que alegavam combater. Em consequência, vem a acusação de hipocrisia. Essa é a história da antiga nação de Israel e, ainda hoje, demasiadas vezes, igualmente a história de cristãos e não cristãos.

Como isso acontece? Lembre-se: uma política da nova criação ou de novo coração só tem início quando os argumentos de autojustificação chegam ao fim. E até que eles terminem, o homem segue sendo seu próprio deus. Isso significa que em algum momento ele começará a medir e julgar todo o universo segundo sua própria lei, ainda que ele comece com a lei de Deus.

CONCLUSÃO

Como disse anteriormente, li dois artigos na manhã de 5 de julho e ambos tentaram abordar as imperfeições dos Estados Unidos.

O primeiro, escrito por um professor branco de filosofia, acusava esse país por suas injustiças e o condenava.

O segundo fora escrito por um pastor afro-americano. Sua experiência com os pecados dos Estados Unidos eram um tanto mais pessoais. Ele refletia sobre o que dizer a seus filhos sobre o feriado do Dia da Independência. Seus antepassados afro-americanos haviam lutado pela independência contra a Grã-Bretanha e ele queria que seus filhos agradecessem a Deus pelas liberdades e bênçãos que o novo país lhes dava. Ao mesmo tempo, ele não podia ignorar o fato de que os Estados Unidos pediram àqueles soldados para lutarem por sua liberdade e então os escravizaram quando a luta estava ganha. E essa mistura de bênção e flagelo tem caracterizado a experiência afro-americana desde então. Isso também seria evidenciado na experiência de seus filhos.

Esse pastor, que viveu e ministrou em um bairro que foi abandonado pelo "êxodo branco"[9] dos anos 1960, não permitiria que seus filhos idolatrassem sua nação. Mas ele também não concordaria que eles a menosprezassem. Ele não tinha a intenção de criar "antipatriotas", como o professor da Universidade Duke, comparativamente privilegiado. Em vez disso, ele queria que sua esperança fosse em uma melhor direção — rumo a um reino que promete uma herança que jamais perecerá, apodrecerá ou perderá seu valor.

Qual é a questão aqui? Umas poucas nações são realmente terríveis. A maioria é uma mistura. E o coração de um cidadão do céu deve refletir esse fato. Agradecemos a Deus pelo que há de bom. Reconhecemos e trabalhamos contra o que é nocivo. Em meio a tudo isso, mantemos nossa esperança fixa na cidade celestial.

As falsas religiões que enxergam essa terra como tudo o que lhes resta — comunismo, progressismo secular, materialismo evolucionista, fascismo — justificarão coerção, e até mesmo violência, para criar aquilo que acreditam ser um mundo melhor. Já aqueles

---

[9]Emigração nos anos 1960 de populações de etnia branca, deixando áreas onde viviam minorias (N. do T.).

que são como esse pastor, que depositam sua esperança no que é eterno, propõem uma forma de vida completamente diferente. Ao contrário do que as pessoas possam pensar, são as pessoas com mentalidade mais voltada para o céu que são mais livres para realizar o que é mais benéfico para a terra. Elas são livres para derramar sua própria vida, para se entregar por inteiro, porque não estão tentando armazenar um tesouro na terra.

Deixe-me colocar assim: você passou por um momento na vida em que você realmente queria algo, mas as circunstâncias o impediram de conseguir? Pode ter sido conseguir entrar em determinada faculdade, ou conseguir uma oferta de emprego específica, ou ouvir um sim de alguém que você amava. Você sentia que era algo que você precisava conseguir, ou você seria o mais infeliz de todos os seres humanos. Então, um cristão mais sábio e com mais experiência puxou você de lado para uma conversa. Ele ou ela sugeriu que você precisava desistir e entregar nas mãos de Deus. Aquilo que você queria podia ser algo bom. A questão, contudo, disse-lhe o amigo cristão mais experiente, é que Deus queria que seu coração desejasse mais o Senhor do que aquele objetivo que você tanto almejava — fosse uma faculdade, um emprego ou um cônjuge.

Entende o que quero dizer? Você já teve uma conversa assim?

Essa é a conversa que eu quero ter com você sobre os Estados Unidos, ou sobre qualquer outro grupo que você possa amar. Bons governos e sociedades civis íntegras são bons, assim como casamentos e empregos são bênçãos. Ainda assim, correndo o risco de soar clichê, você precisa abrir mão da sua nação. Entregue-a nas mãos de Deus. Ele poderá levá-la embora e ele poderá trazê-la de volta. Você ficará bem seja como for, desde que você esteja com ele. Isso não significa que você deva parar de trabalhar pelo bem da nação. Com ou sem o apoio do mundo, podemos já agora praticar justiça, retidão, glória e alegria verdadeiras. Com ou sem o apoio do mundo, podemos ter a certeza de que — precisamente no momento em que ele determinar — o reino do mundo se tornará o reino do nosso Senhor e ele reinará para todo o sempre (Apocalipse 11:15)

4

BÍBLIA: NÃO É JURISPRUDÊNCIA, MAS UMA CONSTITUIÇÃO

Zach ocupou um cargo político eletivo durante os anos que antecederam a decisão da Suprema Corte dos Estados Unidos sobre o caso *Obergefell*. Antes disso, esse tribunal ainda não havia decidido sobre como lidaríamos com casamentos entre pessoas do mesmo sexo por toda a nação.

Zach é meu amigo e congregamos na mesma igreja. Fiquei muito feliz quando ele foi eleito. Todavia, não o invejei quando, poucos meses após iniciar seu primeiro mandato, ele se deparou com uma lei que tratava de casamentos entre pessoas do mesmo sexo. Zack passou a ser acossado pela mídia, grupos de interesse e importantes figuras políticas, todos o pressionando a votar pela aprovação.

Lembro-me de uma tarde em que nos sentamos para conversar sobre o assunto, Zack e eu, do lado de fora da igreja, em um banco de ferro. A maior parte da conversa girou em torno de como os cristãos deviam ver a Bíblia com relação a pessoas que não creem na Bíblia.

Zach e eu concordávamos que a Bíblia ensina que Deus criou o casamento para ser firmado entre um homem e uma mulher.

Nós, contudo, também concordávamos que os Estados Unidos são uma nação pluralista, formada por pessoas com as mais diversas fés, as quais discordavam sobre o que a Bíblia é e sobre aquilo que ela ensina acerca do casamento. E o trabalho do Zach era servir e representar todo esse povo, independentemente de suas crenças.

Entende o dilema que Zach estava enfrentando? Como cristãos, sabemos que devemos viver nossa vida segundo o livro de Deus, a Bíblia. Isso é algo que fazemos em toda nossa vida, não apenas no âmbito privado. Também sabemos, contudo, que não devemos impor nossa fé sobre outras pessoas. Fazer isso seria fútil. As pessoas devem "nascer de novo" pelo Espírito de Deus. Impor a fé cristã gera, na melhor das hipóteses, hipócritas; no pior dos casos, faz com que as pessoas detestem o cristianismo.

Então, como Zach devia votar?

No fim das contas, os parlamentares que apoiavam o projeto engavetaram a lei por não ter votos suficientes. Zach pôde guardar suas armas para outra ocasião. A conversa que tivemos, porém, fez com que eu refletisse sobre a Bíblia e a política. Como avaliamos sua relevância política em uma nação cheia de pessoas que não acreditam na Bíblia?

A BÍBLIA, A POLÍTICA E A IGREJA

O que aconteceu com Zach nos força a pensar não apenas nos desafios externos de como a Bíblia se aplica a quem é de fora e aos não cristãos, mas também aponta para um desafio interno da igreja: como podemos manter a unidade entre nós, dentro da igreja, quando discordamos sobre o que a Bíblia ensina acerca de importantes questões políticas? Além disso, que papel os pastores devem desempenhar ao abordar esses assuntos a partir das Escrituras?

Zach e eu concordamos quanto ao que a Bíblia ensina acerca do casamento, mas tínhamos de pensar melhor sobre o que tal ensino significava para as políticas públicas relacionadas ao casamento. A Bíblia não fala explicitamente sobre como lidar com leis sobre casamentos entre pessoas do mesmo sexo. Mais uma vez, você pode discordar disso. Você pode entender que a Bíblia é bastante explícita. E a questão é exatamente esta: os cristãos frequentemente discordam sobre o que a Bíblia "diz" ou não sobre diversas questões políticas.

Eis outro exemplo: os cristãos concordam que a Bíblia condena o racismo. Mas será que ela trata daquilo que as pessoas atualmente denominam "racismo estrutural"? Alguns dizem que sim, outros dizem que não. (Ponderaremos mais detidamente sobre o racismo estrutural no capítulo 8.) As igrejas então se dividem, visto que alguns membros entendem que os pastores *devem* enfrentar o que se considera ser casos de racismo estrutural, enquanto outros insistem que "não há problema algum!".

Falando de pastores, eles têm um papel fundamental aqui. Pensemos por um momento sobre a descrição das funções de um pastor bíblico; seja um pastor contratado, que é pago para exercer as funções pastorais, ou um pastor não contratado (como eu), que foi ordenado pela congregação, mas obtém seu sustento de outra fonte. O trabalho de um pastor é ensinar à igreja aquilo que ela deve crer acerca da Bíblia. Ele expõe o caminho da obediência bíblica e até faz com que as consciências se submetam a esse caminho: "A Bíblia afirma que você deve caminhar dessa forma, não daquela". Isso significa que um pastor sem uma Bíblia é um pastor sem autoridade, sem mensagem. A Bíblia não lhe dá autoridade para constranger as consciências da congregação às melhores práticas de higiene bucal, aos métodos de contabilidade mais eficientes, ou sobre as vantagens do *drywall* sobre a alvenaria. Ele só tem autoridade para unir a igreja em torno da Palavra de Deus, não em torno de suas opiniões pessoais.

Algumas vezes, aquilo que é ensinado pelo pastor será um requisito para que a pessoa seja membro daquela igreja, como aquilo que ele ensina sobre a ressurreição de Cristo. Outras vezes, há espaço para discordância entre os membros, como o entendimento de cada membro sobre os dons espirituais. "Liberdade cristã" é como chamamos aquelas lacunas onde pastores e cristãos podem defender convicções biblicamente fundamentadas, mas onde concordam ser possível discordar e, ainda assim, serem membros de uma mesma igreja. Em espaços de liberdade, um bom pastor toma cuidado para não impor sua opinião sobre as consciências de seus membros. Ele não tenta convencê-los de que sua visão pessoal sobre determinado assunto é necessariamente a visão bíblica. Ele permite que a consciência de cada pessoa se decida, livremente e sem pressões.

Pense então nisso tudo com relação às questões políticas: cabe a um pastor endossar ou denunciar um candidato político? Deve um pastor manifestar sua opinião acerca das mais diversas questões políticas, como imigração ou sistema de saúde? Política tributária ou aquecimento global? Casamento entre pessoas do mesmo sexo ou aborto? Minha resposta, que acredito combinar com o que você instintivamente diria, é: "Depende". Se for esse o caso, eu diria que seus instintos estão corretos, embora eu possa demorar um pouco para explicar o porquê.

No cenário que inicia o capítulo, o político Zach e o pastor Jonathan tiveram uma conversa sobre a Bíblia e suas possíveis implicações na decisão de Zach. Esse fato, por si só, deve ter deixado alguns leitores desconfortáveis. Há uma forte tradição nos Estados Unidos, especialmente em minha própria tradição batista, que diz que pastores não devem jamais aconselhar políticos.

Eis uma história sobre outro pastor de minha igreja na Colina do Capitólio. K. Owen White apascentou minha igreja de 1945 a 1950. Ele saiu e acabou se tornando pastor da Primeira Igreja Batista de Houston. Quando veio a eleição presidencial de 1960, White e diversos outros ministros protestantes começaram a se preocupar que o candidato católico romano, John F. Kennedy, pudesse "receber ordens do papa". Querendo eliminar o medo crescente, o candidato Kennedy participou de uma reunião da Associação de Ministros de Houston em 12 de setembro de 1960. Um dos inquiridores mais incisivos na sala, dizia a reportagem do New York Times, era K. Owen White. A Igreja Católica Romana definiria sua presidência? White e os demais queriam saber.

Kennedy compareceu ao evento precisamente para resolver esse problema e apresentou um dos mais importantes discursos sobre o tópico de Igreja e Estado de sua campanha: "Creio em uma América onde a separação entre a Igreja e o Estado é absoluta", disse Kennedy, "onde nenhum prelado católico pode dizer ao presidente (caso seja católico) como agir, nem nenhum ministro protestante pode dizer a seus paroquianos em quem votar". Ele queria uma América "onde nenhum servidor público solicitasse ou aceitasse instruções ou políticas públicas do papa, do Conselho Nacional de Igrejas, nem de nenhuma outra fonte eclesiástica".[1]

Após o discurso, White disse a respeito de Kennedy: "Não tenho nada contra ele. Acredito que ele seja um ótimo homem. Mas minhas dúvidas acerca das políticas da igreja permanecem. Estou pessoalmente convicto de que eles [a Igreja Católica Romana] exigem que seus membros tomem determinadas posições em questões públicas".[2]

Ambos os homens fizeram declarações bastante contundentes. Kennedy não acreditava que político algum devia aceitar ou solicitar conselhos sobre políticas públicas de um pastor, pois as convicções religiosas podiam ser mantidas completamente separadas da política pública. E, embora White não achasse possível, ele basicamente concordava com Kennedy. Uma igreja não deve jamais orientar seus membros sobre como votar em questões públicas.

Minha conversa com Zach naquele banco foi na contramão dos comentários, tanto de Kennedy como de White. Juntamente com Zach, eu percorri a abordagem bíblica do que aquela questão acarretava e fui claro sobre suas implicações políticas. Suponho que aquele ex-pastor de minha igreja concordaria comigo a respeito da natureza do casamento, mas suspeito que ele discordaria a respeito dos conselhos que dei a Zach.

---

[1]A transcrição completa do discurso de Kennedy "Remarks of Senator John F. Kennedy on Church and State; Delivered to Greater Houston Ministerial Association, Houston, Texas", está reproduzida na obra de Theodore H. White, *The Making of the President 1960* (New York: Harper Perennial, 1961), p. 391-3.

[2]"How Kennedy Is Being Received—The Texas and California Tours—Reaction of Ministers", New York Times, 14 de setembro de 1960.

Na maioria das situações, eu concordaria com White. Um pastor *não* deveria oferecer aconselhamento político ou eleitoral. Um membro de minha igreja certa vez me puxou de lado, após uma aula que dei sobre cristãos e política. Ela queria saber como deveria votar nas eleições para prefeito que se aproximavam. Ela não queria votar em um candidato pró-escolha, mas todos os três candidatos eram pró-escolha. E, baseando-se em outros aspectos, ela definitivamente preferia um candidato em relação aos demais. Minha posição naquele momento foi deixar sua consciência livre e sem restrições. Então eu lhe ofereci alguns critérios para ponderar em sua decisão, mas não lhe disse em quem votar.

Acredito que você esteja começando a entender como esse tópico é confuso e complicado. É como uma intersecção movimentada, onde diversas ruas se encontram e não há semáforos! A primeira questão é como interpretar a Bíblia politicamente. A segunda é se devemos trabalhar para "impor" a doutrina bíblica sobre os não cristãos por meio de nossa atividade política. A terceira é quanto espaço devemos deixar para que os cristãos em uma igreja discordem. A quarta é o papel do pastor em tudo isso, e assim por diante. As questões entram em colisão.

É fácil se enganar ao menos em uma ou duas direções. Podemos partir do princípio de que a Bíblia não traz nada que possa ser usado em políticas públicas. Esse é o lado que Kennedy, e talvez White, afirmam representar. Ou podemos tratar a Bíblia como um compêndio de jurisprudência. Podemos consultá-la para encontrar os precedentes certos sobre política de imigração, política de saúde pública, encargos tributários e mais.

Você enxerga essa última tendência entre pessoas em todo o espectro político. Pastores e teólogos politicamente conservadores usam a doutrina bíblica sobre o roubo para argumentar sobre a propriedade privada e percentuais fixos de impostos. Pastores e teólogos politicamente progressistas usam a doutrina bíblica sobre a criação ou sobre o serviço aos pobres para argumentar a favor de políticas ambientais e de bem-estar social.

O QUE É A BÍBLIA?

Eis o que quero lhe ajudar a entender: quando se trata de pensar sobre política, a Bíblia não é tanto um compêndio de jurisprudência, é mais semelhante a uma constituição. Uma constituição não dá ao país regras que serão usadas no dia a dia. Ela estabelece regras usadas na confecção de outras regras. Ela estabelece quem são os legisladores e qual o propósito das regras.

A primeira sentença da Constituição dos Estados Unidos, por exemplo, traz:

> Nós, o povo dos Estados Unidos, a fim de formar uma União mais perfeita, estabelecer Justiça, assegurar tranquilidade interna, prover a defesa comum, promover o bem-estar geral, e garantir para nós e para os nossos descendentes as Bênçãos da Liberdade, promulgamos e estabelecemos esta Constituição dos Estados Unidos da América.

Essa longa e elegante sentença explica a fonte de sua autoridade: nós, o povo. Explica o propósito da constituição: formar uma união, estabelecer justiça, assegurar tranquilidade, prover defesa, promover o bem-estar dos cidadãos e assegurar a liberdade. E ela declara que a promulgação da constituição e a formação do governo dos Estados Unidos são um ato do povo.

Então, conforme você lê a constituição, você não encontra nada sobre limites de velocidade, planos diretores ou índices tributários. Em vez disso, você encontra quem tomará essas decisões e de que forma. Ela diz quais serão os três setores do governo, fala sobre legislativo bicameral, eleições populares, controle judicial e outras coisas. Mais uma vez, ela define quem são os legisladores e as regras para que as leis sejam formuladas.

Quando falamos da função do governo civil, devemos pensar na Bíblia como sendo semelhante a uma constituição. Pensemos em como os teólogos descrevem a Bíblia por um momento. Para que você fosse membro da minha igreja, seria preciso que concordasse

com a seguinte afirmação a respeito da Bíblia (levemente moder-
nizada aqui):

> Cremos que a Bíblia Sagrada foi escrita por homens que foram
> divinamente inspirados. Trata-se de um tesouro perfeito de ins-
> truções celestiais. Deus é seu autor, a salvação é seu propósito e a
> verdade, sem qualquer mistura de erro, é seu conteúdo. Ela reve-
> la os princípios pelos quais Deus nos julgará. A Bíblia Sagrada,
> portanto, é e sempre será, até que o mundo se acabe, o verdadeiro
> centro da união cristã e o padrão supremo para a avaliação de toda
> prática, crença e opinião humanas.

Vejo esse enunciado como um preâmbulo humano para as
Escrituras Sagradas. Quero que retiremos duas lições a partir dele.

Em primeiro lugar, a Bíblia é o livro pelo qual nossas ações políticas serão julgadas. Isso é válido tanto para cristãos como para não
cristãos. Como afirma a confissão de fé de minha igreja, a Bíblia é
o padrão supremo para a avaliação de toda prática, crença e opinião
humanas. Ela revela os princípios pelos quais Deus nos julgará.
Você poderia chamá-la de o grande controle judicial de Deus.

Em outras palavras, a Bíblia não nos fala sobre como tratar de
questões de política comercial, emissões de dióxido de carbono e
educação pública. Ela, porém, diz que aquilo que fizermos nessas
questões será avaliado segundo os princípios de retidão e justiça
definidos na Bíblia.

Em minha conversa com Zach, o que mais procurei destacar foi
a promessa de controle judicial por parte de Deus. Sentado naquele
banco, saquei os seguintes versículos e os li:

> Então os reis da terra, os príncipes, os generais, os ricos, os poderosos
> — todos os homens, quer escravos, quer livres, esconderam-se em
> cavernas e entre as rochas das montanhas. Eles gritavam às monta-
> nhas e às rochas: "Caiam sobre nós e escondam-nos da face daquele
> que está assentado no trono e da ira do Cordeiro! Pois chegou o gran-
> de dia da ira deles; e quem poderá suportar?" (Apocalipse 6:15-17)

POR QUE SE ENFURECEM AS NAÇÕES

Por que reis, generais e toda a classe política — escravos e livres — haveriam de temer o advento da ira de Cristo? Por não terem usado suas oportunidades políticas, grandes ou pequenas, para viver e governar perfeitamente em conformidade com a Palavra de Deus.

Não importa se a maioria do público norte-americano, dos juízes da Suprema Corte e do Congresso dos Estados Unidos não reconhece a Deus ou a Palavra de Deus. Ele é seu Deus e os julgará segundo seus critérios, não segundo os critérios deles.

Não faz diferença se as pessoas reconhecem a Bíblia como um livro importante para a vida delas. Sua relevância para a política depende inteiramente da legitimidade de Deus e do julgamento de Deus. Se Deus ou seu julgamento não forem reais, a Bíblia não possuirá relevância alguma. Mas se Deus e seu julgamento forem reais, a relevância da Bíblia é eterna.

Isso significa que os cristãos deviam *impor* o cumprimento da Bíblia tanto por parte de cristãos como por parte de não cristãos? Veja bem, nós não temos o direito de forçar ninguém a fazer nada. Deus, contudo, tem. A pergunta mais adequada é: quais mandamentos Deus impõe a quais pessoas, como e quando? Sim, ele tem a intenção de impor algumas coisas a todas as pessoas imediatamente, por meio das autoridades civis. Esse é o motivo pelo qual ele dá autoridade aos governos em primeiro lugar. Outras coisas ele impõe já agora às crianças por meio dos pais. E há outras que ele impõe de imediato apenas para membros de igrejas. Para resumir, Deus atribui diferentes jurisdições a instituições específicas. Nossa tarefa, portanto, é prestar bastante atenção a quais jurisdições Deus determinou para governos, pais e igrejas, recomendando apenas os mandamentos que ele autorizou para cada esfera de atividade. Por fim, ele julgará cada um conforme suas ações.

Deus, por exemplo, autorizou os governos a julgar todas as formas de pecados sexuais? Para mim, não está claro que ele tenha feito isso. Ele, contudo, autorizou as igrejas a pregar contra tais pecados e, em especial, a corrigi-los entre seus membros.

BÍBLIA: NÃO É JURISPRUDÊNCIA, MAS UMA CONSTITUIÇÃO

As leis que tratam de casamentos, porém, são diferentes de leis que tipificam crimes. O direito matrimonial sustenta, promove e subsidia determinadas atividades. Assim, a questão que Zach tinha diante de si era: Deus autorizou os governos a sustentar, promover e subsidiar atividades homossexuais? Em resumo, a resposta é não. A recusa de Zach em apoiar o casamento entre pessoas do mesmo sexo não tinha a ver com a imposição de uma ética sexual cristã na vida de outras pessoas. Tinha a ver com impedir que o mundo lhe impusesse sua ética sexual, que era algo que acontecia quando lhe pediam para aprovar algo que Deus não autorizara os governos a endossar. Tratava-se de evitar envolvimento com algo que trará o juízo de Deus no fim dos tempos.

Voltemos agora à declaração de fé de minha igreja e examinemos um segundo ponto: ela diz que a Bíblia tem a salvação como seu propósito e é o centro da união cristã. Ela não afirma que a Bíblia é um livro de estratégia política, um manual legislativo ou um compêndio de jurisprudência. Em vez disso, ela afirma que seu propósito principal é indicar às pessoas a redenção e demonstrar como é a vida redimida, que é nossa união cristã. Nossas vidas em união, dentro de cada igreja, devem então ilustrar ou estabelecer um paradigma de como as nações devem viver. Nossas palavras e atos nas igrejas revelam os princípios pelos quais as nações serão um dia julgadas. Isso, entretanto, não é o mesmo que dizer que todos esses princípios devam ser já agora transformados em leis. Novamente, Igreja e Estado possuem jurisdições distintas aqui e agora. A maior parte do enfoque da Bíblia, em outras palavras, diz respeito ao povo de Deus, não a princípios para um bom governo civil.

Aliás, como veremos no capítulo seguinte, até aquilo que a Bíblia fala sobre um bom governo ela fala a serviço do povo de Deus, tendo em vista o propósito da salvação e o objetivo da união cristã.

O que a Bíblia efetivamente fala sobre um bom governo em si é bastante escasso. Não é uma constituição detalhada, por assim dizer, mas uma mais sucinta.

PRECISAMOS DISTINGUIR ENTRE LEI E SABEDORIA

As duas verdades sobre as Escrituras asseveradas pela declaração de fé da minha igreja nos colocam na posição de precisarmos tanto da lei como da sabedoria. Por um lado, a Bíblia é o padrão supremo, e onde ela se manifesta de forma vinculante, sujeita tanto a nós como toda a humanidade. Lei é assim. Por outro lado, o propósito da Bíblia não é erigir um império ou um Estado-nação, ainda que ela ofereça princípios para a compreensão da vida humana em todas as suas esferas. É por isso que precisamos da sabedoria.

Distinguir entre lei e sabedoria é absolutamente crítico para aprendermos como ler a Bíblia politicamente.

A lei é absoluta e imutável. Não me importa em que nação ou século você viva, você não deve matar. Você não deve roubar. Todas as pessoas são feitas à imagem de Deus e merecem dignidade e respeito. E um governo deve recompensar o bem e punir o mal. Pense nesses tipos de leis bíblicas como seus fundamentos constitucionais. Elas devem ser aplicadas em todas as épocas e em todos os lugares, seja você o soberano de um reino ou apenas um dentre duzentos milhões de eleitores. Os cristãos poderão discordar sobre o que deve ser considerado uma simples lei ou um fundamento constitucional. Tudo bem. Mas vamos ao menos reconhecer essa divisão em duas categorias.

A esfera de ação da sabedoria, contudo, não se refere a questões de indiferença moral; como, por exemplo, se hoje devo comer granola ou cereal no café da manhã. Sabedoria é, mais exatamente, saber se portar com temor ao Senhor e, ao mesmo tempo, ter *capacidade* de viver neste mundo criado por Deus, mas corrompido, e conseguir gerar justiça, paz e prosperidade. Em qualquer que seja a situação, a sabedoria observa uma enxurrada de sinais conflitantes e vozes antagônicas. Ela então arbitra entre o certo e o errado. Distingue entre o que tem valor e o que é desprezível. Escolhe o melhor caminho, quando o melhor caminho está atrás de um arbusto. Discerne aquilo de que as pessoas são feitas e como elas reagirão sob certas circunstâncias. Reconhece o ideal moral e o equilibra com o que é politicamente realista.

A relação entre lei e sabedoria pode ser associada à relação entre as regras de um jogo e a estratégia que você utiliza para vencer esse jogo. Você tem as regras do futebol americano, as quais são fixas. Então você tem os cálculos do treinador e do zagueiro sobre como derrotar aquela equipe, naquele dia, naquele campo. Você vai optar por um jogo de velocidade ou por um jogo de passes? Isso é sabedoria.

Suponha que o governo queira construir uma via ferroviária da cidade A até a cidade B. Entretanto, ir por um caminho exigirá passar por terrenos montanhosos, colocando muitas vidas em risco; por outro lado, seguir por outro caminho exigirá diversas pontes sobre pântanos a custos elevadíssimos, redundando em maiores impostos. Qual é a solução bíblica? Ora, não creio que possamos classificar nenhuma das duas hipóteses nesse sentido. Podemos dizer que há princípios bíblicos que podem balizar a questão, mas a resposta final depende de diversos cálculos complexos que envolvem inúmeras variáveis práticas e morais. A questão requer sabedoria.

SABEDORIA É FUNDAMENTAL PARA APLICARMOS A BÍBLIA À POLÍTICA

A maioria das questões políticas que os cidadãos enfrentam no dia a dia não constam na Bíblia. Em vez disso, elas ocorrem na esfera da sabedoria.

Como era de se esperar, a sabedoria é crucial para a política na Bíblia. Talvez você conheça a história de Deus oferecendo ao Rei Salomão tudo que ele desejasse: "Peça-me o que quiser, e eu lhe darei" (1Reis 3:5). Salomão pediu "um coração cheio de discernimento para governar o teu povo e capaz de distinguir entre o bem e o mal" (v. 9). Ele pediu sabedoria.

O narrador imediatamente muda o rumo da história, passando a demonstrar que Deus concedeu sabedoria a Salomão — a história das duas prostitutas e do bebê morto. Duas prostitutas viviam na mesma casa e ambas deram à luz. Uma rolou sobre seu filho enquanto dormia e o matou. As duas mulheres então compareceram perante o rei reivindicando o bebê vivo como sendo seu. Salomão considerou a situação e ofereceu uma solução: "Cortem a criança viva ao meio e deem metade a uma e metade à outra" (v. 25). A mãe verdadeira entrou em pânico: "Não, dê a criança a ela". A prostituta mentirosa respondeu: "Está bem, dividam-na". O exercício revelou a essência de cada mulher: a mãe verdadeira e a falsa. O rei concluiu: "Não matem a criança! Deem-na à primeira mulher. Ela é a mãe" (v. 27).

O narrador então resume a história para nós: "Quando todo o Israel ouviu o veredicto do rei, passou a respeitá-lo profundamente, pois viu que a sabedoria de Deus estava nele para fazer justiça" (v. 28).

Esse único versículo, ouso dizer, sintetiza para nós a filosofia política da Bíblia. Não perca tempo lendo textos dos maiores filósofos políticos da história, como Platão, Aristóteles, John Locke ou Thomas Hobbes. Leia apenas esse único versículo: o povo "passou a respeitá-lo profundamente, pois viu que a *sabedoria de Deus* estava nele para *fazer justiça*" (grifo meu).

Reis, congressistas, embaixadores, generais, policiais, eleitores, vereadores, professores, juízes e jurados precisam de *sabedoria*. Eles precisam da sabedoria *de Deus*. Precisam da sabedoria de Deus para *fazer justiça*. Essa é uma parte importante de nossa constituição bíblica.

A Bíblia se preocupa mais com o fato de um governo buscar justiça a partir da sabedoria de Deus do que com a forma de governo que uma nação possui. Melhor um rei que busque justiça com a sabedoria de Deus que uma democracia que o despreze e pratique insensatez e injustiça. Deus pode usar qualquer coisa.

Veja a ilustração gloriosa da Sabedoria em Provérbios 8: "Por acaso, não clama a Sabedoria? E o Entendimento não faz ouvir a sua voz?", pergunta o escritor (v. 1, NAA). Ela clamou e se dirigiu a todo povo: "a todos levanto a minha voz" (v. 4). Ela se interessa por cristãos e não cristãos, muçulmanos e ateus, aqueles que leem a Bíblia e aqueles que não.

BÍBLIA: NÃO É JURISPRUDÊNCIA, MAS UMA CONSTITUIÇÃO

E o que a Sabedoria disse? Disse que um bom governo depende dela: "Por meu intermédio os reis governam, e as autoridades exercem a justiça; também por meu intermédio governam os nobres, todos os juízes da terra" (v. 15-16). Não são apenas os reis de Israel que precisam dela. Todos que governam a terra precisam: a Assembleia Geral da Virginia, a prefeitura da cidade de Moscou, o Ministério da Saúde, do Trabalho e da Assistência Social do Japão. As pessoas que ocupam posições de destaque avaliam as opções e tomam as decisões em cada uma dessas agências promovem a prosperidade de todos a quem servem, somente se agem segundo a sabedoria de Deus.

Mas como isso poderá acontecer se esses dirigentes não reconhecerem a Deus? Porque quer as pessoas reconheçam a Deus ou não, tanto elas quanto este mundo pertencem a ele. Ele o criou segundo sua sabedoria (veja v. 22-30), de forma que viver conforme a sabedoria de Deus significa viver segundo a ordem natural do mundo. Ir contra sua sabedoria é ir contra o padrão de projeto da criação. Veja como isso funciona bem.

Permita-me oferecer alguns poucos exemplos de como princípios bíblicos deveriam informar nossa avaliação da sabedoria.

Provérbios 10:4 nos traz: "As mãos preguiçosas empobrecem o homem, porém as mãos diligentes lhe trazem riqueza". Um dirigente sábio, sem dúvida, buscará formas de maximizar a atividade laboral e não recompensará a indolência. Isso certamente possui implicações nas políticas de assistência social. Não é difícil que as políticas de assistência social de uma nação incentivem o ócio e acabem agravando a pobreza.

Em Provérbios 29:7, contudo, podemos ler: "Os justos levam em conta os direitos dos pobres". E em 29:14 lemos: "Se o rei julga os pobres com justiça, seu trono estará sempre seguro". Um bom rei, como um bom pastor, não deixa algumas ovelhas para trás. Ele procura abençoar e cuidar de todas. Ele procurará julgá-las, conforme suas circunstâncias, com justiça. Ele sopesará as causas da pobreza e indagará o que pode estar contribuindo para que o ciclo de miséria não seja superado.

105

Sabedoria, portanto, é descobrir como juntar essas duas últimas pontas, que poderão mudar conforme as circunstâncias. Algumas políticas de assistência social ajudam, outras atrapalham. Não queremos promover políticas que incentivem o ócio, mas também queremos levar em conta as diversas injustiças estruturais que criam ciclos de pobreza e fazer justiça para aquelas pessoas que estão presas dentro deles.

UNINDO A LEI E A SABEDORIA

Deixe-me tentar resumir tudo o que disse até aqui em uma imagem. Primeiro, devemos ler a Bíblia politicamente, menos como um livro de jurisprudência e mais como uma constituição. Ela nos dá alguns pontos básicos que devemos levar a sério para formarmos nossos governos e buscarmos princípios de justiça. Essa constituição teria a seguinte aparência:

A Bíblia nos diz que devemos cumprir todas a suas alianças, missões ou mandamentos com firmeza. A maioria delas se aplica apenas ao povo de Deus. Algumas se aplicam às nações.

E, logicamente, precisamos de sabedoria para discernir uma coisa da outra. A Bíblia também nos diz para buscar a justiça com firmeza. Entre essas duas coisas, a maior parte das atividades de um bom governo se localiza na esfera da sabedoria que deve ser tratada com maior leveza. Escolher uma boa filosofia política e uma boa constituição não são mandamentos de Deus. Isso é algo que depende de sabedoria. Na maioria das situações, minha preferência seria pela democracia. Em uma ilha de piratas, provavelmente não. Escolher um partido e um candidato para apoiar, bem como quais políticas aprovar, também depende de sabedoria.

Agora pare e pense: o que acontece em um tribunal? Advogados e juízes debatem. E frequentemente debatem se determinada lei é ou não constitucional. A Constituição é o padrão pelo qual todas as leis são julgadas. Se for comprovado que uma lei é inconstitucional, ela é descartada. Bons advogados e juízes são capazes de demonstrar se uma lei é coerente com a Constituição. Eles são sábios, por assim dizer.

De forma semelhante, cristãos podem discordar e às vezes debater se determinado candidato ou político é mais ou menos "bíblico" ou pelo menos recomendável. E o que todos precisamos é sabedoria para saber se algo é claramente bíblico, vinculante para todos os cristãos, ou se pertence inteiramente à esfera da liberdade cristã.

CAPACITANDO ADVOGADOS EM QUESTÕES DE LINHA RETA *VERSUS* QUESTÕES DE LINHA IRREGULAR

Pois bem, então é hora de termos uma aula. Quero lhe ensinar como ser um bom advogado constitucional. Se a Bíblia é nossa constituição, precisamos das habilidades de um advogado para reconhecer quais questões políticas são bíblicas ou constitucionais e quais não são. Meu texto favorito para a capacitação de advogados é *Good and bad ways to think about politics and religion* [Formas boas e ruins de pensar sobre política e religião], de Robert Benne.

Mais especificamente, Benne refere-se a dois tipos de questões: questões de linha reta e questões de linha irregular. Com o primeiro, temos uma linha reta ligando princípios bíblicos básicos a aplicações de política pública. Com o segundo, há uma linha complexa e irregular.

Teríamos, por exemplo, uma linha direta entre o princípio bíblico e a aplicação política com o aborto. Aborto é assassinato e a Bíblia manda que os governos protejam seus cidadãos de serem assassinados. O caminho é simples.

Como uma questão específica, aborto é diferente de, digamos, políticas de assistência médica. Essa já seria mais uma questão de linha irregular. Cristãos podem recorrer a convicções bíblicas para se orientar em uma conversa sobre política de assistência médica: devemos cuidar dos menos afortunados; devemos tratar todas as pessoas com dignidade e respeito; devemos tentar desfazer os ciclos de injustiça que estão consolidados e a pobreza resultante; devemos garantir que seguradoras e profissionais de saúde sejam justos e honestos, sem jamais enganar os pacientes; devemos desconfiar de todo envolvimento do governo nos sistemas de assistência médica que possa vir a prejudicar a qualidade no atendimento; e assim por diante. Mas não é tarefa fácil unir todos esses princípios para gerar uma posição bíblica ou cristã. Em consequência, muitos cristãos admitiriam que o caminho do princípio bíblico à aplicação política é mais irregular e ambíguo.

Em linhas gerais, podemos afirmar que a sabedoria nos ajuda a definir se um assunto é uma questão de linha reta ou uma questão de linha irregular. Obviamente, nem sempre é claro discernir uma coisa da outra. Essa é parte da necessidade da sabedoria!

Agora, mesmo em questões de linha reta como o aborto, os aspectos da estratégia política e da implementação não são nada simples. Apenas concordarmos que o aborto é errado não determina qual a melhor estratégia legislativa ou judicial para combatê-lo. Um cristão pode argumentar em favor de uma estratégia, enquanto outro pode defender uma abordagem diferente. Mesmo aqui,

BÍBLIA: NÃO É JURISPRUDÊNCIA, MAS UMA CONSTITUIÇÃO

então, é preciso haver sabedoria. Além disso, nem todas as coisas se encaixam claramente no padrão de linha reta ou no padrão de linha irregular. Há um espectro entre as duas possibilidades.

Eis aqui, contudo, a importância de separar as questões de linha reta das questões de linha irregular: igrejas e pastores devem vincular consciências em questões de linha reta, mas deixar que as questões de linha irregular sejam resolvidas no âmbito da liberdade cristã.

Quanto mais algo for uma questão de linha reta, mais a igreja deverá tratar o assunto de forma institucional. Pastores deverão abordar a questão de púlpito e a igreja deverá impor disciplina com relação à questão. Quanto mais algo for uma questão de linha irregular, menor deverá ser a autoridade do pastor ao tratar a questão, e cristãos de ambas as vertentes do assunto deverão se sentir à vontade para opinar. De aborto nós tratamos. De política de assistência médica e saúde pública, não.

Pense então sobre a participação em partidos políticos. Como nossa igreja fica localizada em Washington, D.C., pastores e presbíteros trabalham com especial afinco para manter a questão da filiação partidária no lado irregular do espectro. Afinal de contas, queremos que tanto republicanos como democratas sejam salvos. Além do que, entendemos não ter autoridade bíblica ou competência para realizar os complexos cálculos políticos sobre o peso das mais diversas questões, ou sobre a probabilidade de certos resultados políticos, que seriam necessários para afirmar que a filiação *neste* ou *naquele* partido é pecado. A filiação partidária permanece no âmbito da liberdade cristã. Agora, suponha que o ano seja 1941 e que nossa igreja fique localizada na Alemanha. Creio que um pastor estaria dentro dos limites de sua autoridade bíblica se pregasse um sermão contra o Partido Nazista, visto que eles exigiam fidelidade total e idólatra a Hitler. E uma igreja não estaria extrapolando seus direitos bíblicos se excluísse um membro do Partido Nazista. De forma semelhante, uma igreja não estaria extrapolando seus direitos se excomungasse um membro da Ku Klux Klan nos dias de hoje. Em ambas as situações, as questões bíblicas são tão transparentes que uma igreja estaria dentro do seu direito de vincular as consciências.

Permita-me, contudo, fazer novamente uma ressalva acerca do discurso pastoral. Apenas porque um pastor sabe que algo é biblicamente certo ou errado em uma questão de linha reta, isso não quer dizer que ele deva propor soluções políticas. Isso ficaria de fora de sua área de especialização e autoridade, devendo ser examinado segundo a sabedoria de pessoas com maior competência nas áreas específicas, cristãos ou não. Meu próprio pastor, por exemplo, é um ardoroso defensor pró-vida. Ele, contudo, não usaria o púlpito para promover uma manifestação pró-vida (ainda que pudesse ele mesmo participar de uma). Quando ocupa o púlpito, ele não deseja passar a mensagem de que os cristãos, por uma questão de princípios, devam adotar uma estratégia política de manifestações. Elas talvez sejam recomendáveis, ou talvez não. A Bíblia não diz nada a respeito e sua autoridade depende da Bíblia. Agora, você pode discordar de sua posição com relação às manifestações. Isso não é problema. Quero apenas que você veja que há questões políticas que uma igreja deveria tratar por meio do púlpito ou de seus membros, porém há outras que devem ser tratadas fora da igreja. John F. Kennedy e K. Owen White, ao menos nas declarações anteriores, pareceram ser de opinião de que a igreja não deveria tratar de nenhum assunto. Penso que isso seria uma simplificação excessiva.

A maior parte das questões políticas são de linha irregular. Somente poucos tópicos podemos classificar como questões de linha reta nesse espectro; especificamente, aquelas questões relacionadas à vida, família e liberdade religiosa. Por "vida" não me refiro apenas a aborto ou eutanásia, embora sejam dois bons exemplos. Falo primordialmente da vocação essencial de um governo descrita em Gênesis 9, que envolve preservar as vidas de seus cidadãos e impedir que os "Cains" desse mundo oprimam os "Abeis", instituindo igualdade e dignidade básicas para todas as pessoas formadas à imagem de Deus.

Quanto mais doente e rebelde for uma nação, mais frequentemente poderemos esperar oposição de não cristãos nas questões de linha reta do espectro. Entretanto, nas questões de linha irregular, provavelmente teremos não cristãos bastante competentes, às vezes até mais competentes que os cristãos, por conta da graça comum de Deus.

POR QUE DIFERENCIAR QUESTÕES DE LINHA RETA X QUESTÕES DE LINHA IRREGULAR?

Precisamos perceber a diferença entre questões de linha reta e questões de linha irregular para preservar a unidade cristã e não prejudicar nosso testemunho profético entre pessoas estranhas à fé.

Os cristãos devem se unir em torno de questões de linha reta, mas deixar espaço para a liberdade cristã em questões de linha irregular. Assim, cristãos devem exercer pressão cultural em questões de linha reta por causa da justiça e por amar nossos amigos não cristãos, alertando-os sobre o juízo vindouro de Deus. Entretanto, embora possamos defender nossas posições em qualquer questão de linha irregular, devemos ser cuidadosos antes de unirmos nossa posição ao nome de Cristo, pois será como se disséssemos ao mundo: "Esta é *a* visão cristã sobre esse assunto".

Novamente, o aborto serve como uma boa ilustração. Não tenho reserva alguma em subir no telhado e gritar a plenos pulmões: "Jesus odeia o aborto!". É uma questão de linha reta sobre a qual a Bíblia fala claramente. Eu, contudo, não tomaria a mesma atitude com relação a minhas opiniões acerca de impostos sobre heranças.

Espero que você enxergue a relevância de conservarmos essas duas categorias para que a unidade na igreja seja protegida.

Atualmente, temos muitos debates políticos entre cristãos que, de forma impensada e facciosa, tratam todos os assuntos como questões de linha reta. Quer em conversas privadas entre amigos, ou em debates públicos na internet, é extremamente frequente que cristãos falem como se suas posições sobre serviços de saúde ou política tributária, imigração ou política externa, fossem as únicas posições cristãs aceitáveis, de forma que todas as demais visões fossem pecaminosas. Uau! Eis uma forma de partir para o embate e excomungar todos que discordam de você. É uma forma de transformar *seu* raciocínio político no padrão da justiça de Deus. Quando algo está claro na Bíblia, sejamos claros e explícitos. Mas quando a Bíblia não é explícita e transparente, deixemos espaço para a liberdade cristã.

Já em questões de linha irregular; sim, proponha argumentos. Tente ensinar e até mesmo persuadir. Escreva artigos e livros. Questões de justiça podem estar em jogo. Lembre-se, contudo, de que você não possui a autoridade de um apóstolo. Você não está entre aqueles que escreveram as Escrituras. É preciso, portanto, ser extremamente reticente ao vincular consciências quando as Escrituras não forem claras; ou seja, afirmar que "essa é *a* posição cristã" ou que "um cristão *deve* votar de tal maneira". Se sua igreja estiver disposta a excluir alguém por conta de uma posição equivocada, tudo bem, vá em frente e se manifeste. Espero, porém, que você reconheça que essa não é a regra para diversas questões.

A liberdade cristã é indispensável à unidade da igreja. Quando falamos além daquilo que as Escrituras nos autorizam, corremos o risco de dividir a igreja em pontos sobre os quais a Bíblia não é clara, e chegará o dia em que teremos de prestar contas por isso ao Rei Jesus. Você já ouviu o ditado: "Nas coisas essenciais, a unidade; nas coisas não essenciais, a liberdade; em todas as coisas, a caridade". Esse é um bom parâmetro.

Além disso, relacionar o nome de Cristo a nossas causas políticas, em questões que não sejam abordadas pela Bíblia, traz o risco de deturparmos a mensagem de Jesus entre os não cristãos. Corremos o risco de afirmar que Jesus defende algo que ele não defende. Corremos o risco de ensinar falsidades sobre Jesus.

ENTÃO COMO DEVEMOS LER A BÍBLIA POLITICAMENTE?

Deixe-me oferecer alguns comentários sobre a leitura política da Bíblia. É por demais fácil interpretá-la equivocadamente.

BÍBLIA: NÃO É JURISPRUDÊNCIA, MAS UMA CONSTITUIÇÃO

Quantas vezes você já não um viu um cristão, jovem e entusiasta, tentar — de forma formidável — raciocinar biblicamente sobre alguma questão de governo como, por exemplo, política de imigração? Ele então recorre ao Antigo Testamento e descobre as palavras de Deus para Israel, sobre o dever de serem compassivos com os estrangeiros e lembrando-os que também eles já haviam sido exilados e forasteiros. "Ah", conclui ele, "a Bíblia corrobora o que quero dizer sobre a politica de imigração". Será mesmo?

Ou suponha que uma congressista cristã leia Provérbios 22:7 em seu momento devocional — "quem toma emprestado é escravo de quem empresta" — e se decida por patrocinar leis que revoguem todas as formas de empréstimos. Esse seria um bom uso das Escrituras?

Então como devemos ler a Bíblia politicamente? Eis aqui uns poucos princípios rápidos.

1. Pergunte quem são os participantes da aliança que o autor tem em mente

Toda a Bíblia é relevante para a igreja e para *toda* a humanidade em certo sentido. Mas a questão é um pouco mais complicada.

A Bíblia é estruturada por alianças, seja uma aliança comum ou especial. E Deus firmou alianças com grupos específicos de pessoas. Ele estabeleceu as alianças comuns com toda a humanidade em geral por meio de Adão e Noé. Isso significa que o texto de Gênesis 1 a 11 se aplica diretamente a toda a humanidade. Ele então estabeleceu alianças especiais com seu povo especial, primeiramente por meio de Abraão, Moisés e Davi — depois por meio de Jesus.

O mais importante é indagar qual povo da aliança Deus tem em mente em cada texto. Todas as leis que você encontra de Êxodo a Deuteronômio, por exemplo, formam a lei mosaica, que Deus concedeu ao povo de Israel. Ela não foi dada aos babilônicos, nem foi dada a mim ou a você.

POR QUE SE ENFURECEM AS NAÇÕES

Os não cristãos às vezes acusam os cristãos de aplicarem a Bíblia de forma seletiva por não cumprirem todas as obscuras leis registradas em Levítico; digamos, acerca de ostras ou roupas feitas de tecidos misturados. É certo que não estamos sendo incoerentes. Essas leis pertencem à aliança mosaica, não à nova aliança.

E quanto aos Dez Mandamentos? Na realidade, eles não se aplicam *diretamente* a nós, assim como as leis chinesas ou russas contra assassinato ou roubo não se aplicam aos norte-americanos. Os Dez Mandamentos foram dados explicitamente ao povo de Israel. Agora, ocorre que nove dos Dez Mandamentos estão repetidos no Novo Testamento (com exceção da guarda do Sábado), sugerindo que eles se aplicam diretamente aos cristãos (1Coríntios 10:11). E os mandamentos contra matar, roubar e mentir impactam diretamente a capacidade do governo de cumprir as responsabilidades prescritas em Gênesis 9:5-6, as quais alcançam toda a humanidade.

Um princípio semelhante se aplica ao Novo Testamento. Jesus disse para "amar seus inimigos" e "virar a outra face". Isso significa que o Estado não deve jamais ir à guerra, ou que a polícia não deve nunca usar a força? Não. Jesus estava se dirigindo aos membros da nova aliança, com respeito a seus relacionamentos interpessoais.

Os livros sapienciais, como Provérbios e Eclesiastes, estão intimamente relacionados ao relato da criação de Gênesis 1 a 11, que se destinam a todas as pessoas. É por isso que é considerado frequentemente que são imediatamente aplicáveis a não cristãos. Precisamos sempre prestar atenção ao público que a Bíblia tem em mente.

2. Pergunte qual é a intenção do autor

Voltemos a Provérbios 22:7: "quem toma emprestado é escravo de quem empresta". O autor tinha a intenção de definir uma política habitacional governamental? Creio que não. Seu objetivo era alertar contra o sentimento de servidão que alguém que está em dívida suporta, sugerindo que isso é algo a ser evitado em muitas circunstâncias. Ao mesmo tempo, com certeza há momentos em que é necessário tomar dinheiro emprestado. E um governo sensato poderia decidir se envolver nas mais diversas práticas crediárias, com o objetivo de proteger aqueles cujas circunstâncias possam exigir a contratação de empréstimos. Indague, portanto, aquilo que o autor está dizendo e aquilo que ele não está dizendo, e para quem ele está dizendo.

3. Examine o que Deus especificamente autorizou o governo a fazer

No próximo capítulo, meditaremos especificamente sobre aquilo que Deus autorizou o governo a fazer. A resposta, como descobriremos, está em Gênesis 9:5-6, com um valioso detalhamento em Romanos 13 e em episódios históricos, como os relatos das vidas de José e Salomão.

Todas as vezes que estudarmos um princípio bíblico e a forma como ele se relaciona ao governo, procuraremos questionar: Deus autorizou especificamente o governo a fazer *aquilo*? Ele claramente concedeu a autoridades civis o direito de proferir julgamentos quando vidas estão em jogo. É possível defender a tese da assistência médica universal a partir desse princípio básico? Algumas pessoas diriam que sim, outras diriam que não. Não precisamos responder essa questão neste momento, mas esse é o ponto que o debate precisa abordar.

Uma parte importante da reflexão acerca da autoridade e da jurisdição que o governo recebe de Deus passa por reconhecer a diferença entre ordenar ou proibir alguma coisa, respaldando ou criminalizando tal prática. Como sugeri acima, a Bíblia pode não autorizar governos a criminalizar cada forma de pecado, mas também não autoriza os cristãos a apoiar leis que concretamente prescrevam ou subsidiem pecados. Ponderar sobre apoio é essencialmente diferente de ponderar sobre criminalização.

Um cristão, portanto, pode decidir não apoiar a criminalização de jogos de azar ou de várias formas de imoralidade sexual, por crer que Deus não nos autoriza a tanto. Tal posição, contudo, é qualitativamente distinta da decisão de instituir loterias estatais ou casamento entre pessoas do mesmo sexo. Loterias estatais apoiam concretamente a prática do jogo. Leis que tratem de casamentos entre pessoas do mesmo sexo apoiam e incentivam concretamente o pecado sexual, por meio de incentivos fiscais e assim por diante. Podemos, porém, dizer que Deus nos autoriza a apoiar uma coisa ou outra? Creio que não.

Quais pecados Deus autorizou que os governos criminalizassem? E quais atividades ele os autorizou a apoiar? Para responder isso, precisaremos examinar o que Deus incumbiu especificamente os governos de fazerem.

E é isso que veremos a seguir.

5

GOVERNO: NÃO É UM SALVADOR, MAS SERVE PARA CONSTRUIR UMA PLATAFORMA

Corre entre alguns cristãos a tentação de afirmar que governos não importam. Somente a salvação importa. Eu compreendo e concordo com parte desse pensamento. A eternidade é mais duradora que tudo que há neste mundo — muito mais extensa, vai bem mais longe. Então ela *pesa* mais na balança. Entretanto, dizer que governos não importam é (ironicamente) uma afirmação míope, de curto alcance. É como dizer que alimentar meus filhos não tem importância, pois basta compartilhar o evangelho com eles. Está certo. Experimente e veja por quanto tempo algo assim funciona.

Se eu deixar de alimentar meus filhos, jamais terei a oportunidade de compartilhar o evangelho com eles. Igualmente, sem bons governos que assegurem paz, ordem e prosperidade, por meio de ações que promovam justiça, os cristãos não terão oportunidades para apontar às pessoas o caminho da salvação.

POR QUE SE ENFURECEM AS NAÇÕES

Pergunte aos muitos cristãos que ainda hoje vivem em partes da Síria e do Iraque. Saia, converta-se ou morra: foi a determinação que receberam do Estado Islâmico, cidade após cidade. Ainda que a situação tenha melhorado enormemente, por muitos anos parecia que "o fim do cristianismo no Iraque era iminente", observou certa feita o historiador Philip Jenkins. Cristãos eram assassinados, estuprados, escravizados e transformados em refugiados por um grupo que alegava possuir o poder estatal.[1]

É claro que essa não é a primeira vez na história que governos malignos ameaçaram expulsar todos os cristãos de uma região. Invasores islâmicos quase eliminaram o cristianismo no norte da África no século 7. O conquistador mongol Tamerlão fez o mesmo na Ásia central no século 14. E os xoguns que governaram o Japão no século 17 teriam tido sucesso em sua missão de destruição do cristianismo, não fosse por alguns milhares de cristãos que persistiram na clandestinidade.

Os cristãos gostam de citar Tertuliano, pai da igreja primitiva, que teria cunhado a famosa frase: o sangue dos mártires é a semente da igreja. Algumas vezes isso é verdade. Alguns mártires podem motivar os crentes e, ironicamente, fortalecer a igreja em determinado local. Isso, contudo, nem sempre funciona. Para usar um dos exemplos anteriores, os exércitos de Tamerlão assassinaram aproximadamente dezessete milhões de pessoas, ou 5% da população mundial à época. O historiador Samuel Hugh Moffett escreveu em seu livro, *A history of Christianity in Asia* [Uma história do cristianismo na Ásia]: "Tamerlão varreu o continente com uma perseguição que poria fim a todas as perseguições, com massacres indiscriminados que lhe deram o nome de 'o exterminador' e desferiram, no cristianismo asiático, o que parecia ser seu golpe derradeiro e fatal".[2]

---

[1] Philip Jenkins, "Is This The End for Mideast Christianity?" *Christianity Today*, 4 de novembro de 2014. Disponível em: http://www.christianitytoday.com/ct/2014/november/on-edge-of-extinction.html.

[2] Samuel Hugh Moffett, *A history of Christianity in Asia*, Vol. 1: Beginnings to 1500 (Maryknoll: Orbis Books, 1998), p. 504.

A despeito dos problemas que possamos enfrentar nos Estados Unidos atualmente, louve a Deus pela extraordinária paz e liberdade de que desfrutamos. Começo por esses exemplos históricos para realçar um ponto simples: bons governos importam. Mais que isso, a Bíblia ensina que as igrejas *precisam* de bons governos para conseguirem realizar seu trabalho. Aliás, esse foi o motivo de Deus ter dado aos seres humanos autoridade para instituir governos em primeiro lugar.

SERVOS OU IMPOSTORES BESTIAIS?

Deus, em essência, instituiu os governos para que servissem a todas as pessoas, mas especialmente ao seu povo. Isso pode ser difícil de acreditar, considerando que tantos se opõem a ele e a seu povo. Lembra-se do título deste livro?

Em termos gerais, a Bíblia nos mostra dois tipos de governos: os que tinham consciência de que estavam *sujeitos* a Deus, e os que pensavam que *eram* Deus ou iguais a Deus. O primeiro tipo protegia o povo de Deus. O segundo tipo os atacava. O primeiro sabia que eram servos (Romanos 13). O segundo não entendia assim, então agiam como impostores divinos e bestas (Salmos 2; Apocalipse 13, 17:1-6). O primeiro tinha mais chances de trilhar o caminho traçado por Deus, o segundo era mais propenso a sair dele.

O rei Nabucodonosor é um exemplo do primeiro tipo, ao menos após o Senhor o ter humilhado. O rei pagão declarou que o domínio de Deus é "eterno; o seu reino dura de geração em geração". Ele então proporcionou o que talvez seja uma das minhas frases favoritas sobre Deus em toda a Bíblia: "Ninguém é capaz de resistir à sua mão nem de dizer-lhe: 'O que fizeste?'" (Daniel 4:34-35). Sempre que Nabucodonosor era humilhado, parava de questionar a Deus e dava espaço para o povo de Deus, como fez com Sadraque, Mesaque e Abede-Nego, após Deus salvá-los da fornalha de fogo ardente do rei babilônico.

Os reis do Egito e da Assíria foram representações de impostores bestiais. Eles atacaram e destruíram o povo de Deus.

Em seu primeiro encontro com Moisés, faraó respondeu: "Quem é o SENHOR, para que eu lhe obedeça?" (Êxodo 5:2). O comandante do exército do rei assírio, semelhantemente, insultou o povo de Israel: "Não deixem que Ezequias [seu rei] os engane quando diz que o SENHOR os livrará. Alguma vez o deus de qualquer nação livrou sua terra das mãos do rei da Assíria?" (Isaías 36:18). Eles viam a si mesmos como iguais ou maiores que Deus, de forma que seu governo era tanto contra o povo de Deus como estava fora das diretrizes de Deus para o escopo de um governo.

Governo algum é totalmente bom ou totalmente mau. Mesmo o pior governo ajuda a manter os semáforos em funcionamento, e até o melhor governo gasta recursos onde não deve. Deus, ademais, usa tanto o que há de melhor como o que há de pior para seus propósitos soberanos. Pense na morte de Cristo nas mãos de Pilatos. Pilatos serviu a Deus, apesar de si mesmo (Atos 4:27-28). Todos os governos são servos de Deus nesse sentido. Governos bestiais, entretanto, tornam o trabalho do povo de Deus muito mais difícil e, por vezes, impossível. Os cristãos devem então estudar o que realmente faz a diferença e se aplicar para formar governos que sejam mais de um jeito que do outro.

Assim como precisamos aprender a ler antes de lermos a Bíblia, também precisamos que bons governos proporcionem paz e segurança antes que a igreja possa fazer seu trabalho. Você não tem como ir à igreja se for atacado por bandidos no caminho. Os terríveis reinos do Estado Islâmico e de Tamerlão comprovam a tese mais ampla no sentido inverso. Governos *podem* efetivamente impedir o caminho da salvação. Moralmente falando, porém, Deus quer que os governos estabeleçam plataformas de justiça, paz, ordem e prosperidade para todos os seus cidadãos, a fim de que o povo de Deus possa continuar com seu trabalho.

Imagine o propósito do governo como semelhante ao propósito das defesas rodoviárias em uma rodovia sinuosa. O propósito imediato das defesas é manter os carros dentro da rodovia. Seu propósito mais amplo é ajudar os carros a ir da cidade A à cidade B.

De igual modo, o propósito imediato do governo é justiça, paz e ordem. Todos são beneficiados por isso. Seu propósito maior é ajudar os propósitos salvíficos da igreja. Ele cria o cenário para a história da redenção.

Entendeu essa parte? Estados possuem um papel de preservação, do próprio Estado e daqueles que dele fazem parte, mas existem para servir o propósito maior da salvação.

A VERSÃO NORTE-AMERICANA DA ORIGEM DA AUTORIDADE DO GOVERNO

A afirmação de que o governo deriva sua autoridade de Deus tem certa incompatibilidade com alguns aspectos da tradição democrática liberal dos Estados Unidos. Como vimos no capítulo 2, a tradição democrática liberal afirma que os poderes do governo derivam, nas palavras da Declaração da Independência, "do consentimento dos governados".

Deixe-me tentar explicar a visão geral norte-americana do governo com uma história. Imagine que eu, você e mais alguém — vamos chamá-lo de Todd — viemos parar em uma ilha deserta depois que o navio em que viajávamos afundou. Durante algum tempo, nós três sobrevivemos isoladamente, com cada um cuidando de si mesmo. Cada um providencia sua própria comida e cuida de sua própria vida. Entretanto, aos poucos, descobrimos que faz mais sentido trabalharmos juntos, tanto para buscarmos alimentos como para nos protegermos dos tigres que habitam a ilha. Ao mesmo tempo, trabalhar junto traz alguns desafios. Eu sempre quero uma parte maior da comida. Todd é descuidado na tarefa de vigiar os tigres. Você pode ficar meio violento quando cocos caem em sua cabeça, e assim por diante. Assim, nós três decidimos criar um sistema de regras para governar nossa vida em conjunto. As regras criadas não alcançam todos os aspectos de nossas vidas. Eu tenho minha religião. Você tem sua arte. Todd tem o esporte dele. Elas, contudo, governam as partes de nossas vidas que tornam nossa sobrevivência conjunta nessa ilha possível.

Entendeu a situação? Eis algumas lições que os pais fundadores dos Estados Unidos, como Thomas Jefferson, James Madison e outros foram capazes de extrair de histórias como essa. Primeiro, há uma versão pré-política de nós mesmos. Éramos nós três, no tempo em que cada um cuidava de sua própria vida.

Em segundo lugar, a vida se torna política quando nós decidimos, em conjunto, formar um governo que controle algumas de nossas ações.

Em terceiro lugar, as partes regulamentadas de nossas vidas passam a ser chamadas de assuntos públicos; enquanto as partes não regulamentadas são denominadas assuntos privados.

Em quarto lugar, a fonte de autoridade moral do governo para tomar decisões e nos obrigar a cumpri-las depende de nosso consentimento. Não há outra fonte de autoridade ou obrigação moral "lá fora" que nos possa fornecer as regras com as quais concordamos. A autoridade e a obrigação moral das regras procedem de cada um de nós. Afinal, todos concordamos com essas regras.

Algumas vezes, as pessoas se referem a todo esse processo como sendo a formação de um contrato social. Não se trata de um contrato entre quem governa e quem é governado, mas de um contrato que formaliza o governo. Você, Todd e eu concordamos, ou firmamos um contrato, para governar a nós mesmos segundo tais e tais regras. Esse acordo ou contrato é o fundamento de nosso pequeno governo sobre a ilha.

Jefferson faz alusão a esse contrato na Declaração da Independência, quando fala sobre dissolver "os laços políticos que antes vinculavam" um povo, e então sobre o direito do povo de "instituir um governo" segundo princípios que lhe pareçam "ter melhores chances de lhe proporcionar segurança e felicidade".

Agora, é aqui que a história se complica um pouco. Suponhamos que eu, você e Todd estejamos debatendo sobre como será nosso novo governo, e vocês me encarreguem de registrar para a posteridade o porquê de estarmos fazendo o que estamos fazendo. Eu então escrevo algumas cartas e tratados sobre a natureza do

GOVERNO: NÃO É UM SALVADOR, MAS SERVE PARA CONSTRUIR UMA PLATAFORMA

governo e, em algumas delas, menciono que "o Deus da natureza", "o Criador" e "o Todo-Poderoso" estão por trás de tudo o que fazemos. Afinal, eu, pessoalmente, acredito que Deus é a fonte de toda a autoridade do governo. O problema é que eu sei que você e Todd não acreditam nisso. E eu sei que não posso convencer vocês a acreditar. Por conta disso, quando nós três esboçamos a constituição efetiva que governaria nossa vida, concordamos em não falar nada sobre Deus. A fonte de autoridade em nossa constituição, como concordamos, viria de nós. Ela, portanto, começa com as palavras: "Nós, o povo, promulgamos e estabelecemos esta Constituição". Ao mesmo tempo, também decidimos que religiões com um Deus com "D" maiúsculo, como a minha, são questões "privadas"; e que nosso governo deve permitir que tais religiões operem livremente, sem, contudo, nada fazer para apoiar institucionalmente uma fé ou outra. Por fim, decidimos que, pelo resto do tempo que passarmos nessa pequena ilha juntos, todas as demais leis propostas e disputas jurídicas serão decididas tendo como referência essa constituição.

Isso, de forma resumida, é como muitos norte-americanos, cristãos ou não, enxergam o governo, sua autoridade e nossa obrigação de obedecê-lo.

A VERSÃO BÍBLICA DA ORIGEM DA AUTORIDADE DO GOVERNO

A Bíblia, porém, oferece um panorama diferente. A Bíblia afirma que a autoridade de um governo provém de Deus.

Em uma perspectiva histórica, eu, você e Todd podemos ter ido parar nas praias daquela ilha e decidido formar um governo. Nós podemos ter entrado em acordo com relação à produção de comida e à vigilância dos tigres. Em outras palavras, podemos contar basicamente a mesma história relatada na outra versão.

A Bíblia, entretanto, extrairia lições distintas das quatro apresentadas pela tradição liberal. A Bíblia afirma que a autoridade de um governo provém de Deus. Diz que nós três estamos moralmente

POR QUE SE ENFURECEM AS NAÇÕES

obrigados a obedecer ao governo porque Deus diz que devemos. Leia Romanos 13, em especial os trechos em itálico:

> Todos devem sujeitar-se às autoridades governamentais, pois não há autoridade *que não venha de Deus*; as autoridades que existem foram *por ele estabelecidas*. Portanto, aquele que se rebela contra a autoridade está se colocando contra *o que Deus instituiu* [...] Pois [aquele que possui autoridade] é *servo de Deus* [...] É *servo de Deus*, um vingador que *executa a ira de Deus*. (v. 1,2,4, NIV)

O texto é bastante claro. O governo representa a Deus. Governos são seus servos, seus ministros. Nenhuma instituição governamental existe fora da realidade institucional mais ampla da lei de Deus. Jesus disse o mesmo em João 19, em sua conversa com Pilatos: "Não terias nenhuma autoridade sobre mim, se esta não te fosse dada de cima" (v. 11).

Eu e você não temos uma versão pré-política, porque jamais deixamos de estar sob o domínio de Deus. Qualquer acordo que nós três bolemos para formar um governo precisará se submeter às regras de Deus e ao propósito de Deus para um governo. Isso significa que qualquer obrigação que possamos ter de obedecer ao governo na segunda pela manhã — ainda que nós mesmos criemos esse mesmo governo no domingo à noite — dependerá de obrigações anteriores determinadas por Deus. Nosso governo, afinal de contas, não passa de uma forma de concretizar no tempo e no espaço as regras que foram fornecidas por Deus.

Vamos então voltar a fita e assistir mais uma vez. Aperte o *play*. Lá estamos nós três nadando até a praia após nosso navio ter afundado. Então passamos um tempo vivendo isoladamente, mas logo decidimos trabalhar juntos. Em pouco tempo, surgem dificuldades: eu exigindo uma porção injusta de comida; Todd evitando o trabalho de vigilância dos tigres; você se irritando com os cocos que caem. Agora vemos nós três conversando sobre a definição de algumas regras para governar nossa vida coletiva.

GOVERNO: NÃO É UM SALVADOR, MAS SERVE PARA CONSTRUIR UMA PLATAFORMA

Tudo bem. Agora, pause a fita. Vamos pensar por um segundo. Quem tem condições de dizer que a quantidade de comida que eu desejo é injusta? Suponha que eu tenha conseguido trazer uma arma para a ilha e a utilize para juntar 80% da comida sob minha guarda, então ameace vocês dois de morte caso roubem do meu estoque. Quem poderá dizer que o que estou fazendo é errado ou injusto? Se Todd quiser se esquivar da sua parte da vigilância dos tigres, quem vai poder lhe dizer que ele está errado? E o que tem de tão ruim em ficar irritado por causa dos cocos, ainda que se desconte a irritação no Todd ou em mim? A partir de uma perspectiva ateísta, qualquer acordo que nós três firmarmos para formar um governo entre nós é absolutamente pragmático. É exclusivamente uma análise de custo-benefício: "Bem, eu gostaria de juntar toda a comida, mas isso não dará certo para mim no longo prazo. Talvez eu devesse chegar a um meio-termo...".

A partir de uma perspectiva cristã, contudo, Deus diz que juntar 80% da comida é errado. É pecado. E Deus diz que os subterfúgios de Todd na vigilância dos tigres e seus acessos de fúria são errados. E, como se não bastasse, Deus autoriza a nós três, como logo veremos, a penalizarmos tais ações indevidas.

Aperte novamente o *play*. Agora podemos ver nós três decidindo formular um contrato social e instituindo um governo. Eis *como* um governo é formado. Essa é uma descrição histórica daquilo que estamos vendo no vídeo. Moralmente falando, porém, como cristãos, sabemos que há mais acontecendo que aquilo que podemos ver. A autoridade daquele governo, e a obrigação moral que cada um de nós tem de obedecê-lo, provém de Deus, não do contrato. Esse é o *porquê* de um cristão se preocupar em formar um governo: para cumprir uma ordenança de Deus. Todd pode pensar que estamos apenas fazendo o que é melhor segundo uma análise de custo-benefício. Como cristãos, contudo, sabemos que a resposta por trás de cada motivo é Deus.

Em resumo, devemos obedecer aos governos *não* para cumprir um contrato com o qual consentimos. Obedecemos aos governos por obediência a Deus. Opor-se ao governo é opor-se a Deus.

Não cristãos podem instituir governos por outras razões e por outros deuses? Sem a menor dúvida. Falo aqui a respeito daquilo em que os cristãos creem e sobre o motivo pelo qual eles devem agir.

Agora, os cristãos devem definir a linha que separa o público do privado. Vou aceitar aquela lição da tradição liberal. E poderá haver alguns ajustes legítimos entre uma cultura ou outra, em termos daquilo que um governo pode ou não regulamentar; mas sejamos claros: a decisão sobre o que é público e o que é privado não depende inteiramente dos caprichos do momento. Uma cultura pode decidir que abuso infantil é uma questão privada, mas eu diria que tal cultura estaria errada e cometeria uma injustiça se fizesse isso. A Bíblia coloca o abuso infantil sob a jurisdição do governo, como explicarei daqui a pouco, mesmo que as pessoas discordem com relação a o que seria abuso infantil. Devemos, por conseguinte, julgar esse tipo de delito e proteger a criança.

Imagine que o Todd tivesse nadado até a ilha com seu filho. Então eu e você tivéssemos descoberto que ele espancava o filho. Nós então teríamos uma responsabilidade, diante de Deus, de proteger a criança. Não poderíamos jamais dizer: "Veja, é uma questão privada".

Em contrapartida, imagine se Todd decidisse dizer a quem poderíamos adorar ou não. Espero que você concorde comigo que esse seria um assunto privado, no qual não lhe caberia interferir.

Em outras palavras, a linha que separa o público do privado não é, em última análise, definida por nosso consentimento ou por um acordo entre nós.

OS TRÊS PROPÓSITOS DO GOVERNO

O que define a linha entre o público e o privado? Ou seja, aquilo que distingue o que os governos deviam ou não regulamentar?

Como você bem pode imaginar, venho ponderando sobre essas questões à medida que escrevo este capítulo. Enquanto escrevia essa última parte, fiz um intervalo e tuitei o seguinte comentário:

"Não é uma contradição afirmar que aborto é uma questão 'privada', embora seu ônus seja 'público' e financiado por contribuintes?"

O que eu tinha em mente era este argumento pró-escolha: "O aborto é uma questão privada, para ser decidida entre a mulher e seu médico". Tenho certeza de que você já ouviu isso antes. A ideia é que quem defende a causa pró-vida pode ter convicções pessoais sobre o aborto, mas não deve usar o braço forte do governo para interferir no que seria uma decisão privada. Portanto, alto lá!

A indagação que meu tuite pretendia levantar era a seguinte: se aborto é uma decisão pessoal, como você pode exigir que eu e meus impostos paguemos pelas decisões pessoais de outras pessoas? Isso, aparentemente, faria com que se tornasse uma questão pública, por envolver a mim e os meus impostos. Em consequência, teríamos uma contradição.

Um amigo, então, enviou-me privadamente uma resposta. Ele observou que inúmeras questões privadas são financiadas com recursos públicos. Pense no *Medicaid*, o programa governamental que garante seguro saúde para pessoas que não podem arcar por conta própria. O *Medicaid* não obriga alguém com câncer a se tratar de câncer — essa decisão pertence à pessoa —, mas arca com os custos do tratamento se a pessoa optar por participar.

Vê como é problemático definir o que é público e o que é privado? Você poderia entender que o governo não deveria financiar o *Medicaid*, e sigo defendendo meu ponto de vista acerca do aborto. Ainda assim, o ponto levantado por meu amigo também é válido: alguns assuntos misturam as esferas pública e privada. E é exatamente aqui que encontramos a fonte de muitas controvérsias políticas: onde o governo deveria se meter e onde ele devia evitar intervir?

Para nos ajudar nessa reflexão, precisamos pensar nos três propósitos do governo definidos na Bíblia. Todos os três podem ser encontrados nos capítulos iniciais de Gênesis. No capítulo 1, Deus disse a Adão e Eva para serem férteis e se multiplicarem, povoar a terra, subjugá-la e dominar sobre ela (v. 28). Ele os tornou reis e rainhas da criação, a fim de fazer a criação florescer e prosperar.

O problema é que eles rejeitaram o plano de Deus e passaram a operar governando por conta própria no capítulo 3. Já no capítulo 4, Caim demonstrou graficamente, em cores vivas, o que a autonomia humana produz: assassinato.

Em vista disso, no capítulo 9, Deus repete para Noé e sua família o mandato dado a Adão e Eva: sejam férteis, multipliquem-se e encham a terra. Ele, contudo, limitou seu domínio, como que dizendo: "Não é porque vos torno reis e rainhas que podeis matar pessoas, como Caim fez com Abel". Então Deus estabeleceu normas para restringir a violência humana:

> E pelo sangue da vida de vocês, *requererei* um <u>acerto de contas</u>: de todo animal o *requererei*, bem como do ser humano; sim, de cada um *requererei* um <u>acerto de contas</u> pela vida de seu semelhante.

> "Se alguém derramar o sangue de uma pessoa, o sangue dele será derramado por outra pessoa; porque Deus fez o ser humano segundo a sua imagem" (Gênesis 9:56, ESV, grifo meu).

Coloquei "requererei" em itálico para chamar sua atenção. Por três vezes Deus disse: "requererei". Governo não é algo que os seres humanos criaram ou pactuaram entre si. Deus é quem gera todo governo sobre a terra. É ele que requer tais coisas de nós.

O que Deus requer? Eu sublinhei a resposta: um acerto de contas. Eis como Deus autoriza que seres humanos usem de força uns contra os outros em situações de injustiça e tal autorização nos dá o primeiro passo para compreendermos o propósito de Deus para o governo.

Propósito 1: proferir juízo em nome da justiça

O propósito inicial e mais imediato do governo é proferir juízo em nome da justiça. O acerto de contas aqui demanda equilíbrio: uma vida por uma vida. Não é "uma vida por um cavalo roubado" ou "sua vida porque você defende visões religiosas diferentes". É vida

GOVERNO: NÃO É UM SALVADOR, MAS SERVE PARA CONSTRUIR UMA PLATAFORMA

por vida. Esse princípio de equivalência e justiça matemática está integrado à autorização de Deus em Gênesis 9:5-6. Sua implicação é que crimes menores também deviam ser punidos com castigos proporcionais. Qualquer que seja a gravidade das circunstâncias em jogo, no fim das contas a questão é obter justiça, e isso é algo que Deus exige. É essa "exigência" divina de se verter sangue por sangue que dá ao governo a autoridade de se valer de meios de coação. Ele pode exigir que você pague seus impostos ou dirija dentro do limite de velocidade ou impedir que seu patrão o engane. Ele detém a ameaça da força e tal ameaça é moralmente legítima, segundo Deus. Ele dá a um governo o direito de defender seus cidadãos contra invasores estrangeiros e concede o direito de condenar alguém à prisão perpétua quando tal pessoa tirar a vida de outrem.

O princípio de "vida por vida" talvez seja o mais claramente ilustrado nos debates sobre a pena capital. Ora, podemos polemizar sobre qual tipo de punição, prisão perpétua ou pena capital, seria a forma melhor e mais justa de se viabilizar uma "prestação de contas", mas temos aqui um ponto que não devemos esquecer. A punição atribuída a um crime — independente da forma que ela possa ter — não se trata apenas de castigo ou vingança. Seu objetivo não se restringe à dissuasão de crimes futuros ou à reabilitação do criminoso. Para ser mais preciso, a punição é, em essência, uma defesa categórica da vida, da dignidade e do valor da vítima.

Preste atenção mais uma vez na última frase do versículo 6: "Se alguém derramar o sangue de uma pessoa, o sangue dele será derramado por outra pessoa; *porque Deus fez o ser humano segundo a sua imagem*" (grifo meu). Tirar a vida do assassino demonstra o quanto realmente vale a vida da pessoa assassinada — o tamanho do seu valor. Afinal de contas, era uma vida criada à imagem do próprio Deus.

Suponha que eu perca seu anel de diamantes e diga: "Puxa vida! Eu sinto muitíssimo. Tome aqui um chiclete". Imagino que você sinta que não foi reparado de forma justa. Você se sentiria adequadamente ressarcido se eu lhe desse algo de valor igual ao do anel. A justiça precisa reconhecer o valor do seu anel: ele era valioso, precioso e belo!

Ironicamente, a recusa de até mesmo se pensar na possibilidade da pena capital, geralmente utilizada como meio de defender a vida do assassino, deprecia o valor da vida da vítima. Diz-se: "Sem dúvida, o assassino era mau, mas isso pode ser compensado com alguns anos na prisão". A equivalência matemática de sangue por sangue confirma o valor do sangue derramado. Ela gera uma prestação de contas. Não desfaz o crime, mas reconhece plenamente, perante um universo atento, a gravidade do que foi feito. Oferece justiça; e a justiça, como ensina o resto da Bíblia, é bela, pois protege o desamparado, o oprimido e o prejudicado.

Há limites para a autoridade do governo quando se trata de proferir julgamentos? E se um governo usar da força de forma excessiva e injusta? Pergunte aos familiares de vítimas da brutalidade policial como eles se sentem a respeito da força governamental.

Há, porém, ainda outro elemento de beleza no anúncio de equivalência matemática que vemos em Gênesis 9:6: ele cria um mecanismo de controle que se autocorrige. O versículo cria um efeito bumerangue contra qualquer força excessiva, independente da origem. Se um xerife traiçoeiro atirar em homem por uma briga sem importância no bar da cidade, o versículo bumerangue retorna contra ele, ainda que ele seja o caubói durão que mantém a lei na cidade.

Pessoa alguma, nem autoridade governamental alguma, está *acima* de Gênesis 9:6. O xerife traiçoeiro, o rei ávido pelo poder, o ditador genocida e o policial racista não devem poder usar de força injustamente. Em vez disso, devemos trabalhar para corrigir as injustiças, até mesmo as perpetradas por pessoas em posições de autoridade. Deus "requer" isso, como vemos no versículo 5.

Em resumo, Deus concede autoridade aos seres humanos para que formem governos, com o objetivo de estabelecerem uma justiça preliminar, aqui neste mundo.

1Reis 3:28: Quando todo o Israel ouviu o veredicto do rei, passou a respeitá-lo profundamente, pois viu que a sabedoria de Deus estava nele para fazer justiça.

Provérbios 20:8: Quando o rei se assenta no trono para julgar, com o olhar esmiúça todo o mal.

Romanos 13:3-4: Pois os governantes não devem ser temidos, a não ser pelos que praticam o mal. Você quer viver livre do medo do governo? Pratique o bem, e ele o enaltecerá. Pois é servo de Deus para o seu bem. Mas se você praticar o mal, tenha medo, pois ele não porta a espada sem motivo. É servo de Deus, um vingador que executa a ira de Deus sobre quem pratica o mal.

Governos devem proteger sus cidadãos contra ameaças externas e internas. Devem punir os "Cains" quando eles matam os "Abeis", ou fazer o possível para proteger os "Abeis" em primeiro lugar. Devem defender o valor de cada vida humana, jovens e idosos, nascidos e nascituros, ricos e pobres, minorias e maiorias.

Veja, por exemplo, a agência governamental dos Serviços de Proteção à Infância (*Child Protective Service — CPS*). Na medida em que o CPS procura proteger crianças de pais violentos e abusivos, a agência atua como serva de Deus e cumpre o mandato entregue em Gênesis 9:5-6. Os cristãos devem dar graças por vivermos em um país que se preocupa em proteger crianças de pais abusivos. Devíamos, portanto, manifestar de forma ampla e notória nosso apoio ao CPS. Os agentes da CPS deviam considerar os cristãos como os que mais cooperam com seu trabalho. Os pastores das igrejas, semelhantemente, não devem tratar relatos de abusos contra filhos de membros da igreja como assuntos internos das igrejas, mas reconhecer que tais questões pertencem à jurisdição do Estado e denunciar tais casos.

Propósito 2: construir plataformas de paz, ordem e prosperidade

Governos não possuem autoridade para proferir julgamentos e estabelecer justiça visando seu próprio bem. O objetivo é criar uma plataforma de paz, ordem e até prosperidade, onde os seres humanos possam viver suas vidas.

Entremos nas minúcias textuais por um segundo. Pense no contexto de Gênesis 9:5-6. Do capítulo 6 até o 8 de Gênesis, Deus havia castigado o mundo por meio do dilúvio e acabara de resgatar Noé e sua família na arca. Nos versículos 1 e 7 do capítulo 9, então, como nas duas fatias de pão de um sanduíche, vemos a repetição da responsabilidade atribuída a Adão e Eva: "Sejam férteis e multipliquem-se". Deus a repete no início e no fim do parágrafo.

Então perceba como o recheio dos versículos 5 e 6 se encaixa entre as duas fatias de pão apresentadas nos versículos 1 e 7. A autoridade que Deus deu para derramar sangue por sangue (v. 5-6) facilita a empreitada maior de encher a terra e governá-la (v. 1 e 7). Governos promovem paz, ordem e alguma medida de prosperidade, para que as pessoas possam cumprir a ordenança maior de Deus de dominar o mundo.

O primeiro propósito estabelece as condições e produz o propósito dois. A justiça estabelece as condições e produz a ordem e a prosperidade. Citando Provérbios: "O rei que exerce a justiça dá estabilidade ao país" (29:4; e também 16:12,15). E vemos exemplos louváveis de autoridades civis fazendo isso no Antigo Testamento:

- José, na posição de primeiro-ministro do Egito, ajudou a nação a se preparar para a escassez de alimentos;
- A lei de Israel incluía mecanismos em sua política agrícola que visavam assistir aos pobres; e
- O Rei Salomão buscou uma estratégia perspicaz de importação e exportação que tornou Israel próspera.

Esses líderes estavam interessados em ir além de punir crimes e administrar justiça, mas procuravam estabelecer condições sólidas a partir das quais as pessoas pudessem buscar o chamado maior de Deus. As pessoas às vezes descrevem o governo como um mal necessário, mas isso não está certo. Mesmo que o mundo fosse

GOVERNO: NÃO É UM SALVADOR, MAS SERVE PARA CONSTRUIR UMA PLATAFORMA

perfeito e jamais tivesse sucumbido ao pecado, alguém precisaria decidir se os carros andariam do lado direito ou esquerdo da pista. A ordem deve ser definida para que as pessoas prosperem.

Uma ilustração contemporânea de como os governos produzem paz e prosperidade pode ser encontrada no trabalho da Administração Federal de Aviação dos Estados Unidos (*Federal Aviation Administration — FAA*). O FAA fixa regulamentos sobre tudo, da instalação de rebites no corpo de uma aeronave ao conhecimento do piloto sobre meteorologia.

Isso é uma ingerência governamental? Isso vai além da autorização de Deus em Gênesis 9? Você poderia tentar fazer uma pesquisa de internet sobre quedas de aviões comerciais causadas por erros de pilotos ou falhas técnicas ao longo dos últimos trinta anos. Você encontrará dezenas de acidentes ocorridos em países menores e mais pobres. Encontrará, contudo, apenas um, talvez dois, entre empresas aéreas norte-americanas durante esse mesmo período. Em outras palavras, os regulamentos da FAA seguramente salvam milhares de vidas a cada ano. E isso está vinculado à incumbência do governo de promover a justiça. Se não tivéssemos esses regulamentos, é provável que a ganância, de tempos em tempos, colocasse em risco diversos padrões de segurança em nome do lucro financeiro.

Em outras palavras, governos existem para construir uma plataforma, sobre a qual os seres humanos possam se esforçar para cumprir o mandato divino de senhorio. É uma plataforma de paz, ordem e prosperidade, ainda que deva estar sempre vinculada ao chamado mais essencial de promover a justiça.

Isso significa que governos devam arcar com a responsabilidade de custear assistência médica, educação, programas como a Previdência Social ou programas de assistências social para os mais pobres? Dois dias atrás, eu vinha caminhando da lanchonete onde tomara meu café da manhã até o prédio de minha igreja. Na esquina das ruas *East Capitol* e *3rd Street*, a três quadras do prédio do Capitólio dos EUA, passei por um grupo de cerca de cinquenta manifestantes empunhando cartazes. Eles bradavam: "Assistência médica é um direito. Assistência médica é um direito". Suas palavras de ordem não eram lá muito criativas, mas sejam bem-vindos a um dia comum de Washington, D.C.

Não pretendo apresentar argumentos que defendam ou contestem um direito como a saúde pública. Se você, contudo, quiser ter certeza de que sua posição é biblicamente legítima, eis o que você precisa fazer: tente construir uma argumentação a partir de Gênesis 9:5-6 e textos correlatos, demonstrando que Deus autoriza o governo a fornecer assistência médica ou educação ao seu povo por uma questão de justiça, assim como de paz, ordem e prosperidade.

Por exemplo, meus leitores cristãos de mentalidade mais progressista poderiam alegar que a assistência médica universal reafirma a humanidade dos economicamente desfavorecidos, reduzindo a probabilidade de crimes ou mortes prematuras. Eles poderiam alegar que determinadas injustiças sistêmicas produziram disparidades de classe e étnicas arraigadas há gerações, e que tais injustiças e disparidades requerem uma prestação de contas.

Entrementes, meus leitores cristãos mais conservadores poderiam apontar para o conceito de propriedade privada, implícito no mandato para dominar sobre todas as coisas e no mandamento de não roubar. Então poderiam alegar que, quando uma tributação atinge determinado ponto, corre o risco de se transformar em roubo patrocinado pelo Estado, para não mencionar as injustiças que comprometem o princípio bíblico de um trabalhador ser digno do seu salário e as inúmeras ênfases na responsabilidade pessoal.

Eis uma boa discussão. Vamos a ela! Entendo que ambas as perspectivas devem atuar para sustentar seus argumentos por meio da matriz de Gênesis 9:1-7 e outras passagens bíblicas que esclarecem seu significado. Ambas alegam que esse ou aquele direito vai além do que Deus autoriza ou é injusto, ou alegam que esse ou aquele direito está dentro da autoridade outorgada em Gênesis 9 e cumpre os critérios de justiça. (E quando eu digo "alegam", não me refiro a manifestações no âmbito público para não cristãos. Falo de tentativas internas de construir um consenso em torno de sua própria posição, ou de persuadir os demais fiéis.)

GOVERNO: NÃO É UM SALVADOR, MAS SERVE PARA CONSTRUIR UMA PLATAFORMA

É exatamente aqui, nessa polêmica entre instintos conservadores e progressitas acerca desse ou daquele direito, que somos lançados de volta ao debate acerca da sabedoria no capítulo 4. Lembra como o povo ficou maravilhado com a *sabedoria* que Deus concedeu a Salomão para fazer *justiça* (1Reis 3:28)? Precisamos de *sabedoria* para definir se a *justiça* exige o direito x. É possível que, em algumas circunstâncias, a justiça exija um direito; enquanto, em outras, não. A sabedoria poderia afirmar: "Veja essas estatísticas", ou "preste atenção a essas curvas de tendência e nesses resultados". Um argumento *em* favor da justiça, *a partir* da sabedoria, pode lançar mão de todos os tipos de dados da "graça comum".

Critérios como paz, ordem e, em especial, prosperidade são de certa forma subjetivos. Quanta ordem? Quanta prosperidade? E como podemos equilibrar os princípios de justiça destacados pelos conservadores, com os princípios destacados pelos progressistas? Responder tais questões exige sabedoria. Raramente há uma resposta patente, sem margem para contestações, que se aplique a qualquer situação.

Para que não haja dúvidas, se você decidir utilizar uma resposta estereotipada e incontestável para toda e qualquer situação, como "educação pública é sempre injusta e errada", poderá estar sendo mais movido por ideologias (que transformam a sabedoria em postulados) do que consegue perceber. Chame isso de um palpite pastoral. O romance de Ayn Rand, *A revolta de Atlas*, demonstrou como o libertarianismo ideológico pode chegar a conclusões absurdas quando executado em termos absolutos; "O Grande Salto para a Frente" do Presidente Mao, na China, durante as décadas de 1950 e 1960, demonstrou o mesmo para o comunismo. Devemos evitar fórmulas imperativas quando tratarmos de questões de sabedoria.

O que, portanto, pertence à jurisdição de um governo e o que não pertence? O que é legitimamente público? O que não é? Minha preocupação não é lhe dizer precisamente quais áreas da vida se encaixam em qual categoria. É ajudá-lo a saber como conversar e ponderar a respeito por sua própria conta. Você precisa de sabedoria para o propósito de justiça, ao passo que justiça deve produzir paz, ordem e oportunidade de prosperidade.

Eis aqui mais uma ilustração. Minha esposa e eu recentemente renovamos nossa cozinha. Foi um trabalho bastante significativo. Paredes foram derrubadas, uma porta externa foi removida e uma janela foi ampliada. A geladeira e o forno foram trocados, assim como o encanamento, a parte elétrica e as linhas de gás pertinentes. Nosso empreiteiro perguntou se gostaríamos de obter as autorizações distritais necessárias para o serviço. Nosso município, tal qual a maioria, exige que proprietários obtenham alvarás para esses tipos de reformas, o que faz com que diversos inspetores municipais verifiquem sua casa antes e após a obra. Eles asseguram que a obra seja realizada de acordo com as diretrizes da comarca.

— Quanto custa para obter as licenças — perguntamos ao nosso empreiteiro.

— É só um palpite, mas provavelmente em torno de mil dólares — respondeu ele.

— O quê?!

Meu empreiteiro prosseguiu e incentivou-nos a não obter os alvarás. Sim, ele é um homem de princípios, mas argumentou contra as licenças baseando-se em meus direitos de propriedade como dono do imóvel. Ele já havia feito obras em incontáveis casas onde inspetores haviam exigido literalmente dezenas de milhares de dólares em itens desnecessários.

Eu estava sinceramente perplexo. O governo tinha o direito de me extorquir em quase mil dólares pela reforma da minha casa?

Enviei um e-mail para uma lista de discussão a que pertencia, formada por teólogos e especialistas em ética. O que eles pensavam a respeito?

Um estudioso de ética respondeu com uma única frase: "Meu precioso irmão: Romanos 13:1-7".

Tudo bem, foi uma resposta um pouco condescendente. Um amigo na mesma lista então enviou-me uma mensagem em separado: "Haha, você recebeu Romanos 13!". Sim, eu recebi.

GOVERNO: NÃO É UM SALVADOR, MAS SERVE PARA CONSTRUIR UMA PLATAFORMA

Mas eu queria saber: o governo possui um direito bíblico legítimo de me cobrar esse dinheiro? Eu descobri que muitas pessoas, até mesmo amigos cristãos, simplesmente também não obtiveram os alvarás cabíveis. Afinal de contas, o município nunca fica sabendo e nada acontece. Admito que me senti tentado a seguir essa linha de ação.

Outro irmão enviou-me este e-mail: "O propósito dos alvarás de construção é assegurar a segurança dos residentes do município. Eu poderia lhe contar algumas histórias de horror de pessoas que fizeram obras de má qualidade em suas casas e criaram situações de grande perigo para os domiciliados e para os vizinhos. Os alvarás proporcionam um sistema de verificações e salvaguardas contra trabalhos abaixo dos padrões que possam ser realizados por um empreiteiro".

Agora aquilo fazia sentido. Lembrei-me das notícias de desabamentos em prédios de apartamentos ou das condições habitacionais nos bairros mais pobres, onde alguém prejudicara a qualidade por conta de corte de custos para economizar uns trocados. Agora, pessoas tinham sido feridas ou diversas crianças estavam enfermas por causa de algo como exposição ao chumbo.

É possível argumentar que os planos-diretores e os alvarás de construção estão fundamentados em Gênesis 9:5-6. Sangue por sangue, nós lemos. Vidas são preciosas e os governos devem protegê-las. O governo do meu município, portanto, quer garantir que as pessoas não tirem proveito nem coloquem em perigo outras pessoas, especialmente as mais pobres. Assim, com certa relutância em meu coração, mas agradecendo a Deus por um governo que procura proteger seus cidadãos, eu paguei os alvarás.

Propósito 3: preparar o cenário para a redenção

Por fim, chegamos ao principal propósito de um governo. Um bom governo prepara o cenário para o plano redentivo de Deus. Ele prepara o caminho para o povo de Deus realizar sua obra de chamar as nações para Deus.

Aqui descobrimos o relacionamento entre os dons e as exigências da graça comum de Deus e os propósitos de sua graça especial. A obra da igreja segundo a graça especial depende dos dons e das realidades da graça comum. As pessoas devem primeiro aprender a ler para então lerem a Bíblia. As pessoas devem consumir alimentos saudáveis e respirar um ar que não seja tóxico para poderem viver, conhecer a Deus e adorá-lo. As crianças são favorecidas quando tem pais amorosos, o que lhes facilita compreender o amor de Deus Pai. Percebe? Deus deseja que as coisas comuns, da vida diária, sejam utilizadas para os propósitos da salvação e da eternidade.

O mesmo vale para o governo. Deus autoriza os seres humanos a formarem governos em Gênesis 9. Ele então chamou Abraão em Gênesis 12, dando início ao grande enredo da redenção na Bíblia. E Gênesis 9 vem antes de Gênesis 12 por uma razão. O primeiro versículo constrói uma plataforma e prepara um cenário, o segundo dá início à obra salvífica de Deus.

O trabalho do governo é um pré-requisito para a redenção.

O Novo Testamento nos diz o mesmo. Lucas observou:

> De um só fez ele todos os povos, para que povoassem toda a terra, tendo determinado os tempos anteriormente estabelecidos e os lugares exatos em que deveriam habitar. Deus fez isso para que os homens o buscassem e talvez, tateando, pudessem encontrá-lo (Atos 17:26-27).

Deus determinou os períodos estipulados e as fronteiras das nações, bem como quando cada nação vicejaria e ruiria. Por quê? Para que não faltasse uma plataforma de sustentação à vida humana, a fim de que as pessoas pudessem buscá-lo.

Por que os cristãos deviam se preocupar em ter um bom governo? De pronto, para a promoção da justiça. Em última análise, para que exista uma plataforma para a salvação. Veja o pedido de oração de Paulo:

Antes de tudo, recomendo que se façam súplicas, orações, inter-cessões e ação de graças por todos os homens; pelos reis e por todos os que exercem autoridade, para que tenhamos uma vida tranquila e pacífica, com toda a piedade e dignidade. Isso é bom e agradável perante Deus, nosso Salvador, que deseja que todos os homens sejam salvos e cheguem ao conhecimento da verdade (1Timóteo 2:1-4).

Observe a associação entre o rei, uma vida pacífica e a salvação. Paulo diz para orar por bons governos, que proporcionem vidas pacíficas e tranquilas, que permitam ao povo compartilhar o evangelho e erguer igrejas. Os cristãos devem se preocupar e orar por bons governos porque querem que as pessoas sejam salvas.

Os governos do Estado Islâmico e de Tamerlão, a partir de uma perspectiva humana, efetivamente dificultaram a proclamação do evangelho e a obra da salvação. O mesmo também é válido para as nações muçulmanas hoje em dia. Essa realidade é cada vez mais presente nas nações europeias que se autodenominam seculares, onde alguns governos querem classificar a crença em Deus como uma doença mental, ou criminalizar a evangelização de muçulmanos, ou proibir o ensino domiciliar, pois ele permite que uma pessoa doutrine seus próprios filhos segundo o cristianismo. E isso é verdadeiro também nos Estados Unidos, sempre que o governo se opõe à liberdade religiosa e aos princípios das Escrituras.

Amigo leitor, ore e trabalhe por um bom governo. A salvação, em certo sentido, depende disso.

OS LIMITES DO GOVERNO E A TOLERÂNCIA RELIGIOSA

O que podemos dizer sobre os limites do governo? A resposta é simples. Os cristãos devem procurar limitar a autoridade de um governo aos lugares que lhe foram dados por Deus. Já mencionei que nenhum agente do governo pode abusar de seus cidadãos, pois ninguém está acima de Gênesis 9:5-6. Eis um limite. Os cristãos podem discutir

POR QUE SE ENFURECEM AS NAÇÕES

se os governos têm autoridade para fornecer assistência médica universal, como eu disse. E eu e minha esposa temos dúvidas se Deus autorizou governos a exigirem alvarás de construção. Todos esses são debates sobre os limites da autoridade do governo.

Minha conversa com o Zack sobre casamentos entre pessoas do mesmo sexo, relatada no capítulo anterior, também era sobre os limites da autoridade do governo. Deus não dá ao governo, em lugar algum, autoridade para alterar a própria definição de casamento (Gênesis 2:23-24; Mateus 19:4-6). O Presidente da Suprema Corte, John Roberts, concordou: "O direito fundamental de casar não inclui o direito de o Estado alterar sua definição de casamento", disse ele em seu voto divergente em *Obergefell*.[3]

O tópico da liberdade ou da tolerância religiosa também tem raízes nos limites do governo. Tolerância religiosa era o termo mais comum até James Madison. Madison tinha a impressão de que "liberdade religiosa" era uma expressão mais forte, então trabalhou para popularizá-la. Governo nenhum, porém, está livre da religião, como abordamos no capítulo 2. Toda constituição e todo ordenamento jurídico representam as vitórias ou acordos de vários deuses.

As Escrituras, contudo, requerem que toleremos os deuses uns dos outros. O argumento bíblico a favor da tolerância religiosa não começa com a consciência, mas com o fato de que nem Gênesis 9 nem nenhuma outra passagem das Escrituras autoriza seres humanos a julgarem crimes contra Deus. Ela apenas nos autoriza a julgar crimes cometidos contra outros seres humanos.

Veja mais uma vez Gênesis 9:5-6: "de cada um requererei um acerto de contas *pela vida de seu semelhante*", diz o versículo 5 (ESV, grifo meu). "Se alguém derramar o sangue de uma pessoa", repete o versículo 6.

Observe que esses versículos dizem respeito explicitamente, exclusivamente, e até graficamente ("sangue"), a crimes contra

---

[3]John G. Roberts Jr., em um voto divergente, em James Obergefell et al. v. Richard Hodges et al., 576 U. S. (2015), p. 2.

seres humanos. Essa é sua jurisdição. O que esses versículos não nos autorizam a fazer? Punir crimes que sejam cometidos exclusivamente contra Deus. Afinal, como um governo humano poderia definir a extensão de um crime cometido exclusivamente contra Deus, como idolatria ou blasfêmia; ou um pecado do coração, como o orgulho? Como seria possível medir a gravidade, avaliar o castigo, cumprir a pena?[4]

Também não há nenhum outro trecho nas Escrituras que autorize governos a punirem a falsa adoração.[5] As ordenanças em Deuteronômio 13 para apedrejar quem buscasse outros deuses contradizem essa afirmação? Somente se a pessoa acreditar que os elementos cívicos da aliança mosaica vinculam explicitamente todas as demais nações além de Israel. Não creio que esse seja o caso.

O primeiro elemento em uma doutrina cristã de tolerância religiosa, então, é este: *o Estado e seus cidadãos devem tolerar a adoração a outros deuses que lhes sejam desconhecidos, ao menos até que tais deuses não causem danos a seus fiéis e àqueles que os cercam.* Os seres humanos não detêm autoridade para agir de outra forma, muito menos capacidade para apurar os requisitos para uma justiça proporcial em questões relacionadas a Deus. Aqui encontramos as bases daquilo que a Primeira Emenda da Constituição dos EUA denomina "livre exercício".

A consciência não é evocada aqui, embora a consciência seja deixada livre para adorar ao seu bel prazer. A liberdade de consciência é o fruto dessa doutrina, não seu fundamento.

Repare, porém, que há um limite para essa tolerância: malefício comprovado a um ser humano. Por isso, quando adeptos da Ciência Cristã recusam tratamento médico para seus filhos, não sinto

---

[4]Vern Poythress, "False Worship in the Modern State," in: *The shadow of Christ in the law of Moses* (Phillipsburg: P&R Publishing, 1995), p. 296.

[5]A única possível exceção de que tenho conhecimento é Daniel 3:29, mas uma pessoa teria dificuldades para demonstrar que as palavras de Nabucodonosor definem uma norma universal.

obrigação moral alguma de "tolerar sua religião". Entendo que o governo deveria intervir e proteger as crianças.

E que dizer da prática crescente de se alegar "danos emocionais" como um argumento contra princípios morais tradicionais? Um juiz de Nova York determinou que os Giffords, um casal cristão que alugava a fazenda de sua família para casamentos, devia pagar 3 mil dólares de indenização pela "angústia mental" que haviam causado, por se recusarem a alugar sua propriedade para um casal de lésbicas. Gênesis 9 oferece um critério objetivo para a aferição do dano: o sangue derramado. Não quero dizer que "sangue" deva ser o único critério para verificação do dano, mas creio que os juristas cristãos podem precisar dedicar mais tempo na construção de argumentos que defendam critérios objetivos, não subjetivos, de danos.

O segundo elemento em uma doutrina de tolerância religiosa fará mais sentido após examinarmos a doutrina da igreja no próximo capítulo, mas permitam-me seguir em frente e enunciá-lo agora: *governos não possuem autoridade para utilizar as chaves do reino, nem capacidade para impor a verdadeira adoração.*

As Escrituras não apenas corroboram o que a Primeira Emenda chama de livre exercício, mas eu diria que ela também ratifica aquela frase na Constituição dos EUA: "O Congresso não criará leis com respeito a um estabelecimento religioso". Ela não diz que o Congresso não estabelecerá uma religião. Toda lei, em certo sentido, "estabelece" uma religião. Uma lei contra assassinato, por exemplo, estabelece um elemento de cristianismo, bem como de diversas outras religiões. Um estabelecimento religioso, porém, é algo diferente. É uma autoridade institucional independente que declara aquilo em que uma religião acredita e quem são seus seguidores. Ela fiscaliza suas próprias fronteiras e define suas próprias regras. O Congresso não devia fazer isso nem pelo cristianismo nem por nenhuma outra religião. Como veremos no capítulo 6, Jesus entregou as chaves do reino às igrejas. São os santos que possuem autoridade institucional para formar "um estabelecimento" de cristianismo.

QUAL É A MELHOR FORMA DE GOVERNO?

Se um bom governo serve para promover justiça, paz, ordem e prosperidade; criando, em última análise, o cenário para a redenção de Deus, há uma forma superior de governo que deveríamos buscar?

Em primeiro lugar, a Bíblia não mostra uma forma ideal abstrata de governo

As Escrituras não abordam o tópico, como o faria um filósofo grego, teorizando: "Dê-nos democracia, não monarquia!". Em vez disso, a Bíblia avalia cada governo histórico, verificando se ele cumpre ou não a tarefa que Deus atribuiu aos governos civis em Gênesis 9:5-6. Esse governo, especificamente, profere seus julgamentos segundo o entendimento divino daquilo que é correto; assim preservando e honrando todas as pessoas feitas à sua imagem e fornecendo uma plataforma para a obra redentora de seu povo especial?

A Bíblia também não diz nada sobre *como* os governos devem ser formados. Devíamos formar um governo por meio de conquistas militares? Por hereditariedade? Por acordos democráticos? Essas são as três opções básicas que encontramos na história. Mais uma vez, não encontramos informação alguma na Bíblia.

Aliás, Deus utilizou diversas formas de governo para seu povo durante o Antigo Testamento: estruturas familiares entre os patriarcas, juízes de Moisés até Samuel, monarquia de Saul até o exílio, e então, aparentemente, as *qahal* (assembleias) formalmente independentes durante o exílio. Nenhum sistema era sacrossanto.

A essa altura, penso que Winston Churchill estava certo quando disse: "democracia é a pior forma de governo, com exceção de todas as outras formas que já se experimentaram". As diversas estruturas que os estadunidenses associam a um governo liberal (eleições populares, uma constituição escrita, um poder legislativo bicameral, controle de constitucionalidade, a separação entre os poderes executivo e legislativo e o federalismo) já contribuíram grandemente para melhores condições de vida de muitos estadunidenses.

Tenha em mente, contudo, que tiro essas opiniões "churchilianas" da caixa da sabedoria, não da caixa da lei bíblica. Para que uma democracia funcione, é preciso haver o tipo certo de cultura política. Deve existir uma forte tradição de respeito ao Estado de direito. Os cidadãos devem valorizar a honestidade e repudiar propinas. Deve haver confiança mútua de que todos cumprirão seus contratos. É preciso saber como negociar, persuadir, ceder e perder votações; e, ainda assim, submeter-se ao sistema. Para além dessas virtudes públicas e privadas, a democracia tem muito mais dificuldades para funcionar. Ela se vê fora do seu contexto cultural. Veja, por exemplo, o desempenho da democracia no Afeganistão ou no Iraque após a ocupação dos EUA, ou nos países da Ásia central que faziam parte da antiga República Soviética. Não foi muito bom. E de modo algum seria precipitado concluir que a cultura política dos Estados Unidos continuará a amparar nossa república democrática atual.

Não afirmo aqui que ter preferência por um governo não democrático. Certamente que não. Quero, contudo, certificar-me de que, como cristãos, saibamos diferenciar o que é indispensável (a Bíblia) e o que é sensato (uma forma de governo específica), em parte para que possamos discernir o que é melhor para cada momento.

Em segundo lugar, o melhor governo na Bíblia é qualquer governo que, da forma mais sábia e justa, não deixe injustiças sem um acerto de contas

Frequentemente, os muitos elementos que constituem uma democracia, como o voto popular, o controle de constitucionalidade, uma constituição escrita e a separação entre os poderes, bastam para cumprir o mandato de Gênesis 9. Tais coisas fazem com que as pessoas sejam tratadas como iguais e recebam julgamentos imparciais. Essas práticas não são sancionadas pela Bíblia, mas são práticas *sensatas* que cumprem os propósitos de Gênesis 9.

Entretanto, não é difícil lembrar de práticas do governo americano que não proporcionaram o devido acerto de contas em benefício

GOVERNO: NÃO É UM SALVADOR, MAS SERVE PARA CONSTRUIR UMA PLATAFORMA

de seus cidadãos. Podemos falar das leis Jim Crow: leis estaduais e locais, promulgadas entre 1876 e 1965, que estipularam a segregação racial em todos os espaços públicos nos antigos estados confederados, no sul dos Estados Unidos, dando aos afro-americanos o pretenso status de "separado, mas igual", que levou a todos os tipos de desvantagens econômicas, educacionais e sociais. Jim Crow não representou o julgamento imparcial dos versículos 5 e 6.

Mas isso não aconteceu somente no Sul ou com as leis de Jim Crow. A Administração Federal de Habitação (*Federal Housing Administration – FHA*), criada pelo Congresso em 1934, criou um sistema de mapas que classificava as zonas de moradia segundo sua suposta estabilidade. Vizinhanças onde não havia "um único estrangeiro ou negro" recebiam as classificações mais elevadas e se qualificavam para empréstimos afiançados pela FHA. Vizinhanças onde viviam negros recebiam as classificações mais baixas e eram inelegíveis. E essa discriminação se propagou por toda a indústria de financiamentos imobiliários.

Casos de força policial excessiva contra afro-americanos suscitam exatamente as mesmas questões. Na hipótese de que o excesso de força policial caracterize a imposição da lei, a imposição da lei terá se tornado injusta. Não terá apenas excedido os poderes de seu mandato, mas deverá também ser julgada em virtude do princípio de prestação de contas definido em Gênesis 9:5-6. Ora, não tenho como esquadrinhar pessoalmente os detalhes de inúmeros casos de tiroteios envolvendo policiais. Posso afirmar que os cristãos, incentivados por Gênesis 9, deveriam ser os primeiros a lutar contra a possibilidade de tratamento desigual de seus cidadãos por parte das agências de manutenção da ordem, assim como trabalham pelo tratamento equitativo dos nascituros.

Deixe-me resumir esse segundo ponto dizendo o seguinte sobre o governo ideal nas Escrituras. É aquele que profere julgamentos segundo os critérios de Gênesis 9:5-6. Ele emprega a sabedoria de Deus para fazer justiça (1Reis 3:28; veja também 2Samuel 8:15; 1Reis 10:9; Salmos 72:1-2; Provérbios 29:4; Ezequiel 45:9).

Ele lança mão da espada para aprovar o que é bom e para punir o que é mau (Romanos 13:1-7). Age como servo de Deus. Trata as pessoas como fins, não como meios.

Em terceiro lugar, todo ser humano tem alguma medida de responsabilidade de buscar o melhor governo

As palavras de autorização que Deus profere em Gênesis 9:5-6 se aplicam a todos nós. Somos *todos* responsáveis por cumprir esse requisito básico de justiça, cada qual por sua parte, quer desempenhando um papel no governo ou apoiando o governo.

A maioria dos seres humanos na história pouco pôde fazer para trabalhar por um bom governo. Como poderíamos falar sobre a responsabilidade de trabalhar por um bom governo para escravos gregos, romanos, chineses ou americanos? Contudo, na medida em que houver *alguma* oportunidade de trabalhar por um bom governo — talvez você seja o aprendiz de copeiro que segura a taça do rei, e possa sussurrar em seu ouvido; ou talvez você seja um cidadão democrata com direito a voto —, torna-se uma obrigação que você trabalhe por um bom governo, não por concordar com o projeto, mas por obediência a Deus,. Essa é uma forma de amar seu próximo como a si mesmo.

Pensemos, por exemplo, sobre seu voto. Em quem ou no que, nós, como cristãos, devemos votar? Devemos nos munir de uma visão clara daquilo que o governo deve fazer, conforme autorizado e determinado por Deus: proferir juízo e promover a justiça; criar plataformas de paz, ordem e prosperidade; garantir que as pessoas sejam livres e não sejam impedidas de conhecer a Deus e serem remidas. Então devemos permitir que esse referencial nos guie com relação aos candidatos, partidos, leis ou referendos em que votarmos.

Não queremos um governo que imagine poder oferecer redenção, mas um governo que enxergue seu próprio trabalho como um pré-requisito para a redenção de todos os seus cidadãos. Ele constrói as ruas para que você possa dirigir até a igreja; protege a gestação para que você possa viver e ouvir o evangelho; insiste em práticas habitacionais e locatárias justas, para que você possa ter uma casa e oferecer hospitalidade aos não cristãos; trabalha pela educação para que você possa ler e ensinar a Bíblia aos seus filhos; protege o casamento e a família para que os casais possam servir de modelo do amor de Cristo perante a igreja; policia as ruas para que você fique livre para se reunir com sua igreja sem ser perturbado, ganhar seu sustento honestamente, e contribuir financeiramente para a obra de Deus. Agora, você pode discordar do envolvimento do governo em alguns dos exemplos acima. Esta, todavia, é a orientação que precisamos ter em mente e adotar: governos proferem julgamentos para promover paz, ordem e prosperidade, para que a igreja possa cumprir o chamado que recebeu de Deus.

CONCLUSÃO

Não coloque esperança demais no governo. Mas também não desista dele. Igrejas precisam de bons governos.

Uma cultura e suas instituições políticas podem se voltar contra o cristianismo, mas os cristãos devem se esforçar para causar impacto enquanto houver oportunidade. Tudo pode piorar. Pergunte aos cristãos que vivem na China ou no Irã.

Eis o que disse em minha aula da escola dominical na Colina do Capitólio, em uma série que fiz sobre cristãos e o governo:

> Funcionários públicos, permitam-me incentivá-los com essa responsabilidade. *Precisamos* que vocês tornem este país seguro para o cristianismo. E não estou usando a palavra "precisamos" para esquecer a soberania divina, mas da mesma forma que diríamos que uma criança *precisa* que seus pais a protejam e alimentem. Para aqueles de vocês que trabalham com política, obrigado pelo que vocês fazem. Pode parecer uma futilidade, mas é crítico: trabalhem e orem com afinco em sua atividade.

Todos nós, igualmente, deveríamos fazer mais três coisas:

- **Orar.** Paulo nos exorta a orar pelos reis e por todos aqueles em posições de autoridade, para que tenhamos uma vida pacífica e tranquila. "Isso é bom", continua ele, "e agradável perante Deus, nosso Salvador, que deseja que todos os homens sejam salvos" (1Timóteo 2:3-4). Oramos por nossos governos, rogando para que os santos possam ter uma vida pacífica e as pessoas venham a ser salvas.

- **Dedicar-se.** Damos a César o que é de César quando pagamos nossos impostos, certo, mas em um contexto democrático também fazemos isso quando votamos, promovemos nossos interesses, advogamos, escrevemos editoriais ou concorremos a cargos eletivos. Mesmo em um império, Paulo, em benefício do evangelho, utilizou todas as armas políticas que tinha à mão. Ele invocou sua cidadania e apelou a César. Utilize as oportunidades enquanto elas estiverem ao seu alcance. Elas podem não durar para sempre.

- **Confiar.** Jesus *vencerá*. Essa é nossa única fonte de força para o hoje e de esperança para o amanhã.

6

IGREJAS: NÃO SÃO GRUPOS DE INTERESSE PARA FAZER *LOBBY*, MAS EMBAIXADAS DO CÉU

Logo após a época de Margaret Thatcher, quando John Major era primeiro-ministro do Reino Unido, passei um semestre da faculdade fazendo um estágio na Câmara dos Comuns do Reino Unido. Em um domingo daquele semestre, fui a um culto em uma igreja evangélica conservadora anglicana, em Londres. Após o culto, uma senhora de mais idade perguntou-me o que eu estava fazendo em Londres. Contei-lhe que estava fazendo um estágio com um membro do parlamento. Ela perguntou com quem. Eu disse o nome do parlamentar. Ela respondeu: "Ele não é conservador? E você é cristão?!" Não lembro se ela realmente disse "Oh, céus!", mas esse foi seu tom.

Recém-chegado à Inglaterra e com pouco mais de vinte anos, sua reação me pegou totalmente de surpresa. Nos Estados Unidos, eu havia sido educado para pensar que os cristãos evangélicos habitavam o espectro direito da política. Nós ressaltávamos a responsabilidade pessoal na salvação, na ética e, sim, na economia. (Naquela época, eu provavelmente não percebia o fato de que cristãos pertencentes a minorias frequentemente tinham inclinações à esquerda.)

Entretanto, a geração de evangélicos britânicos daquela senhora acreditava que cristãos deviam promover políticas que atendessem os mais pobres, os mais sofridos e a classe trabalhadora. Por conta disso, tendiam a apoiar um estado de bem-estar social, um sistema de saúde estatizado e organizações sindicais. Na Inglaterra, a esquerda e a direita política não tinham posições fechadas e antagônicas em questões sociais como o aborto, como vemos nos Estados Unidos, então os cristãos apoiavam partidos com inclinações à esquerda, como trabalhistas e sociais democratas.

Aquela conversa detonou algumas de minhas premissas políticas.

O relacionamento entre cristãos evangélicos e partidos políticos se tornou um pouco mais complicado desde o início da década de 1990, tanto na Inglaterra como nos Estados Unidos. Hoje em dia, cristãos mais jovens nos dois países são cativados pelo discurso à esquerda. A separação entre globalistas e nacionalistas parece ocorrer em um plano distinto da divisão tradicional entre esquerda e direita, quase como se fosse um eixo Y traçado em relação a um eixo X. Muitos de meus amigos evangélicos que pertencem a minorias étnicas se sentem desamparados politicamente, mas ouço relatos dos mesmos sentimentos por parte de amigos pertencentes a maiorias étnicas.

No meio de toda essa bagunça, quero que ponderemos sobre a seguinte questão: quem define a pauta de como os cristãos pensam politicamente? Em muitos sentidos, os partidos políticos definem a pauta e nós apenas as cumprimos. É como uma festa de um casamento, onde você pode escolher entre carne ou peixe. Você na verdade gostaria de frango, mas essa opção não está disponível. Outra pessoa predefiniu seu cardápio de opções.

— Devo lhe trazer a refeição republicana ou a refeição democrata?

— Bem, não tenho certeza. Pai, o que devo pedir?

— Nós somos republicanos, filho. Republicanos acreditam em assumir a responsabilidade por suas ações. Esse é o nosso povo.

— Ok, isso faz sentido. Poderia me trazer um prato republicano, por favor?

Pouco a pouco, aprendemos a nos identificar segundo essa filiação partidária, assim como nos identificamos com nossa nação. "Sou republicano e americano". Apegamo-nos a um sentimento de identidade partidária e ele se mistura à nossa fé. É como uma videira que entrelaça seus ramos em torno de um arbusto, de modo que já não é possível diferenciar a videira do arbusto. Por conta disso, o outro partido ganha uma aparência absolutamente infiel, talvez até imoral. Suas intuições morais não fazem sentido.

Neste capítulo, um de meus objetivos é que todos sejamos incentivados a não permitir que partidos políticos definam nossa agenda política. E, indo além, não devemos confundir nossos partidos com nossa fé. Partidos são bons servos, mas péssimos mestres; instrumentos úteis, mas identidades horríveis. Em vez disso, eu conclamaria todos — e isso poderá soar estranho — a redirecionarmos nossa fidelidade política básica para nossas igrejas locais. Não quero dizer que a igreja deveria nos orientar acerca de como votar. Quero dizer que é lá que aprenderemos a verdadeira política. É lá que descobriremos que queremos frango, quando as duas únicas opções disponíveis são carne ou peixe.

Uma política cristã sempre começa em Jesus. Ele é o Rei dos reis e o Senhor dos senhores. E conhecemos sua vontade por meio de sua Palavra. Uma política cristã avança por meio da proclamação da palavra de evangelização: "O Rei está vindo para julgar todos os transgressores. Arrependei-vos, crede e ele graciosamente vos estenderá seu perdão".

Uma política cristã tem suas raízes firmadas no coração do indivíduo, como vimos no capítulo 3. Somente um coração reformado pelo Espírito de Deus desistirá de se colocar como senhor sobre seu próximo; pelo contrário, passará a oferecer misericórdia, assim como lhe foi oferecida misericórdia.

Então, de forma extraordinária, uma política cristã deve se tornar visível na vida e na comunhão da igreja local — tanto em sua doutrina como em sua comunidade. Quer você seja membro desse ou daquele partido, é na igreja local que aprendemos a amar nossos inimigos, abandonar nosso tribalismo, a forjar relhas de arado de nossas espadas, e podadeiras de nossas lanças. É aqui que orientamos uns aos outros na retidão e na justiça de Deus. É aqui que a retidão e a justiça de Deus se tornam tangíveis, verossímeis e convincentes para as nações que observam de fora.

Toda semana que um pregador se levanta para pregar, ele faz um discurso político. Ele ensina a congregação a "obedecer a tudo" que o Rei, com toda a autoridade nos céus e na terra, ordenou (Mateus 28:20). Ele se esforça para moldar suas vidas conforme a lei do Rei. Nós então declaramos os juízos do Rei nos sacramentos, abraçamos os propósitos do Rei em nossas orações, e repercutimos as alegrias e os lamentos do Rei em nossas canções.

Pense um pouco sobre algumas áreas da agenda política. Comece, por exemplo, com a política de bem-estar social. Minha própria igreja dá grande importância a "políticas de bem-estar social", embora talvez não com os mesmos termos. Cada membro de minha igreja assume um compromisso, conforme a convenção de nossa igreja, de "caminhar juntos em amor fraternal" e "com gentileza e afeto, cuidar e vigiarmos uns aos outros", bem como "contribuir de bom grado e regularmente para o sustento do ministério" e para "o socorro dos necessitados". Assim, além de contribuir para o orçamento regular da igreja, nossos membros doam anualmente dezenas de milhares, se não centenas de milhares de dólares para o fundo beneficente da igreja. Essa é uma forma de cuidarmos de nossos membros que estiverem passando por necessidades. Quando Jane, membro da igreja, ficou sem ter onde morar, tentamos colocá-la em uma moradia segura. Por conta de diversos problemas mentais, ela recusava ajuda e optou por dormir em um parque. Então Luther passou a acompanhá-la até o parque para dormir em um banco próximo. Ele estava profundamente preocupado com o bem-estar dela, para dizer o mínimo.

IGREJAS: NÃO SÃO GRUPOS DE INTERESSE PARA FAZER LOBBY, MAS EMBAIXADAS DO CÉU

Nós também trabalhamos com "política tributária". Carlos, que passa sua jornada de trabalho explicando ao Congresso dos Estados Unidos as implicações tributárias de cada nova lei, passou muitas noites ajudando uma família em crise com seus impostos. Ele trabalhou junto a credores e agências de cobranças que assediavam a família, por conta de dívidas que haviam saído do controle. Ao mesmo tempo, tanto ele como sua esposa, Sue, orientaram os filhos do casal em diversos assuntos, na preparação para vestibulares e entrevistas para matrícula em faculdades.

Minha igreja também acredita que é importante enfrentar o problema racial nos Estados Unidos, ou, pelo menos, nosso próprio problema racial. Quando Patty me confessou, em uma manhã de domingo, que tinha dificuldades para gostar de pessoas negras, eu a incentivei a jantar com Tom e Laura. "Diga a eles tudo o que você acabou de me contar", disse-lhe eu. Tom é negro. Tom é piedoso e maduro. E eu sabia exatamente como Tom e sua esposa reagiriam. Para minha quase surpresa, Patty seguiu minha sugestão. E, exatamente como eu esperava, Tom e sua esposa reagiram com graça, amor e aceitação. Patty chegou ao arrependimento e aprendeu a amar seu irmão e irmã em Cristo.

Podíamos repassar um tópico político após o outro. Que tal a crise de refugiados? Um amigo pastor contou-me como os membros de sua igreja deram um carro a um refugiado iraniano que havia se tornado cristão no Irã. Eles também o abrigaram e o discipularam. Ele agora é cidadão dos Estados Unidos e juntou-se ao exército. Membros de minha igreja em minha vizinhança também adotaram famílias de refugiados do Afeganistão.

Eis a questão mais abrangente: os cristãos devem ouvir o que republicanos e democratas têm a dizer sobre política de bem-estar social, política tributária, reconciliação racial, crise de refugiados e índices crescentes de suicídios. Nosso raciocínio, contudo, não deve começar nem parar por aí. Nosso raciocínio deve ser mais extenso, mais complexo, mais pessoal, mais humano. Nossos instintos políticos devem se desenvolver a partir da vivência íntima dos relacionamentos amorosos e complicados que constituem uma igreja. Você até poderia dizer que nosso raciocínio político deve ser pastoral.

Contemple por mais algum tempo, e com um pouco mais de atenção, alguns dos exemplos anteriores:

- Bem-estar não é apenas uma questão política; é uma irmã em Cristo que aceita ajuda, mas apenas em seus próprios termos. O que você decidiria fazer?
- Impostos não são apenas uma questão pública; é um membro do corpo passando por necessidades financeiras sentado com você na mesa da cozinha. Como você reagiria?
- Racismo não é apenas algo que vemos no noticiário; ele está à espreita em nossas igrejas e em nosso coração. Você o confessaria?
- A imigração não é apenas um assunto para políticos; é alguém que tenta ser membro da sua igreja. Você abriria a porta?

Você entendeu o que quero dizer. Quero que suas respostas sejam políticas, pessoais e pastorais. E quero que nossas ações sejam para a glória de Cristo e conforme a sabedoria de sua Palavra.

Isso é política!

Posso fazer uma confissão pessoal? Tenho enfrentado dificuldades para saber como processar mentalmente os eventos recentes no país que atiçaram as chamas da controvérsia racial; sejam os episódios de suposta brutalidade policial, a eleição de Donald Trump ou os debates mais generalizados sobre o papel das assim chamadas injustiças estruturais. Mais especificamente, acredito que meus instintos políticos às vezes (não sempre) me puxam para a direita, mesmo quando meus sentimentos pessoais me atraem fortemente na direção de amigos e membros da igreja que pertencem a minorias, os quais estão, sem a menor dúvida, à esquerda. Eu os amo. São meus irmãos e irmãs em Cristo. São amigos íntimos. Eu presumo que eles tenham boas razões para pensarem como pensam e que possam ver coisas que eu não enxergo por conta das experiências que viveram. Por conta disso, minha mente fica dividida e fico totalmente inseguro quanto à solução política correta.

Não acredito, entretanto, estar em uma má posição. Viver em uma igreja pluriétnica, em outras palavras, está fazendo com que eu seja formado em humildade, compreensão e desejo por justiça. Isso está me ensinando a caminhar e pensar com mais cuidado, a falar com maior cautela. Estou aprendendo a amar meu inimigo e a prestar atenção na trave em meu próprio olho. Isso está me ensinando uma política melhor. Pela graça de Deus, confio que continuarei a crescer e, quem sabe, até alcançar o raciocínio político de irmãos e irmãs que estão à minha direita e à minha esquerda.

É dentro da igreja local que uma política cristã se torna complexa, autêntica, verossímil, ideologicamente livre (não escravizada) e real. É em situações da vida real que você é forçado a pensar no que a retidão realmente é, no que a justiça verdadeiramente exige, nas obrigações que você tem com relação a seus irmãos, que foram feitos à imagem de Deus, tanto quanto você. Há muito mais que carne ou peixe nesse cardápio.

Tenha em mente que a cidade onde moro, Washington, está repleta de cristãos que se mudaram para cá por amarem política e quererem fazer alguma diferença. Então some a isso todos os grupos cristãos de interesse, organizações de *lobby* e conferências políticas, e não haverá falta de atividade política cristã na cidade. Sou grato por muitas dessas coisas.

Entretanto, se você disser que se importa com política e não for membro ativo de uma igreja local, serei tentado a pensar que você não entende nada de política. Seria como você alegar amar carros porque brinca com carrinhos de brinquedos no chão da sala, fazendo "Vroom!" com a boca. É muito fácil dar opiniões sobre políticas públicas à distância. Levante-se, entre em um carro de verdade e gire a chave. Junte-se a uma igreja e descubra como amar uma pessoa que tem uma aparência diferente da sua, ou que ganha mais ou menos dinheiro que você, ou que até mesmo peca contra você.

A política verdadeira não começa com suas opiniões políticas, mas com suas decisões cotidianas; não com defesas públicas, mas com sentimentos pessoais; de modo algum por você como indivíduo, mas com um povo.

Os cristãos aprendem política, sobretudo, quando trabalhamos por unidade em meio a todos os motivos que damos uns aos outros para *não* sermos unidos. É nessa batalha por unidade que devemos encontrar as primeiras entonações e lampejos da ordem justa e santa, aquela que deixaria as nações com inveja.

Lembrem-se do que disse no capítulo 1: em nossa política, os santos devem primeiro aprender a *ser*, antes que possamos *fazer*.

A IGREJA É POLÍTICA

Vamos agora dar um passo atrás e refletir: o que é uma igreja local? Se é onde aprendemos, vivemos e praticamos a política verdadeira, então a igreja é inerentemente política. Não, não é um centro para recrutamento de eleitores. Não é um grupo de interesse ou um ramo desse ou daquele partido. Não é um local de posições sectárias e de discursos de campanha. Mais exatamente, uma igreja é política como uma embaixada é política.

A embaixada dos Estados Unidos em Buenos Aires não pode comandar as forças policiais na Argentina. A embaixada dos EUA em Pequim não pode dar ordens aos militares chineses. Ainda assim, as duas embaixadas representam todo o poder exercido pelo governo e pelos militares dos Estados Unidos. Um embaixador fala pelo presidente. Quando você adentra o prédio de uma embaixada, você está em território pertencente àquela nação. Ela representa uma nação dentro de outra nação.

A igreja, igualmente, representa uma nação dentro de outra nação. Cada membro é um cidadão e um embaixador do reino de Cristo, da nação santa. Nós não chegamos em aviões, como o embaixador dos EUA ao desembarcar no aeroporto de Buenos Aires. Em vez disso, quando o Espírito Santo passa a habitar em nós, é como se chegássemos em máquinas do tempo. O fim da história, pelo poder do Espírito regenerador, pousa no planeta Terra já. Nós representamos o governo dos céus como ele será plenamente revelado no fim dos tempos — agora.

"Venha o teu Reino; seja feita a tua vontade, assim na terra como no céu" (Mateus 6:10).

Uma razão pela qual as pessoas não reconhecem a natureza política da igreja é o intervalo de tempo entre a promessa de juízo sobre a igreja e seu cumprimento. Contudo, não se engane: diferentemente de representantes da NBA, da ABC, da Microsoft, ou da equipe de xadrez da sua escola, nós representamos oficialmente um rei e juiz, aquele que domina sobre toda a história. Nós somos políticos. Somos emissários do juízo de Deus que ocorrerá no futuro.

A IGREJA É — E NÃO É — UMA AMEAÇA POLÍTICA

Deixe-me pormenorizar um pouco mais o que quero dizer com o termo "político". Imagine milhares, ou até dezenas de milhares, de máquinas do tempo aparecendo de uma hora para outra em todos os lugares. A nação fica pasma. Câmeras de reportagem se aglomeram em torno delas. Autoridades públicas e forças policiais rapidamente abordam aqueles estranhos, tão logo eles saem de suas máquinas do tempo. Parece um filme de ficção-científica sobre uma invasão alienígena. Entretanto, as pessoas comentam que eles vêm do futuro. Eles representam um reino vindouro, explicam. Curiosamente, falam inglês, vestem-se como nós e, de maneira geral, parecem bastante normais.

Dito isso, eles admitem que querem mudar o modo como vivemos. Soa quase como se fosse, digamos, uma colonização? Eles querem, por exemplo, convencer-nos todos a nos juntarmos a eles para assegurar fidelidade prioritariamente a seu rei. "Mas não precisam se preocupar", replicam. "Não temos intenção alguma de tomar o governo. Aliás, incentivaremos as pessoas a obedecerem ao atual governo". O que querem dizer, entretanto, é que querem que o povo obedeça ao governo por causa do rei *deles*. Isso soa um pouco arriscado. Eles também explicam que cada máquina do tempo organizará sua própria reunião semanal, onde eles ensinarão quem se juntar a eles a viver conforme os padrões de justiça e retidão de seu rei. Por conta disso, é verdade, eles esperam que alguns de seus membros se oponham a algumas de nossas empresas e indústrias (embora sem pegar em armas). E eles esperam que alguns de seus membros trabalhem para mudar algumas de nossas leis (mas principalmente agindo por meio das regras do sistema). Eles concluem nos dizendo para considerar suas reuniões nas máquinas do tempo como embaixadas de um futuro ao qual todos estamos inexoravelmente seguindo, e que eles estão tentando nos preparar para esse futuro agora.

Valha-nos Deus! — o que podemos fazer com esses estranhos? Eles são uma ameaça política ou não? Alguns de nós pensam que não. Afinal, eles prometem não pegar em armas contra o governo. Outros sentem que eles são uma clara ameaça. Eles querem que as pessoas se identifiquem com seu rei e querem mudar o modo como as pessoas vivem.

Talvez essa ilustração pareça um tanto exagerada, mas foi exatamente isso que a Palestina do primeiro século passou quando surgiram os primeiros cristãos. Vale a pena comparar duas passagens distintas de Atos. Primeiro, Atos 19 conta a história de Demétrio, um ourives que fazia miniaturas de prata do templo da deusa Ártemis. Demétrio juntou-se ao lado que argumentava que aqueles emissários do futuro, aqueles cidadãos do reino escatológico de Cristo, eram uma ameaça política. Ele reuniu seus colegas artesãos e reclamou de Paulo: "Este indivíduo, Paulo, está convencendo e desviando grande número de pessoas, dizendo que deuses feitos por mãos humanas não são deuses". A obra do evangelho pregado por Paulo deu a Demétrio preocupações religiosas: "O templo da grande deusa Ártemis pode cair em descrédito [...] ela, que é adorada em toda a Ásia e em todo o mundo". Sua maior preocupação, porém, era econômica: "Há o perigo de nossa profissão perder sua reputação" (v. 26-27, NIV). Após Demétrio concluir seu discurso, um tumulto irrompeu.

Demétrio tinha sua razão. A vida e a atividade de cristãos fiéis, de fato, prejudicam a falsa adoração. E esse transtorno muitas vezes tem desdobramentos econômicos e políticos.[1]

Essa, porém, não é toda a história. Os cristãos não têm interesse algum na derrocada do Estado ou do mercado. O oficial romano Festo aderiu a esse lado do debate em Atos 25 e 26. O sumo sacerdote judeu, Tértulo, tal qual Demétrio, acusou Paulo de provocar tumultos (24:5). Festo, porém, investigou as evidências e concluiu: "verifiquei que ele nada fez que mereça pena de morte" (25:25; 26:31). Segundo a visão romana, Paulo não era um insurgente que queria destituir o governo.

Juntar esses dois episódios requer uma comparação:

- Sim, os cristãos e as igrejas representam uma ameaça para o estilo de vida romano (ou norte-americano); mas não, eles não têm o objetivo de provocar tumultos civis.
- Sim, a presença de cristãos em uma sociedade pode se revelar ruim para empresas que se utilizem de iniquidades ou idolatrias; mas não, turbas de membros de igrejas não se juntarão para derrubar templos, lojas e redes de comunicação.
- Sim, as igrejas contestarão os ídolos e falsos deuses que sustentam cada governo, sejam os ídolos do Império Romano ou os deuses do ocidente secular; mas não, elas não tentarão derrubar as autoridades civis.[2]

Igrejas são e não são uma ameaça política à ordem civil. Como governo algum está livre de ídolos, igrejas que preguem o evangelho sempre representarão alguma ameaça. Ainda assim, não se trata

---

[1] C. Kavin Rowe, "The Ecclesiology of Acts," *Interpretation*: *A Journal of Biblical Theology 66*, n°. 3 (julho de 2012): p. 263.

[2] Ibidem, p. 267.

da ameaça de um invasor ou insurgente; é uma ameaça semelhante a vírus ou cupins — que trabalha silenciosamente a partir dentro e corrói os alicerces, até que o ídolo desabe juntamente com o regime ou a economia sustentados por aquele ídolo.

Na medida em que as igrejas ameaçam os deuses de que o Estado depende, a perseguição é uma consequência a ser esperada. A perseguição é coerente. Com minha ilustração de viagem no tempo, eu tive a intenção de lhe transmitir essa percepção. Como você reagiria se milhares de máquinas surgissem de uma hora para outra? Com alguma apreensão, provavelmente. Quando cristãos dizem: "Jesus é Senhor e, portanto, não adoraremos Ártemis nem compraremos objetos que sustentem a indústria em torno de Ártemis", nós colocamos os empregos daquela indústria em risco. Os lobistas contratados por aquela indústria se oporão a nós, seguidos pelo congressista com fábricas de objetos de Ártemis em seu estado. Já percebeu como o empresariado norte-americano, temendo a perda de participação no mercado, se apressou a apoiar a agenda LGBT e ameaçou os empregos daqueles que se revelassem um empecilho?

A IGREJA É UMA EMBAIXADA DOS CÉUS NA TERRA

Portanto, sim, igrejas locais são bastante políticas. Agora, vamos elaborar um pouco mais o conceito de igreja como embaixada. Esse poderá ser o trecho teologicamente mais intenso de todo o capítulo, visto que lida com a autoridade da igreja, mas tenha paciência comigo. Se vale a pena ponderar detidamente sobre a autoridade do estado, quanto mais sobre a autoridade da igreja. E é fundamental compreender a separação entre Igreja e Estado, como mencionado anteriormente. Um possui a autoridade da espada. A outra possui a autoridade das chaves.

O que são as chaves da igreja? Jesus as deu primeiramente a Pedro e aos apóstolos em Mateus 16. Pedro havia confessado que Jesus era "o Cristo, o Filho do Deus vivo" (v. 16). Jesus confirmara

IGREJAS: NÃO SÃO GRUPOS DE INTERESSE PARA FAZER LOBBY, MAS EMBAIXADAS DO CÉU

Pedro e sua confissão em nome dos céus. Ele então deu a Pedro as chaves do reino para fazer o mesmo: confirmar confissões e aqueles que as professam em nome dos céus. "Eu lhe darei as chaves do Reino dos céus; o que você ligar na terra terá sido ligado nos céus, e o que você desligar na terra terá sido desligado nos céus" (v. 19).

Jesus então deu as chaves do reino à igreja local em Mateus 18. Ele deu um exemplo no qual a igreja teria de disciplinar um membro e, por fim, seria obrigada a excluir aquela pessoa da membresia. Jesus conclui o caso autorizando a igreja a fazer o mesmo que Pedro:

> Digo-lhes a verdade: Tudo o que vocês ligarem na terra terá sido ligado no céu, e tudo o que vocês desligarem na terra terá sido desligado no céu. Também lhes digo que se dois de vocês concordarem na terra em qualquer assunto sobre o qual pedirem, isso lhes será feito por meu Pai que está nos céus. Pois onde se reunirem dois ou três em meu nome, ali eu estou no meio deles (v. 18-20).

O que significa ligar ou desligar? É a autoridade para interpretar e então proferir julgamento. É como um juiz que primeiro interpreta a lei e então declara seu julgamento batendo o martelo: "Culpado" ou "Inocente". Pessoas são então presas ou soltas conforme a decisão do juiz.

Da mesma maneira, as chaves do reino dão à igreja local autoridade para declarar perante as nações: "Essa é/não é uma confissão verdadeira do evangelho" e "Esse é/não é um verdadeiro confessor do evangelho". Eu algumas vezes me refiro a isso como o *"o quê"* e o *"quem"* do evangelho — a confissão e o confessor (aquele que professa sua fé). Ou você poderia dizer que tudo se resume às nossas declarações de fé e listas de membros da igreja. Quem tem poder para decidir sobre esses assuntos?

Em suas pregações e confissões de fé, as igrejas fazem uso das chaves para definir o *"o quê"* do evangelho. Já o *"quem"* do evangelho é definido pelas igrejas usando as chaves por meio dos sacramentos: batismo e Santa Comunhão. Ou elas *incluem* uma pessoa nos sacramentos, ou a *removem* dos sacramentos.

O batismo é a forma do crente assinar o contrato definitivo e declarar publicamente: "Sim, eu estou com Jesus". E é a maneira de uma igreja declarar: "Ele está com Jesus". É por isso que batizamos uma pessoa "no nome do Pai, do Filho e do Espírito Santo". Nós colocamos nele um crachá com o nome de Jesus. Nós o identificamos com Cristo. É como um boletim de imprensa para as nações.

A Ceia do Senhor, da mesma forma, não é meramente uma atividade individual onde fechamos nossos olhos e desfrutamos de uma devocional turbinada na presença de outras pessoas. Pelo contrário, é uma refeição em família na qual a igreja demonstra que é uma família. Veja as palavras de Paulo: "Por haver um único pão, nós, que somos muitos, somos um só corpo, pois todos participamos de um único pão" (1Coríntios 10:17). Participar de um único pão revela, demonstra, reafirma que somos um só corpo. É uma refeição que revela a igreja. É por isso que Paulo foi inflexível ao falar sobre "discernir o corpo" e que eles deviam "esperar uns pelos outros" ao receber a Ceia do Senhor (11:29,33; NIV)

O batismo e a Ceia do Senhor são os sinais e os selos que marcam um membro de igreja. E ser membro de uma igreja, formalmente falando, significa a confirmação e supervisão de uma igreja sobre a profissão de fé de um cristão. A igreja assume responsabilidade por você e por seu discipulado e, ao mesmo tempo, você assume responsabilidade por aquela igreja.

A disciplina eclesiástica, portanto, é o outro lado da moeda da membresia na igreja. O que é disciplina eclesiástica? Ela não manda uma pessoa para o inferno. Não é uma forma de dizer: "Nós sabemos que, na verdade, você não é cristão". Não, nós não temos olhos com visão de raios X para detectar o Espírito Santo. A disciplina eclesiástica é, mais exatamente, a forma de uma igreja dizer que não está mais disposta a confirmar a profissão de fé de uma pessoa, de modo que decide excluí-la da Ceia do Senhor.

A chave para entendermos a autoridade da igreja é a palavra *concordância*. Em seu cerne, a autoridade da igreja depende da concordância de dois ou mais crentes: "se dois de vocês concordarem na terra" e "onde se reunirem dois ou três em meu nome" (Mateus 18:19,20). Se somente você concorda consigo mesmo, pode ser que você seja cristão, mas não é uma igreja.

Talvez eu possa explicar retornando à analogia da ilha deserta do capítulo 5. Lembra-se de como eu, você e Todd fomos parar em uma ilha deserta após nosso navio naufragar? Nós definimos a forma de nosso governo. Contudo, como formaríamos uma igreja? Pelo menos dois de nós precisamos *concordar* sobre quem Jesus é e que ambos o conhecemos. Então precisaríamos concordar em nos reunir regularmente para confessar o evangelho e confirmar a fé um do outro por meio da Ceia. Isso faria com que formássemos uma igreja e fizéssemos parte dela como seus membros. Se discordássemos acerca de quem Jesus é ou se discordássemos sobre sermos ou não cristãos, não poderíamos formar uma igreja.

Deixe-me exemplificar isso tudo com situações reais. Minha igreja promove reuniões em meses alternados, nas quais recebemos novos membros e nos despedimos de membros que estão se mudando para outros lugares. Nós também praticamos a disciplina eclesiástica. Em uma dessas reuniões entre os membros, tempos atrás, a congregação precisou lidar com dois casos distintos de pecado sexual. Primeiro, examinamos o caso de um homem solteiro que vinha dormindo com diversas mulheres. Seus amigos e os pastores vinham exortando seu arrependimento há meses. Ele, contudo, não se arrependeu. A igreja então decidiu excluí-lo da membresia e da Ceia do Senhor. Já não podíamos confirmar ou concordar com sua profissão de fé.

Na mesma noite examinamos o caso de uma mulher solteira que engravidara. Ela, contudo, estava arrependida. Por essa razão, um presbítero liderou a igreja em ações de graças a Deus por sua humildade, transparência e arrependimento. Ele explicou que estava falando publicamente do assunto porque sua gravidez logo se tornaria evidente, de modo que era preciso incentivar a igreja a acolhê-la e a se alegrar com ela por seu filho. Em suas palavras: "Como igreja, o que agora queremos fazer é nos juntar em torno dela, amando-a e apoiando-a de todas as formas que pudermos. A igreja de Cristo é uma família. Queremos ser uma família que seja aberta, amorosa e solidária, conscientes de que todos só estamos aqui por causa da graça e da misericórdia de Deus. Por isso, por favor, continuem a animá-la como nossa irmã. Em especial, se você for mãe, ela adoraria que algumas de vocês entrassem em contato e a ajudassem a se preparar para o árduo, mas excelente trabalho, que ela tem pela frente. Ela está aqui conosco nesta noite e agradece pelas incessantes orações e palavras de motivação". Ao contrário do jovem rapaz, a congregação teve gosto em confirmar sua profissão de fé.

Acabamos de repassar uma boa quantidade de doutrina da igreja de forma bastante rápida: as chaves, os sacramentos, a membresia na igreja, a disciplina eclesiástica e a natureza da autoridade da igreja.[3] Tudo isso foi necessário por dois motivos: para compreender o que a igreja institucional é e para compreender a separação entre Igreja e Estado. As pessoas rapidamente declaram a separação entre Igreja e Estado, mas não se importam muito com o que uma igreja realmente é.

Eis aqui uma definição em poucas palavras: uma igreja é um grupo de cristãos que identificam a si mesmos e uns aos outros como seguidores de Jesus, por meio de reuniões regulares em seu nome, da pregação do evangelho e da celebração dos sacramentos. Tudo isso é feito por conta da autoridade das chaves.

E são essas chaves que dão à igreja local uma autoridade semelhante a uma embaixada. Durante um semestre da faculdade, vivi em Bruxelas, Bélgica. Meu passaporte expirou. Eu então tive de ir à embaixada dos EUA para substituir meu passaporte. A embaixada não me tornou cidadão naquele dia. Mas eles possuíam uma autoridade que eu, como cidadão individual dos EUA, não possuo: a

---

[3]Se você desejar examinar algum desses assuntos mais detalhadamente, eu discorri sobre eles mais a fundo em diversos livros, como: *Understanding the congregation's authority*, *Understanding church membership*, *Understanding church discipline*, e *Don't fire your church members*.

autoridade de me reconhecer formalmente perante as nações como pertencente aos Estados Unidos e me conceder um novo passaporte.

O mesmo ocorre com a igreja local. Ela não transforma eu ou você em cristão. Ela nos reconhece formalmente como cristãos por meio de um ato de concordância da igreja. Ela nos batiza no nome de Cristo, para que possamos nos reunir em seu nome. E não se esqueça de que o "ela" da igreja somos *nós mesmos*.

O Estado, contudo, não tem autoridade para reconhecer quem forma o povo de Deus. Ele não tem autoridade para dizer: "Essa é a doutrina correta" ou "essa é uma doutrina falsa"; ou para dizer: "Essa é uma igreja verdadeira" ou "essa é uma igreja falsa". Sua autoridade deriva de Gênesis 9 e de passagens subsequentes. A autoridade de uma igreja vem de Mateus 16, 18 e 28. O Estado preserva nossa vida, enquanto a Igreja trabalha por nossa redenção. O Estado prepara o cenário, mas a Igreja encena a peça e dá nome aos personagens principais.

Pensar sobre a autoridade da igreja pode nos ajudar a enxergar que o cristianismo não é uma religião para lobos solitários, na qual cada santo age como comandante do seu próprio navio nos vastos oceanos deste mundo. Não é uma fé para agentes independentes. O cristianismo é uma fé para ser vivida em comunidade. Nós nos apoiamos. Nós damos os braços. Nós somos um corpo, lamentando e festejando com todos os demais membros do corpo. E é na igreja local que vivenciamos o que significa ser um corpo, uma família, um templo, um rebanho, um povo, o pilar e alicerce da verdade. Você já percebeu quantas metáforas bíblicas acerca da igreja são coletivas? Não me diga que você pertence a uma família se você nunca se senta à mesa para jantar.

O cristianismo é, por natureza, político. Ele requer ações íntegras e vidas justas, mas retidão e justiça são medidas, em grande parte, pela vida de benignidade que compartilhamos com nosso próximo. Logo, o cristianismo traz tanto responsabilidade como autoridade para cada cristão, a responsabilidade e a autoridade de cidadãos. Nós somos — lembrem-se — cidadãos do reino dos céus.

É em meio à vida da igreja local que cada um de nós exerce a autoridade e a responsabilidade dessa cidadania, como ficou demonstrado na reunião de membros da minha igreja.

Além disso, nós, reunidos, somos embaixadas daquele reino, postos avançados do domínio de Cristo, espalhados por entre as nações.

A autoridade da igreja pode ser extrapolada? Com certeza, ela pode e é extrapolada, assim como a autoridade de príncipes, policiais, pastores e pais é tão frequentemente extrapolada. As igrejas frequentemente abusam da sua autoridade quando exigem além do que as Escrituras determinam. Elas submetem consciências em questões alheias às Escrituras. Fazem seus membros se sentirem culpados, ou cristãos "ruins", quando não se conformam às regras e às tradições inventadas pelo homem. Esse é o anti-evangelho.

Porém, assim como casamentos doentios não nos fazem descartar a natureza vinculante das alianças conjugais, igrejas deletérias também não devem fazer com que abandonemos a igreja local.

A IGREJA NÃO TEM COMPETÊNCIA PARA EMPUNHAR A ESPADA

Então já estabelecemos que toda igreja é política e que cada igreja é uma embaixada do céu. Igreja alguma, porém, tem competência para empunhar a espada. As igrejas, portanto, em condições normais, não devem procurar influenciar a política governamental *diretamente*. Fazê-lo, na prática, é uma violação da separação entre Igreja e Estado. Tal prática cria o risco de identificar incorretamente o nome de Jesus com a sabedoria humana. Arrisca-se abusar da consciência dos membros da igreja e há o perigo de comprometimento da liberdade e da unidade cristãs.

Certa feita, um senador dos Estados Unidos convidou o pastor principal da minha igreja para visitá-lo em seu gabinete, a fim de ser aconselhado. O senador era membro da igreja e seu voto era o último no senado para aprovar uma emenda constitucional que

IGREJAS: NÃO SÃO GRUPOS DE INTERESSE PARA FAZER LOBBY, MAS EMBAIXADAS DO CÉU

exigia um orçamento federal equilibrado — um voto relevante, sem dúvida. Ele, contudo, sentia-se indeciso. Ele disse ao meu pastor: "Meus colegas estão me pressionando. O vice-líder do partido está me pressionando. A imprensa está atrás de mim. Você é meu pastor. Como eu devo votar?".

Meu pastor, sabiamente, respondeu: "Irmão, eu vou orar para que Deus lhe dê sabedoria".

Anos depois, contando-me essa história, meu pastor me disse:

— Não é que eu não tivesse uma opinião sobre aquela emenda constitucional. Eu tinha uma opinião bastante firme a respeito".

— Então por que você não disse algo?

— Porque — respondeu ele, — minha autoridade como pastor está vinculada à Palavra de Deus. Eu sei que estou certo no que diz respeito à Bíblia. Eu sei que estou certo acerca do evangelho e do retorno prometido de Jesus. E não tenho problemas em tratar de questões políticas que se encaixem no critério de serem biblicamente *relevantes* e *claras*. Aquela emenda constitucional, contudo, não era biblicamente relevante ou clara. Por isso, prefiro preservar minha autoridade e credibilidade pastoral para coisas que as Escrituras me dizem claramente para tratar.

Meu pastor prosseguiu explicando que sabia tratar-se de uma armadilha satânica preparada especialmente para ele. Lá estava ele: um jovem pastor recém-ordenado na Colina do Capitólio, que por acaso tinha um profundo interesse por política. Satanás teria adorado que ele pensasse poder ter alguma *influência*, que ele podia ser *alguém*.

Sim, Deus o havia chamado para ser alguém, alguém que prega o evangelho e apascenta um rebanho!

Eis como eu defenderia a discrição do meu pastor, a qual espero que muitos pastores venham a aprender. Em primeiro lugar, pastores precisam de uma clara ordem de prioridades. A manifestação política mais poderosa da igreja é o *evangelho*. E o testemunho político mais poderoso da igreja é *ser igreja*. Há mais poder político no evangelho e em ser igreja do que em eleger um presidente, tomar posse como juiz da Suprema Corte, ou até mudar uma constituição.

Se você não entender isso, então não deveria ser pastor. Mude de emprego. Um ótimo presidente ou uma constituição excelente pode ter impactos que se estendam por décadas. Um presidente ou uma constituição excepcional terão repercussões ao longo de séculos. Um pastor e uma igreja fiel, porém, operam em escalas de tempo que alcançam a eternidade. Eles não apenas aprovam leis. Por meio da Palavra e do Espírito de Deus, eles transformam corações. Ressuscitam os mortos. Restauram a visão de quem está cego. Conduzem as pessoas à verdadeira retidão, à verdadeira justiça e ao verdadeiro amor. O homem que os historiadores consideram o maior presidente da história dos EUA, Abraham Lincoln, não fez nada dessa natureza, pelo menos não diretamente.

Em segundo lugar, não estou dizendo que pastores não devam jamais se manifestar sobre questões constitucionais ou relacionadas a políticas públicas. Meu pastor também comentou que, caso o senador tivesse perguntado sobre a Décima Terceira Emenda (abolição da escravidão), a Décima Quarta Emenda (direitos de cidadania para todas as raças), ou a Décima Quinta Emenda (direitos eleitorais para todas as raças), ele certamente teria dado sua opinião. O evangelho possui implicações e aqueles que são justificados certamente buscarão a justiça. A fé se revela em obras. Entretanto, na maioria dos casos, tentar influenciar diretamente políticas governamentais abrange mais que apenas ações "representativas". Isso o envolve em competências que você não possui e diz mais sobre Jesus do que você tem autoridade para falar.

Falei rapidamente sobre isso no capítulo 3, mas nossa conversa sobre as chaves nos traz mais teologia para entender a questão tratada aqui: quando pastores e igrejas vinculam seus nomes a políticas governamentais, leis ou candidaturas específicas, acabam por efetivamente vincular o nome de Jesus àquela iniciativa.

É por isso que às vezes eu chamo a igreja de "montadora de placas".

A igreja institucional fixa placas com o nome de Jesus no "*o quê*" e no "*quem*" do evangelho, como minha igreja fez na reunião de membros, quando retirou a placa do jovem, mas manteve a placa em nossa irmã. Não, isso não acontece todas as vezes que um cristão apoia um candidato ou uma lei específica, embora haja algum risco envolvido. Contudo, sempre que uma igreja atua formalmente ou em caráter oficial, o que geralmente ocorre por meio de manifestações dos pastores, estamos dizendo a todos: "Essa é a posição defendida por Jesus".

Ao longo dos séculos, é possível olhar para trás e enxergar momentos em que gostaríamos que as igrejas tivessem tomado uma posição com relação a políticas governamentais. Gostaríamos que as igrejas norte-americanas tivessem sido mais enfáticas, por exemplo, com relação à escravidão ou aos direitos civis. Gostaríamos que as igrejas sul-africanas tivessem se posicionado contra o *apartheid*. E, talvez, hoje em dia, existam assuntos sobre os quais as igrejas devessem se manifestar mais decisivamente. Lamentavelmente, tais omissões são mais facilmente percebidas em retrospecto.

Por isso, sim, igrejas podem pecar e demonstrar incredulidade *se não se manifestam em questões de políticas governamentais quando deviam fazê-lo*. Para tudo há uma ocasião e um tempo: um tempo de falar e um tempo de ficar em silêncio. O que significa que, de vez em quando, igrejas devem se manifestar diretamente sobre políticas governamentais ou sobre candidatos específicos.

Creio, contudo, que o mais frequente nos Estados Unidos é falarmos quando deveríamos manter silêncio. Tenho visto, por exemplo, igrejas unirem seus nomes e, portanto, o nome de Jesus, a indicados à Suprema Corte, candidatos à presidência e projetos de lei no Congresso. E quase todas as vezes eu sinto vontade de perguntar: "Tem certeza? Você realmente deseja apostar a reputação de Jesus e do evangelho por esse indicado, candidato ou reforma legal?" E se o indicado se revelar uma fraude? E se, após assumir seu lugar na corte, ele votar de modo diferente do que você espera?

A questão é que, nas Escrituras, temos a sabedoria de Deus. Podemos falar de forma resoluta a partir do que consta *neste* livro e apostar a reputação de Jesus no que está escrito. A maioria das questões de política governamental, como vimos nos capítulos 3 e 4, dependem de sabedoria humana. Em grande parte, são o que denominamos questões de linha irregular. Queremos que cristãos tão sábios como Salomão trabalhem nessas áreas, sim, mas vamos conservar a separação entre Igreja e Estado. Como igreja, não devemos fingir possuir algum conhecimento divino quando não o temos. E vamos evitar comprometer consciências de membros da igreja e de outros cristãos, quando tudo de que dispomos se resume a sabedoria humana e tradições humanas.

Em vez disso, os cristãos nos Estados Unidos precisam se empenhar mais em promover a liberdade cristã quando se trata de candidatos, causas e política.

Não quero com isso dizer que as igrejas são "espirituais" e não "políticas". Acredito já ter deixado isso bastante claro. Refiro-me, mais exatamente, à competência e à autoridade profissional. Agradeço por qualquer conselho médico ou jurídico que você me der; porém, se você não for médico ou advogado, nós dois sabemos que sua opinião não valerá muita coisa. Médicos licenciados possuem competência médica. Advogados registrados na ordem dos advogados possuem competência jurídica. Por isso nós os procuramos e confiamos neles. E observe que sua competência está vinculada a uma autoridade, seja a autoridade do Conselho Regional de Medicina ou da seccional estadual da ordem dos advogados.

De igual modo, se você quiser perguntar minha opinião pessoal sobre algum indicado para a Suprema Corte ou sobre um decreto presidencial, posso lhe dizer aquilo que entendo ser correto. Ainda assim, isso seria algo que eu faria privadamente, sempre deixando claro que *não* falo como pastor, nem em nome da igreja. Eu certamente não farei um anúncio no jornal local para divulgar minha opinião.

A IGREJA NÃO É PARTIDÁRIA

Assim como uma igreja não deve procurar empunhar a espada e exercer influência direta em políticas governamentais, também não deve, via de regra, ter uma posição partidária. Ou seja, não deve se identificar com um ou outro partido político.

Meus argumentos aqui são análogos aos apresentados na última seção. O que está em risco é a separação entre Igreja e Estado, a reputação de Cristo, as consciências dos membros da igreja, a liberdade cristã e a unidade cristã.

Da mesma forma, existem exceções. As igrejas na China podem de fato assumir posição contra a filiação ao Partido Comunista. Eu mencionei exemplos de participação no Partido Nazista ou na Ku Klux Klan em capítulos anteriores deste livro, observando que ambas levariam à excomunhão.

Perceba, porém, os riscos envolvidos aqui: a menos que haja disposição para rejeitar ou excluir membros da igreja por causa de sua filiação partidária, um pastor ou uma igreja não deve apoiar ou condenar esse ou aquele partido, ou candidatos de tal partido. Quando uma igreja age assim, ela efetivamente vincula o nome de Jesus àquele partido e subverte a missão da igreja, transformando-a em uma ramificação daquele partido. Os não cristãos passarão a enxergar aquela igreja como uma facção lobista de um partido e os cristãos como agentes políticos daquele partido. Isso é que é comprometer o evangelho!

Por que os pastores, normalmente, *não* deveriam apoiar nem condenar partidos ou candidatos políticos? Pense na razão de o Espírito Santo constituir pastores ou supervisores:

- para dar vida aos que estão mortos por meio da proclamação do evangelho;
- para traçar uma linha entre a vida e a morte, entre a igreja e o mundo; e
- para apresentar o caminho da obediência.

Foi por isso que Paulo disse a Timóteo, não para pregar, mas para pregar a Palavra (2Timóteo 4:2). Pelo mesmo motivo, ele também disse a Timóteo: "Atente bem para a sua própria vida e para a doutrina, perseverando nesses deveres, pois, fazendo isso, você salvará tanto a si mesmo quanto aos que o ouvem" (1Timóteo 4:16). A ocupação de um pastor envolve vincular a consciência, e ele só deve vincular a consciência de seus ouvintes à Palavra de Deus. Suas opiniões políticas, elucubrações, ou melhores conjecturas não trazem à existência tudo o que não existe, nem ordenam essa gloriosa nova criação. (Ezequiel 37; Romanos 4:17, 10:17; 2Coríntios 4:1–6; 1Tessalonicenses 1:5; Tiago 1:18,21; 1Pedro 1:23.)

Assim, salvo em circunstâncias extraordinárias, não, eu não entendo que pastores tenham autoridade para revelar a mente de Deus, dividir a igreja a partir de critérios mundanos, ou atrelar o evangelho e o nome de Jesus a candidatos, líderes ou partidos.

A IGREJA É PROFÉTICA

Talvez você esteja se perguntando: a igreja não deveria ser profética? Não deveríamos testemunhar para o mundo acerca do caminho da retidão? Além disso, para nos tornarmos tal testemunha profética, não precisaríamos instruir e discipular nossos membros em todas as questões da vida, sobretudo nas relevantes questões morais e religiosas da política?

Sim! A igreja é uma testemunha profética. E uma igreja deve, portanto, discipular seus membros no caminho da retidão e da justiça. É nesse ponto que venho tentando chegar ao longo do livro, quando descrevo a igreja como um modelo de comunidade política. Devemos demonstrar às nações o caminho da verdadeira retidão e justiça.

Isso, todavia, não é o mesmo que presumir competência e autoridade institucional em áreas onde não temos.

Pode valer a pena reler mais uma vez a diferença, detalhada no capítulo 4, entre questões de linha reta e questões de linha irregular. Questões de linha reta estabelecem um caminho claro ligando princípios bíblicos a aplicações políticas. Questões de linha irregular exigem que façamos um zigue-zague de um princípio para o

IGREJAS: NÃO SÃO GRUPOS DE INTERESSE PARA FAZER LOBBY, MAS EMBAIXADAS DO CÉU

outro, dando nosso melhor para encontrar um caminho de sabedoria e retidão.

Temos uma linha reta entre Romanos 13 e o ensino de que uma igreja deve pagar seus impostos. Há uma linha irregular entre diversas passagens bíblicas e qualquer argumentação que você queira formular para defender um imposto único. Você pode estar totalmente convencido de que a melhor opção seria termos um imposto único, e ficarei feliz se você, como cristão, escrever um artigo defendendo essa posição: a Bíblia apoia a propriedade privada no mandamento para não roubar; ninguém tem direito à riqueza de outrem; não há nada intrinsecamente errado em possuir mais riquezas; a alegação de que os ricos devem pagar sua "quota justa" nunca explica por que isso seria "justo", porém, mais parece inveja e extorsão populistas patrocinadas pelo Estado; tributos elevados prejudicam os meios de produção de riqueza, o que, em última análise, prejudica os mais pobres; o dízimo do Antigo Testamento era um imposto único; e assim por diante. Tudo bem. E eu até estaria disposto a admitir que você construiu seu argumento a partir da Bíblia. Contudo, podemos concordar que seu argumento se fundamenta em diversas suposições, correlações e deduções lógicas, e que bons cristãos poderiam construir argumentos distintos a partir da Bíblia?

Pois eis que, agora, outro cristão aponta o fato de que os pobres são feitos à imagem de Deus; que os governos promovem justiça com o objetivo de proteger essa imagem; que passagens mais recentes das Escrituras associam justiça com o cuidado dos oprimidos e desfavorecidos, o que aumenta o ônus moral daqueles que possuem mais recursos; e assim por diante. Esse também é um argumento bíblico. Quem está certo? Ambos são argumentos razoáveis. Ambos utilizam sabedoria para estabelecer diversas conexões. Você pode estar convicto de que está certo, mas reconhecer a diferença entre a sua sabedoria e o que está claro sobre a sabedoria de Deus. Sim, a teologia normalmente trabalha extraindo inferências das Escrituras. Mas após várias curvas fechadas na estrada, precisamos reconhecer nossas limitações. Rogo que você (1) trate no âmbito da liberdade cristã tudo que não for absolutamente claro; e (2) evite vincular formalmente suas opiniões à mensagem da igreja ou à palavra do pastor.

Vamos voltar e ponderar um pouco mais sobre a decisão de apoiar ou criticar um candidato. Você pode estar inteiramente convicto de que um cristão deve votar no candidato Joe, contra a candidata Jane. Tudo bem. Agora, suponha que outro cristão faça uma avaliação diferente do panorama político e histórico. Ele concorda inteiramente com seus princípios morais, mas entende que sua avaliação está equivocada quanto ao que está em jogo nessa eleição. Além disso, outros princípios morais o levam a votar na candidata Jane.

Você lhe concederá liberdade cristã para fazê-lo? Você resistirá à tentação de subjugar a consciência dessa pessoa? Você preservará a unidade cristã?

Seu voto no candidato Joe sempre dependerá, não apenas de uma avaliação *moral*, mas poderá ser alterado conforme diversos fatores: uma avaliação *sociológica* acerca de quais forças sociais estejam em ação em um eleitorado; uma avaliação *histórica* que trate uma interpretação do passado como correta e suponha saber quais eventos do passado moldarão o futuro próximo; uma avaliação *política* sobre a força de diversos agente políticos; uma avaliação *institucional* sobre como diversas entidades legislativas, tribunais e outros agentes não estatais se confrontam entre si; e até uma avaliação *estatística* sobre a probabilidade de determinados eventos irem em uma ou outra direção. Quão bom você é em processar todos esses dados? A sua capacidade para realizar essas avaliações e apresentar um resultado garante uma conclusão tão clara e evidente quanto a pregação da Bíblia?

Todas suas previsões e cálculos podem estar corretos. Eu apenas defendo que você deva dar espaço para que outros cristãos possam discordar de você, deixando essas questões no âmbito da liberdade cristã, a fim de pregar *a Bíblia* e reduzir a temperatura emocional quando tratar desse tipo de assunto.

IGREJAS: NÃO SÃO GRUPOS DE INTERESSE PARA FAZER LOBBY, MAS EMBAIXADAS DO CÉU

O poder profético do evangelho e da igreja crescerá conforme discipularmos uns aos outros, de modo a nos tornarmos um povo justo e reto. Por isso, ensine princípios bíblicos. Mas não se aventure em meio a táticas de políticas públicas, para então tentar vincular a consciência de outras pessoas.

A palavra política (e por que não profética?) mais poderosa da igreja reside em proclamar o evangelho. Se você não compreende isso, não deveria exercer liderança alguma na igreja.

O historiador Samuel Hugh Moffett entendia o que quero dizer. Seu livro, que mencionei no capítulo anterior, narrou os terrores de Tamerlão, o "Exterminador", que quase eliminou o cristianismo de partes da Ásia no século 14. Moffett apresenta uma conclusão inesperada sobre o que matou o cristianismo na Ásia. No fim das contas, não foi em função da perseguição sofrida. Não ocorreu por falta de cristãos para se envolverem na política ou para tentarem transformar a cultura. Ocorreu porque os cristãos não evangelizavam. Ele escreveu:

> O que acabou por deteriorar o altivo progresso do cristianismo por toda a Ásia não foi a perseguição de Tamerlão, embora os efeitos permanentes daquela devastação ainda perdurem. Mais incapacitante que qualquer perseguição foi a longa sequência de decisões da própria igreja [...] de fazer concessões em suas prioridades evangelísticas e missionárias em nome da sobrevivência.[4]

Governos ruins realmente prejudicam a igreja e dificultam seu testemunho. É verdade. Trabalhemos por bons governos. Entretanto, é ainda mais crucial que as igrejas jamais parem de evangelizar, independente das circunstâncias.

Assim como a palavra política (e profética) da igreja reside em proclamar o evangelho, seu testemunho político (e profético) mais

---

[4]Samuel Hugh Moffett, *A history of Christianity in Asia*, *Vol. 1: Beginnings to 1500* (Maryknoll: Orbis Books, 1998), p. 509.

contundente é sua vida em comunidade. Além dos tipos de testemunhos que mencionei no início do capítulo, lembro meu amigo Gary. Gary nunca se sentiu atraído por mulheres; pelo contrário, sente-se atraído exclusivamente por homens. Ele, ainda assim, concorda com as Escrituras que Deus criou o casamento para que um homem e uma mulher compartilhassem intimidades físicas no leito matrimonial. Ele, portanto, aceita que permanecerá solteiro pelo resto da vida. Rodney e Sarah, amigos mais antigos de Gary e membros da mesma igreja, sabem sobre a atração de Gary por pessoas do mesmo sexo. Eles o amam e adoram desfrutar de sua companhia. Além do mais, eles querem incentivar seu irmão na fé. Por isso, decidiram compartilhar sua casa e sua vida com Gary. Eles quase sempre jantam juntos, quase sempre chegam na igreja em um mesmo carro e assim por diante. Nisso, os três ajudam um ao outro a aprender importantes valores da amizade cristã, vivendo como Cristo queria que vivêssemos.

Agora, se igrejas por todos os Estados Unidos, ao longo dos últimos cem anos, tivessem lidado com pessoas que sofrem com a atração por pessoas do mesmo sexo do modo como Rodney, Sarah e Gary lidaram, você não acha que, hoje em dia, as polêmicas sobre homossexualidade e gênero poderiam ser um pouco diferentes? No mínimo, suspeito que o testemunho que damos do evangelho seria grandemente fortalecido.

A IGREJA É MULTINACIONAL E MULTIÉTNICA

Cristo morreu por pessoas de toda nação, tribo, povos e língua (Apocalipse 7:9). A igreja universal é, portanto, multinacional e multiétnica. Nossas igrejas locais também devem almejar serem multinacionais e multiétnicas, conforme permitirem as circunstâncias.

Convenhamos que não é tarefa fácil. Confiamos mais facilmente em pessoas que parecem conosco e compartilham da mesma identidade nacional ou tribal. Essa é a atitude natural do coração humano decaído. O problema se agrava quando começamos

IGREJAS: NÃO SÃO GRUPOS DE INTERESSE PARA FAZER LOBBY, MAS EMBAIXADAS DO CÉU

a nos achar grande coisa por pertencermos a determinados grupos, e a menosprezar os outros que ficaram de fora. Nós justificamos a nós mesmos e então excluímos os demais. Isso é uma negação do evangelho.

Quando Pedro deixou de comer com os gentios, ele estava pensando em termos étnicos? "Eles não são judeus, como eu sou". Ou ele estava considerando os termos jurídicos da antiga aliança? "Eles não são circuncidados, como eu sou". O protesto de Paulo junto a Pedro visava o último (Gálatas 2:14,18), mas o último implicava o primeiro. De uma forma ou de outra, Pedro estava na verdade negando o evangelho da justificação somente pela fé, disse Paulo (Gálatas 2:16). Dividir o corpo de Cristo etnicamente, subestimar tais divisões ou mesmo ignorá-las pode comprometer o evangelho.

Por isso é tão trágico que a nação cristã dos Estados Unidos tenha se rendido a um separatismo que renega o evangelho por tanto tempo, forçando os negros a abrirem suas próprias igrejas e denominações. Acredito que as igrejas norte-americanas tenham progredido bastante, se compararmos com onde nos encontrávamos em 1850 ou 1950, mas temos um longo caminho pela frente.

Lembro-me de me vangloriar junto a um de meus pastores, Thabiti, por não pensar em meu bom amigo Christopher como negro. Thabiti me confrontou: "Veja, isso é interessante, porque Christopher certamente vive como um homem negro nos Estados Unidos. E você nunca lhe perguntou nada sobre isso? Você não deve ser um amigo muito bom". Ai, essa doeu. Mas, sim, fazia sentido.

Lembro-me de conversar com James, um irmão de ascendência coreana, sobre ele se tornar presbítero em nossa igreja. Ele fora pastor por mais de uma década em outra igreja e vinha sendo incrivelmente profícuo em nosso meio. Ainda assim, vinham ocorrendo diversos atrasos em sua nomeação e nós estávamos refletindo sobre esse fato. Inúmeros fatores inéditos haviam ocorrido, mas era difícil não pensar no fato de que ásio-americanos, de maneira geral, se sentiam desprezados em organizações majoritariamente brancas, incluindo igrejas. Eles sentiam que eram desconsiderados, sobretudo, para posições de liderança. Um livro chamou isso de "o teto de bambu".[5] Os brancos não têm problemas em contratar ásio-americanos para determinados tipos de trabalhos, mas as estatísticas sugerem que eles levam mais tempo para serem promovidos a posições de liderança, seja para a posição de diretor executivo ou de pastor.

Aqui está uma dica prática: se você pertencer à maioria étnica de sua igreja, pergunte a um amigo pertencente a uma minoria como é ser minoria em sua igreja. Tenho feito essa pergunta dezenas de vezes desde meu diálogo com Thabiti, sendo que a última vez foi há uma semana, para um irmão coreano-americano. Sua resposta foi: "É ótimo, porque esse é o tipo de igreja onde as pessoas regularmente conversam sobre isso". Louvado seja Deus. Esse é um pequeno progresso, mas ainda há muito a evoluir.

Como se sentem as mulheres solteiras pertencentes a minorias em sua igreja? É comum que elas se sintam pouco atraentes pelos padrões dos norte-americanos brancos e se considerem, portanto, ignoradas pelos homens. Como nossas igrejas podem cuidar melhor delas? Que valores incentivamos na cultura de relacionamentos amorosos em nossas igrejas?

E quanto à música? Ela apenas reflete estilos e preferências de seu próprio grupo cultural? Já há décadas — infelizmente — livros sobre o crescimento de igrejas, recheados das mais recentes estratégias de marketing, têm incentivado pastores a promoverem o crescimento de seus rebanhos visando deliberadamente "unidades sociodemográficas". Então, essa igreja atrai brancos, com educação universitária, que tenham nascido logo após a Segunda Guerra Mundial; aquela igreja, *hipsters* nascidos antes do final do último século. Nesse processo, inadvertidamente reforça-se as divisões culturais que caracterizam a humanidade.[6]

---

[5]Jane Hyun, *Breaking the bamboo ceiling* (New York: HarperCollins, 2005).
[6]Michael O. Emerson e Christian Smith, *Divided by faith: evangelical religion and the problem of race in America* (New York: Oxford University Press, 2001).

Ou pense nas orações públicas que são realizadas em sua igreja, no culto de domingo ou nos grupos pequenos. Elas refletem as preocupações das minorias em sua cidade? Nossos presbíteros descobriram como é fácil para os brancos ficarem totalmente alheios às preocupações locais dos afro-americanos em Washington, D.C., para não falar dos demais grupos. Isso ocorre, logicamente, porque assistimos canais de notícias diferentes, visitamos sites distintos, vivemos em bairros diferentes, temos grupos de amigos diversos, vamos a festas de aniversário distintas, assistimos filmes diferentes e, geralmente, vivemos em guetos culturais isolados. Como escutei outro pastor comentar, não tenha a expectativa de construir uma igreja multicultural sem experimentar uma vida multicultural. Ademais, se você estiver em uma igreja que congrega uma única etnia em um contexto multicultural, você pode estar congregando em uma igreja mais sectária do que consegue perceber.

A solução para a supremacia racial (na pior das hipóteses) ou para a ignorância insensível (na melhor) começa com o evangelho da justificação somente pela fé. O veredicto justificador de Deus possui um caráter pactual.[7] Ele nos declara justos perante seu trono e nos dá uma posição em seu reino, entre seu povo. Ele remove a necessidade daquele tipo de autojustificação ou de justificação pelo grupo, declarando que somos partes diferentes de um mesmo corpo. Desse modo, as aflições pessoais ou estruturais vivenciadas por Christopher, James ou irmãs solteiras afligem a todos nós.

Entretanto, não somos apenas membros do mesmo corpo e da mesma família, mas também cidadãos do mesmo reino. Até meados da década de 1990, nossa igreja tinha uma bandeira dos Estados Unidos na tribuna. Ninguém considerava que aquilo fosse pecado, mas estávamos lidando ali com questões de prudência.

---

[7]Michael Horton, *Covenant and salvation: union with Christ* (Louisville: Westminster John Knox, 2007), p. 171.

Alguns membros da igreja, contudo, começaram a se perguntar se a presença da bandeira não transmitia uma mensagem equivocada aos visitantes estrangeiros, sobretudo se não fossem cristãos. Como cristãos, observou o pastor em uma conversa, temos mais traços eternos em comum com nossos irmãos do Brasil e do Bangladesh do que temos com norte-americanos que não sejam cristãos. A questão da bandeira foi levantada em uma reunião noturna de diáconos (isso foi antes de a igreja ter presbíteros). Foi uma reunião regada a lágrimas. Quase todos os diáconos eram veteranos da Segunda Guerra Mundial. Um homem tirou um poema que escrevera à bandeira quando criança e o leu. Ainda assim, aqueles homens brancos e idosos decidiram unanimemente pela remoção da bandeira. Eles queriam que nossa igreja fosse uma congregação de cristãos, antes de ser uma reunião de norte-americanos.

Atualmente, um dos ministérios de evangelização mais bem sucedidos em minha igreja é o ministério junto a estudantes internacionais. E agradeço a Deus pelo papel que aqueles veteranos da Segunda Guerra Mundial desempenharam na preparação do ambiente para esse ministério.

Lembre-se: nossas igrejas são embaixadas do reino de Cristo, máquinas do tempo que vieram desde o fim da história. E cada uma delas detém o privilégio e a responsabilidade, dependendo das circunstâncias, de exibir parte dessa espetacular congregação multinacional e multiétnica.

A IGREJA É DEFINITIVA

Por fim, a igreja é definitiva. Ora, nossas igrejas locais podem surgir e desaparecer. A igreja de Cristo, porém — *a* igreja — permanece. Ela prevalecerá contra a política partidária, contra a fúria das nações e contra o próprio inferno.

"Aquele que habita nos céus dá risada." (Salmos 2:4, NAA)

As igrejas de Cristo, portanto, não dependem de permissões estatais. O evangelho fornece sua própria permissão e as igrejas seguem o mandato do evangelho, não do Estado.

Você deve recordar que, no capítulo 4, mencionamos que o propósito principal do governo é servir à igreja. Ele prepara o cenário para que a igreja possa realizar seu trabalho. A igreja também serve ao Estado como um modelo de justiça e retidão, tanto em palavras como em atos. Contudo, o propósito principal da igreja (e de cada igreja local) não é servir ao governo ou à nação. Seu propósito é adorar a Deus e preparar o povo para o culto a Deus. As igrejas fazem esse trabalho, em parte, ensinando seus membros a serem bons cidadãos. O culto a Deus, entretanto, está acima de tudo, não o Estado ou a nação.

Os não cristãos vez ou outra elogiarão os cristãos pelas boas obras realizadas. A Bíblia prevê que isso acontecerá (Mateus 5:16; 1Pedro 2:12) e podemos agradecer a Deus quando isso ocorrer.

Todavia, não deixe que isso o engane, pois algumas igrejas passam a buscar esse prêmio, como o faro de um cachorro quando é atraído pelo aroma da carne assada. Sua declaração de missão chega até a mudar: "Existimos para transformar a cidade, remir a cultura, transformar a nação".

Espere um pouco! Acha mesmo que Jesus morreu na cruz para pagar pelo pecado para que as taxas de criminalidade pudessem baixar?

Não quero criar uma contraposição entre fé e obras. Sim, Cristo morreu para que nós e nosso próximo vivêssemos vidas santas; mas lembre-se de que essa era presente é passageira e que a igreja já começou a viver na era vindoura, para onde estão voltados seus interesses.

Afirmar que a missão da igreja é transformar a cultura ou remir a nação é cair no engodo do evangelho da prosperidade. Ele deposita a esperança das pessoas em coisas temporais, não nas coisas eternas. Como se não bastasse, ele solapa a motivação de uma congregação para trabalhar tanto por coisas temporais como eternas. Afinal, culturas, nações, comunidades, estatísticas criminais e mandatos presidenciais vão e vem, melhoram e pioram. Por que eu deveria vincular minhas esperanças a algo tão transitório? Eu desisto. Melhor ir para casa jogar videogame.

As igrejas perdem seu poder para transformar a cultura quando fazem da transformação cultural o seu objetivo principal, conforme observou corretamente o pastor John Piper.[8]

Se você deseja uma igreja cheia de pessoas que se importam com suas comunidades e nações, o único alicerce *duradouro* é ajudá-las a firmar o coração delas na eternidade. O verdadeiro amor pelo próximo nasce do amor por Deus. Da mesma forma, a ambição de trabalhar em prol de formas temporárias de justiça só nasce no solo da crença na justiça eterna de Deus. Eu quero trabalhar por justiça *agora* porque ela refletirá, ainda que de forma imperfeita, a justiça divina *futura*. Entretanto, se não há esperança de uma justiça futura, por que trabalhar por uma justiça agora?

Isso significa que, se você quiser uma igreja envolvida com as causas da comunidade, deve estar sempre enfatizando o fato de que a principal responsabilidade da igreja é envolver-se com as coisas do alto, não sua atuação comunitária.

CONCLUSÃO

Uma conclusão adequada para esse capítulo seria a introdução de um sermão proferido pelo pastor principal de minha igreja, no domingo imediatamente posterior às eleições presidenciais de 2016. A nave da igreja estava tensa. Eu acabara de promover um longo período de perguntas e respostas sobre as eleições, durante minha aula na escola dominical sobre cristãos e governo. Tudo tinha dado certo, mas não haviam sido momentos fantásticos. O pastor então começou seu sermão com diversas observações sobre sua infância e sobre como ele aprendera a ter empatia por outras pessoas. Ele então disse o seguinte:

---

[8]John Piper, "Mission: Rescuing from Hell and Renewing the World", *Desiring God* (blog), 13 de janeiro de 2014. Disponível em: https://www.desiringgod.org/articles/missions-rescuing-from-hell-and-renewing-the-world.

IGREJAS: NÃO SÃO GRUPOS DE INTERESSE PARA FAZER LOBBY, MAS EMBAIXADAS DO CÉU

Alguns membros de nossa congregação estão felizes com os resultados das eleições da semana passada, alguns não se importam e outros estão assustados. Nosso dever como congregação é viver a aliança que assumimos diante do Senhor e mostrar que o Cristo que compartilhamos é mais importante para nós que as posições políticas que não compartilhamos. Esta igreja já sobreviveu a eleições apertadas no passado. Ela estava aqui quando Teddy Roosevelt foi eleito e também quando seu primo, Franklin, derrotou o presidente Hoover. Nós sobrevivemos a Truman v. Dewey, Kennedy v. Nixon, e Nixon v. Humphrey — todas eleições muito apertadas e bastante disputadas. Eu estava aqui quando sobrevivemos a Bush v. Gore, e naquela época tínhamos o planejador de campanha do Sr. Gore como nosso diácono de som, enquanto o líder republicano da situação no Senado se sentava logo ali! Oro para que nós, como congregação, possamos realmente refletir o evangelho ao amar aqueles que votaram diferentemente de nós na terça-feira passada. E parte disso pode envolver diálogos bastante complicados com quem você tem diferenças políticas bastante profundas. Contudo, estar disposto a ouvi-los e crer no melhor faz parte de amá-los.

Eu sei que alguns sentem o desejo de ter uma igreja mais democrata, ou uma igreja mais republicana, mas acredito que a melhor estratégia para o evangelho é na verdade crescermos como cristãos, e alcançarmos a Colina do Capitólio e seu distrito trabalhando duro para nos identificarmos como oposição a ambos os partidos. Nós oramos por Bill Clinton, oramos por George Bush e oramos por Barack Obama — e agora oraremos por Donald Trump.

Se a cultura recrudescer ou se alguns membros de nossa igreja ou comunidade tiverem uma vida mais difícil, tomaremos providências, como sempre tomaremos para tratar as feridas e incentivar seu discipulado e testemunho, até que o Senhor retorne ou nos chame de volta. Oraremos para que a bondade, a justiça e a retidão triunfem, mas não nutriremos ilusões de que, se Gore, McCain ou Hillary Clinton tivessem sido eleitos, a Queda teria sido revertida. Em nossa política, vitoriosos e derrotados vivem em um mudo caído, ainda que experimentem a Queda por perspectivas distintas. Oro para que aprendamos bastante ao ouvirmos as histórias uns dos outros, como temos tentado aprender. E oro pedindo a Deus por sabedoria, para que saibamos como reagir perante aqueles que ainda não sabemos se devemos ou não considerar como inimigos.

Mais uma vez, a palavra política mais poderosa da igreja é o *evangelho*. E o testemunho político mais poderoso da igreja é *ser igreja*.

7

CRISTÃOS: NÃO SÃO GUERREIROS CULTURAIS, MAS EMBAIXADORES

Atualmente, vemos os cristãos norte-americanos assumindo ao menos três posturas equivocadas com relação à política e à esfera pública. A primeira postura errada é o *desinteresse*. Quando assumem tal atitude, os cristãos se isolam da vida civil e se dedicam apenas à vida pessoal. Dizem a si mesmos que essa atitude é mais "espiritual". O profeta Jonas não queria chegar nem perto de Nínive, por considerá-la profundamente imoral. Felizmente, pelo bem de Nínive, Deus não permitiu que ele ignorasse a cidade e exigiu que o profeta pregasse uma mensagem política sobre o juízo vindouro de Deus. A cidade se arrependeu.

Muitas igrejas sul-africanas frequentadas por brancos acreditaram que podiam evitar se envolver com o regime do *apartheid* em seu país. Com esse pensamento, adoraram uma postura "apolítica" ou "neutra". Após a queda do regime, a Comissão da Verdade e Reconciliação da África do Sul constatou que essa abordagem, supostamente apolítica, permitiu que as igrejas "fossem levadas ao erro de aceitar um sistema social, econômico e político que era

185

cruel e opressor". Os "receios dos membros de igrejas brancas", continua o relatório, levaram seus membros a "cometerem pecados de omissão".[1] Essas igrejas acreditavam ser possível evitar a política, mas seu posicionamento neutro na verdade endossava um status quo político injusto e perverso. Ao fazê-lo, comprometeram seu testemunho do evangelho.

A despeito do que você pensa sobre a moralidade pública nos Estados Unidos de hoje, as igrejas não devem se afastar do debate. Se eu tivesse de começar com uma folha em branco, eu começaria escrevendo *amor* e *justiça* bem grandes. Deus determina que busquemos justiça e amor, para nós e para o próximo. É claro que nem toda batalha vale a pena, mas o chamado ao amor e à justiça já basta para que os cristãos não deixem de se envolver, do modo que for possível. Cinismo e distanciamento não são opções válidas.

A segunda postura errada é a *sujeição*. Esse não seria o caminho da neutralidade, mas a efetiva aprovação do mundo e dos seus caminhos. E quão promissor parece esse caminho. Ele conquista imediatamente amigos e status político. No curto prazo, as perspectivas são incríveis. Os profetas e sacerdotes dos dias de Jeremias, por isso, clamavam "Paz, paz" quando não havia paz (Jeremias 6:14). Paulo também falou sobre um povo que conhecia os justos decretos de Deus, mas que os desafiava e aprovava aqueles que assim procediam (Romanos 1:32).

Um exemplo extremo de sujeição pode ser observado nos pastores da Igreja Evangélica Alemã (fundada em 1933), também conhecida como Igreja do Reich, que era alinhada com as políticas do Partido Nazista. Um exemplo mais sutil é a complacência do cristianismo liberal com a ética sexual contemporânea.

Aos cristãos que se posicionam à esquerda, eu diria: não fique em paz com a posição do Partido Democrata em relação ao aborto.

---

[1]Research Institute on Christianity in South Africa, "Faith Communities and Apartheid: A Report Prepared for the Truth and Reconciliation Commission", Março de 1998.

Lute contra ela. Faça barulho. Aos que se posicionam à direita, eu diria: não tolere resquícios de supremacia branca no Partido Republicano. Caso trabalhe em algum órgão de segurança, por exemplo, você tem uma grande oportunidade de fazer com que suas críticas repercutam amplamente. Ao longo dos próximos anos, cristãos situados nos dois lados do espectro político precisarão se esforçar para criar pontes com amigos que se identifiquem como LGBT, ao mesmo tempo que defendem os propósitos de Deus para o casamento e a sexualidade.

Daniel e seus amigos, Sadraque, Mesaque e Abede-Nego, são ótimos exemplos de pessoas que não se sujeitaram. Esses funcionários públicos com cargos de direção trabalhavam duro para o rei, mas também se recusavam a ceder à idolatria do rei: "saiba, ó rei, que não prestaremos culto aos seus deuses nem adoraremos a imagem de ouro que mandaste erguer" (Daniel 3:18).

A terceira postura errada é um *engajamento mundano*. Há uma forma de engajamento que é correta na essência, mas equivocada na estratégia ou na ênfase. Como Michael Gerson e Peter Wehner documentaram em seu livro, *City of man* [Cidade do homem], a Direita Cristã em seu auge é um alvo comum de críticas nesse plano.[2] O movimento defendia coisas virtuosas, mas sua linguagem tendia a ser apocalíptica. Atribuíam importância exagerada a resultados políticos terrenos: a votação de uma lei, uma eleição, algum caso na Suprema Corte. Muitas frases de efeito e exclamações exasperadas dão aos nossos concidadãos não cristãos a impressão de que nossa agenda política é mais importante que o próprio evangelho. Tal atitude passa o recado de que essa eleição é a coisa mais importante do mundo! Fica a sensação de que somos realmente apenas uma divisão desse ou daquele partido. Transmite a mensagem de que Deus não é tão poderoso assim, afinal. É por isso que precisaríamos gritar tão alto.

---

[2]Michael Gerson; Peter Wehner, *City of man: religion and politics in a new era* (Chicago: Moody, 2010), especialmente as p. 46–63 e 113–28.

POR QUE SE ENFURECEM AS NAÇÕES

Algo que se oculta por baixo do assoalho desse terceiro erro é o utopismo. O utopismo é a crença de que a justiça perfeita é uma possibilidade neste mundo e de que podemos produzir os céus na terra agora. O utopismo, contudo, seja cristão ou não, frequentemente traz a injustiça. Uma mente utópica se coloca no lugar de Deus. Ela superestima o que pode ser feito neste mundo e, portanto, força sua vontade. Ela explora e abusa das pessoas em nome de um bem maior.

Em alguns aspectos, essa última tentação é o principal perigo para uma geração de cristãos criada ouvindo sobre os feitos heroicos de William Wilberforce e Hannah More, Harriet Tubman e Martin Luther King Jr. Aliás, ao escrever um livro sobre fé e política, eu mesmo sou tentado a incluir tais histórias sobre os feitos gloriosos que cristãos realizaram pelo bem público.

"Veja o que William Wilberforce fez para abolir a escravidão na Inglaterra! Portanto, empenhem-se, trabalhem duro e tenham fé; oh, jovens guerreiros culturais!"

Tais relatos são inspiradores e fantásticos. Louve a Deus pelos Wilberforces, pelos Tubmans e pelos Kings. Eles ajudaram a dar um fim a injustiças terríveis.

Contudo, assim como o cinismo não é uma opção para os cristãos, o triunfalismo também não é. A perspectiva bíblica do engajamento político requer algo um pouco mais complexo, ao passo que complexidade nunca produz discursos de campanha muito empolgantes. Multidões não gostam de sutilezas. Mas e se a Bíblia nos oferecer exatamente isso?

O ex-comentarista da *Fox News*, Bill O'Reilly, inicia seu livro, *Cultural warrior* [Guerreiro cultural] da seguinte maneira: "Às vezes você precisa lutar. Não há como evitar. Chega uma hora em que cada um de nós se depara com algum perigo ou injustiça".[3] Isso é verdade, até certo ponto. Há hora e lugar para lutarmos. As Escrituras, contudo, apresentam um panorama mais para embaixadores que para guerreiros culturais. Embaixadores sabem como lutar, mas

---

[3] Bill O'Reilly, *Cultural warrior* (New York: Broadway Books, 2006), p. 1.

CRISTÃOS: NÃO SÃO GUERREIROS CULTURAIS, MAS EMBAIXADORES

também sabem como serem diplomáticos. Eles não estão apenas tentando vencer uma guerra, mas tentam representar todo um outro reino.

O OUTRO TEXTO DE MATEUS SOBRE IMPOSTOS

Esse é o retrato que Paulo apresentou quando se referiu a nós como embaixadores com um ministério de reconciliação (2Coríntios 5:18-20). É a visão que Jesus apresentou quando aludiu a nós como sendo filhos do reino que representam o Pai celestial.

Você provavelmente conhece o episódio do evangelho de Mateus em que Jesus diz para dar a Cesar o que é de Cesar, quando lhe perguntam sobre o pagamento de impostos (Mateus 22:15-22). Você conhece o outro texto de Mateus que fala sobre impostos? Ele nos disse que somos filhos e isentos de impostos. Contudo, disse para pagarmos por uma questão de diplomacia. Isso é que é uma questão complexa. Eis o texto:

Quando Jesus e seus discípulos chegaram a Cafarnaum, os coletores do imposto de duas dracmas vieram a Pedro e perguntaram: "O mestre de vocês não paga o imposto do templo? "

"Sim, paga", respondeu ele.

Quando Pedro entrou na casa, Jesus foi o primeiro a falar, perguntando-lhe: "O que você acha, Simão? De quem os reis da terra cobram tributos e impostos: de seus próprios filhos ou dos outros? " "Dos outros", respondeu Pedro. Disse-lhe Jesus: "Então os filhos estão isentos. Mas para não escandalizá-los, vá ao mar e jogue o anzol. Tire o primeiro peixe que você pegar, abra-lhe a boca, e você encontrará uma moeda de quatro dracmas. Pegue-a e entregue-a a eles, para pagar o meu imposto e o seu" (Mateus 17:24-27).

Trata-se de um texto levemente confuso. Os coletores de impostos indagaram se Jesus planejava pagar o imposto de duas dracmas, que era o imposto usado para o sustento do templo.

Jesus, porém, levou a lição além do templo e fez referência aos reis da terra. Ele então disse duas coisas distintas a Pedro. E é nessas duas coisas que encontramos a *complexa* perspectiva bíblica de que precisamos.

Por um lado, Jesus disse que os filhos do reino são livres. Esses somos nós, como cristãos. Não somos, em última análise, limitados pelas regras do templo, dos reis, ou dos reinos deste mundo, visto que este mundo logo passará.

Por outro lado, Jesus não queria "escandalizá-los". Ele queria ser diplomático. Além disso, a regra vigente no templo, assim como os reinos deste mundo, foi estabelecida por Deus; sendo, portanto, legítimos. Por esse motivo, ele disse aos discípulos para pagar o imposto.

Como juntamos essas duas orientações? Precisamos reconhecer a sobreposição de duas eras: a era da Queda, com suas instituições, e a era da nova criação, também com suas instituições. Como cristãos, vivemos em ambas ao mesmo tempo.

Vejamos uma ilustração apresentada pelo eticista Oliver O'Donovan. A União Soviética, que passou por um processo de fragmentação ao longo de 1991, foi considerada oficialmente morta em 26 de dezembro de 1991. Em seu lugar, surgiu a Federação Russa. Imagine que estamos em outubro de 1991 e você é um funcionário do iminente governo russo. Um funcionário do antigo regime soviético lhe pede para fazer algo e você pensa consigo mesmo: "Isso é ridículo! Foi exatamente por coisas assim que vocês não conseguiram manter as coisas funcionando". Em todo caso, você não deseja demonstrar abertamente seu desprezo pelo regime vigente, pois isso só criaria problemas desnecessários e você pareceria um anarquista. Ademais, você não tem dúvidas de que o poder em breve mudará de mãos e que você assumirá o comando em um ou dois meses. A antiga ordem está desaparecendo, enquanto uma nova está surgindo, então você decide mostrar respeito e fazer o que o funcionário soviético lhe pediu que fosse feito.

Jesus também sabia que as autoridades vigentes deste mundo não tinham futuro. Ele, portanto, não precisava reagir com obediência

CRISTÃOS: NÃO SÃO GUERREIROS CULTURAIS, MAS EMBAIXADORES

cega, nem com desrespeito colérico. Sua reação ficou entre os dois extremos.[4] Foi algo mais complexo.

Paulo adotou a mesmíssima atitude em 1Coríntios 7. Se você for escravo, disse ele, obtenha sua liberdade se puder, mas entenda que não será o fim do mundo se você não conseguir (v. 21,22). "Porque a forma presente deste mundo está passando" (v. 31).

Permita-me tentar resumir a lição para nós: respeite e honre as instituições legítimas da era presente. Deixe que façam seu trabalho e atuem em prol de si mesmas. Compreenda, porém, que elas são passageiras e não deposite nelas toda sua esperança e fidelidade.

De forma mais concisa: trabalhe em nome do amor, mas não tenha esperanças exageradas.

Não, esse não é o tipo de mensagem que levanta multidões. Também não acredito que queiram me entrevistar para falar sobre esse assunto. Contudo, acredito que isso é fiel às Escrituras.

DEDICANDO-SE À ESCOLA DE ENSINO FUNDAMENTAL KENT

Meu amigo Eric adotou essa postura fiel em todo trabalho que realizou na Associação de Pais e Mestres da Escola de Ensino Fundamental Kent. Quando seu filho mais velho atingiu a idade escolar, Eric e sua esposa começaram a avaliar se a melhor opção seria educá-lo em casa, enviá-lo para uma escola cristã, ou matriculá-lo na escola pública de ensino fundamental Kent (nome fictício). Acabaram optando pela Kent porque ela ficava a uma quadra de sua casa. À época, a escola Kent não se encontrava em boas condições. As instalações estavam degradadas. Faltavam professores. Os resultados em avaliações escolares eram medíocres. Uns poucos vizinhos enviavam seus filhos para lá. Os alunos que frequentavam a escola tinham pais que não se envolviam na vida escolar.

---

[4]Oliver O'Donovan, *The desire of the nations* (New York: Cambridge University Press, 1996), p. 92-3.

Eric, e sua esposa, contudo, decidiram não apenas enviar seus filhos para a Kent, mas se dedicar à escola. "Quando fizemos uma análise do custo-benefício de enviar as crianças para a Kent, versus uma escola melhor, sabíamos que morar a uma quadra da escola nos permitiria estar presentes na escola e na comunidade. Minha esposa poderia se envolver para ensinar artes ou espanhol. Eu poderia facilmente me reunir com o diretor ou os professores. E ter os pais presentes determina metade do sucesso de qualquer escola, seja pública ou privada."

Eric se juntou à Associação de Pais e Mestres. Ele recrutou outros pais para participarem. Após algum tempo, ele assumiu a presidência. Usando de sabedoria, Eric fez o possível para apoiar o diretor da escola e não trabalhar em desacordo com ele. "Eu descrevia a APM como o vento que soprava as velas do barco da escola. Nós não somos profissionais, nem dispomos do tempo necessário; mas, como pais da comunidade, temos a responsabilidade de acompanhar e ajudar a escola. Esse foi o papel que assumimos."

Em contrapartida, as propostas de Eric foram recebidas por um diretor flexível, que se mostrou disposto a estabelecer uma parceria com Eric e a diretoria da APM. Na verdade, a APM ajudou o diretor a fazer algumas coisas que ele já queria fazer, mas não conseguia por causa das restrições burocráticas e políticas do cargo. Os pais, por sua vez, usaram seus diversos talentos e conexões para ajudar a escola. Os que sabiam solicitar verbas governamentais se envolviam no processo de solicitação. Os que sabiam arrecadar recursos se envolviam na arrecadação de recursos. Alguém que fazia parte do serviço florestal passou a trabalhar em projetos educativos ao ar livre.

Eu mesmo lembro que diversos membros da igreja passaram a comprar suas árvores de Natal em eventos de arrecadação que a Escola Kent promovia perto do Natal. Eu me sentia um pouco culpado quando comprava uma árvore um pouco mais barata em algum outro lugar!

Aos poucos, a APM construiu seu próprio orçamento de aproximadamente 300 mil dólares para essa escola com trezentas crianças. Eles contrataram um professor de ciências, um professor de educação física, um professor de idiomas e um professor de artes. Após esses professores terem sido contratados, o diretor encontrou formas de absorver os custos no orçamento da própria escola. A APM passou a assumir projetos de melhoria do prédio da escola. Eles reformaram o parque infantil e os jardins, além de realizar outros projetos de paisagismo.

Pouco a pouco, a Kent foi ganhando reputação na cidade. Seus resultados em avaliações melhoraram. As instalações foram renovadas. A vizinhança desenvolveu um forte sentimento de responsabilidade pela escola, que acabou por contribuir para o próprio sentimento de comunidade da vizinhança. Os pais ficavam animados por poder participar. Os dois filhos mais velhos de Eric entraram na idade escolar e já passaram para o ensino médio. Sua terceira filha agora está na terceira série.

"É como na agricultura", disse Eric. "O crescimento não acontece da noite para o dia. É preciso sangue, suor e lágrimas. E foi necessário que eu e minha esposa nos dispuséssemos a assumir um compromisso. A Diretoria de Ensino de Washington, D.C., fez sua parte ao conseguir bons professores. No fim, foi um trabalho conjunto para que melhor administrássemos os recursos de todos os envolvidos."

Kent, em muitos aspectos, é uma narrativa de sucesso na história da revitalização escolar. É um mini relato semelhante à saga de Wilberforce, que lutou pela abolição da escravidão na Inglaterra. Quero que você se sinta inspirado a envolver-se onde quer que esteja: em uma escola, em uma câmara municipal, escrevendo cartas para um editor, em um refúgio para gestantes em situação de crise, em um abrigo para pessoas carentes, em projetos de revitalização urbana, ou de inúmeras outras maneiras de honrar as instituições vigentes e, ao fazê-lo, promover o bem. Mas a história não acaba aqui.

SÍSIFO E A NATUREZA DA POLÍTICA

Nos últimos anos, Kent começou a evitar comemorar aniversários ou feriados, como Ação de Graças ou Natal. Se as crianças tiverem de cantar músicas natalinas, são orientadas a trocar as palavras; como, por exemplo: "Feliz, feliz, feliz *feriado*", em lugar de "Feliz, feliz, feliz Natal". Não existe mais juramento à bandeira ou manifestações de patriotismo. Em vez disso, a escola passou a falar insistentemente sobre o mês da consciência negra (bom) e sobre o orgulho gay (ruim) nos quadros de aviso e nas reuniões com todos os alunos. Eles também adotaram um currículo que minimiza o aprendizado de fatos e foca em ensinar as crianças a se expressarem.

Eric descobriu, após transcorrido o fato, que o professor de sua filha na segunda série, de quem Eric tornara-se amigo, costumava ler histórias com conteúdo transgênero durante as rodas de conversa. O professor jamais contara aos pais que estava fazendo aquilo, logo eles não tinham tido oportunidade de dar sua opinião. "Tínhamos a sensação de ter ajudado a construir aquela escola", disse Eric, "mas agora a diretoria de ensino começava a nos afastar das decisões".

O diretor com quem Eric trabalhara por anos havia se aposentado, então Eric ajudou a trazer uma nova diretora com credenciais impecáveis. Após a contratação, contudo, Eric descobriu que ela era lésbica e dedicada a uma agressiva agenda social. Agora, disse Eric, ele se sente dividido. "Eu tenho planos de me reunir com ela e estender a mão da amizade e dizer que estou ali para ajudar. Mas também quero que ela mantenha os pais informados". Ele disse que começa a terceira série de sua filha mais nova com apreensão. "Se a escola realmente impuser essa agenda progressista, de uma forma que impeça nosso envolvimento, teremos de tirá-la da escola."

Reconheço que nem todo leitor concordará com a decisão de Eric de enviar seus filhos para uma escola pública, em primeiro lugar, especialmente se ela seguir uma agenda social agressiva; mas deixe-me relembrar a discussão do capítulo anterior sobre dar espaço para visões políticas diversas de outros cristãos. Desse episódio, quero extrair três lições:

Primeiro, devemos viver como embaixadores, não como guerreiros culturais. Eric é um ótimo exemplo. Ele é um cristão maduro que se engajou incansavelmente em uma das principais instituições da era atual: a escola pública. Ele procurou fazer o bem aos seus filhos e aos filhos do seu próximo. É claro que nosso chamado não precisa ser exatamente igual ao dele, mas todos recebemos um chamado bíblico para amar, obedecer e fazer o bem, como veremos daqui a pouco.

Em segundo lugar, precisamos lembrar que a política neste mundo sempre terá algo de Sísifo. Lembra-se de Sísifo? Trata-se de um rei que, segundo a mitologia grega, teria sido condenado a rolar uma imensa pedra morro acima, só para então vê-la rolar morro abaixo, repetindo a tarefa por toda a eternidade. O mesmo vale para nossas realizações políticas neste mundo. Construa a mais livre nação que já existiu, então veja ela escravizar seus cidadãos, abortar seus bebês, ou até perseguir cristãos. Eis que a pedra rola morro abaixo. Relatos como os de Wilberforce inspiram a alma, mas não esqueça do que acontece na vida prática, tampouco dos preceitos invertidos de Eclesiastes:

Descobri também que debaixo do sol: No lugar da justiça havia impiedade, no lugar da retidão, ainda mais impiedade (3:16).

Quem arranca pedras, com elas se ferirá; quem racha lenha se arrisca (10:9).

Eric arrancara pedras e rachara lenha para construir a escola. Agora, a escola se voltava contra seus filhos. Muitas semanas após minha conversa com Eric, seu irmão me contou sobre as inovações que a nova diretora estava promovendo nos uniformes dos alunos. Os alunos ainda poderiam escolher entre camisetas verdes ou brancas, mas agora tinham a opção de uma camiseta com estampa de arco-íris com a palavra "Igualdade".

Isso me traz à mente Abraham Kuyper e a Holanda. Os cristãos frequentemente citam o exemplo de Kuyper como modelo de serviço público cristão. Ele serviu como primeiro-ministro de 1901 a 1905 e é um extraordinário exemplo de uma vida bem usada pelo reino de diversas outras formas. Leia suas obras e aprenda. Compreenda, porém, que a Holanda, logo após a Segunda Guerra Mundial, deu uma forte guinada na direção do secularismo e, hoje em dia, é um dos países mais ateístas do mundo. Trabalhe para fazer o bem enquanto você estiver aqui, mas saiba que nada dura para sempre. Aqui não é o céu.

Um dos membros da igreja onde congrego, que trabalha para um parlamentar, recentemente comentou em um almoço: "Sou bastante grato por ser um funcionário de menor importância do Congresso, trabalhando para um membro de menor importância do Congresso. Tenho uma breve oportunidade de fazer o bem e combater o mal." Isso parece bastante correto. Tente deixar seu cantinho do planeta Terra um pouco melhor do que achou quando chegou, mas tome cuidado com as pedras que insistem em voltar rolando.

Eric compreende isso. Felizmente, ele não se dedicou apenas à escola Kent. Ele também se dedica à nossa igreja: serve como diácono, emprega membros da igreja em sua empresa e tem a prática de se doar generosamente. Sua esperança e tesouros estão armazenados no céu, não na terra. Ele pode, portanto, largar as rédeas da escola.

Repito: envolva-se no serviço em sua igreja. Não deposite sua fidelidade ou esperança em nada que você possa realizar, mas conserve-se disposto a abandonar qualquer projeto, caso necessário; mesmo após ter investido sangue, suor e lágrimas.

Quando juntamos esses dois pontos, um terceiro emerge: reconhecer que sucesso político, para um cristão, significa fidelidade, não resultados. Deus nos chama para nos esforçarmos, não para obtermos resultados. Quando um cristão confronta uma nação e seus líderes, seja em uma lei no Senado ou em um folheto evangelístico, certamente precisará enfrentar oposição. Isso, contudo, não muda aquilo que temos a fazer: cristãos devem falar fielmente em nome de Cristo, assim como profetas e sacerdotes.

Fale fielmente e espere pelos leões. Com o passar do tempo, nosso testemunho será vingado; às vezes neste mundo, mas certamente na eternidade.

A seguir, relaciono mais doze lições para cristãos sobre como se engajar politicamente e viver como embaixadores, não como guerreiros culturais.

1. Faça parte de uma igreja

Essa pode não ser a primeira lição que você esperaria ouvir sobre engajamento político. Trata-se, contudo, do aprendizado mais importante do capítulo anterior. Se o testemunho político mais poderoso da igreja é *ser igreja*, faz sentido você se unir a uma. Submeta seu discipulado à comunhão e à supervisão da congregação. Participe daqueles sinais de cidadania do reino: o batismo e a Ceia do Senhor. E aprenda tudo que Jesus ensinou ao ouvir regularmente boas pregações. Logo após o arrependimento e a fé, a vida política começa aqui.

Lembro-me, por exemplo, de uma noite em que Doug e Brady jantaram comigo e minha família. Ambos são solteiros e membros de nossa igreja. Um deles teve um pai abusivo. O outro teve um pai ausente. E uma de minhas filhas, naquela noite, "abençoou-nos" com uma postura irascível. Ela tinha estado geniosa o dia inteiro e eu já estava tentado a ficar impaciente com ela. Entretanto, além de todos os demais motivos para não perder a paciência com minha filha, eu me dei conta de que Doug e Brady estavam me observando. Era uma oportunidade para demonstrar e definir como um pai que seguia a Cristo deveria reagir ao lidar com crianças difíceis. Eles já haviam tido uma ideia geral de como esse pai deveria agir por meio das ministrações na igreja. Agora, em minha casa, eu tinha ocasião para demonstrar na prática aqueles conceitos.

O que me proporcionou tal oportunidade? O fato de ser batizado, membro da igreja e participante da Ceia do Senhor. A igreja havia me marcado com um "rótulo de Jesus" por meio das ordenanças, efetivamente dizendo àqueles homens: "Ele é um seguidor de Cristo. Observem sua vida para saber mais sobre Jesus".

Suponha, entretanto, que eu tivesse falado de forma ofensiva com minha filha. Doug e Brady teriam aprendido uma lição completamente diferente: "Ora, então pais cristãos podem agir da mesma forma que outros pais ruins. Não há diferença alguma".

Ou suponha que, após esse segundo cenário, eles contestassem meu comportamento abusivo e pedissem para outros membros mais experientes conversarem comigo, mas eu me recusasse a mudar. A igreja, portanto, acabaria finalmente me removendo do corpo de membros. Nesse caso, o conceito de Doug e Brady de como deve ser um pai cristão seria preservado e resgatado.

A conclusão aqui é a seguinte: é na vida em união e em missão de cada membro de uma congregação que aprendemos, ensaiamos e vivemos uma nova política. Essa é nossa primeira forma de engajamento político. Faz com que os que estão dentro da igreja cresçam, e testifica para aqueles que estão fora da igreja. Não é possível dizer quantas pessoas já se tornaram cristãs, em parte, por observarem a vida comunitária e pessoal de nossa igreja. Como Jesus diz que o mundo saberá que somos seus discípulos? Pelo amor que demonstramos uns pelos outros (João 13:34–35).

Correndo o risco de aborrecê-lo, eis três livretos para ajudá-lo nessas questões (preste atenção nos subtítulos): o meu próprio *Church membership: how the world knows who represents Jesus*[5]; *Evangelism: how the whole church speaks of Jesus*, de Mack Stiles[6]; e *Discipling: how to help others follow Jesus* [Discipulado: Como ajudar os outros a seguirem Jesus], de Mark Dever.[7]

2. Tema a Deus e obtenha sabedoria

O apóstolo Pedro nos disse: "temam a Deus e honrem o rei" (1Pedro 2:17). E temer a Deus vem antes de honrar o rei em todos os sentidos. O temor de Deus é o princípio da sabedoria, segundo

---

[5]No Brasil: *Membresia na igreja: como o mundo sabe quem representa Jesus*, tradução de Stela Maris Teixeira (São Paulo: Vida Nova, 2016).

[6]No Brasil: *Evangelização: como criar uma cultura contagiante de evangelismo na igreja local*, tradução de Rogério Portella (São Paulo: Vida Nova, 2015).

[7]No Brasil: *Discipulado: como ajudar outras pessoas a seguir Jesus*, tradução de Rogério Portella (São Paulo: Vida Nova, 2016).

CRISTÃOS: NÃO SÃO GUERREIROS CULTURAIS, MAS EMBAIXADORES

Provérbios, e um engajamento político bem-sucedido depende de sabedoria. "Por meu intermédio os reis governam", diz a Sabedoria, "e as autoridades exercem a justiça" (Provérbios 8:15). Embaixadores, sem dúvida, são homens e mulheres sábios.

O temor de Deus e a sabedoria nos dão a postura correta no coração. Removem o medo dos homens, capacitando-nos a enxergar no longo prazo e a tomar decisões difíceis. Lamentavelmente, pastores e políticos muitas vezes só conseguem enxergar os ganhos de curto prazo. Os líderes desta terra provaram ser intrinsecamente incapazes de atitudes onerosas no aspecto político. Eles temem demais a próxima eleição, ou a próxima reunião da liderança da igreja.

Alguém que tema a Deus não hesitará em colocar sua carreira em risco para fazer a coisa certa. Tal pessoa sabe que existe algo maior que uma carreira. Ela não se importa de ser xingada.

O temor de Deus e a sabedoria reconhecem que Jesus é Senhor sobre partidos e lideranças partidárias, exércitos e nações. A Igreja Confessional Alemã, ao observar a nuvem nazista se espalhar lentamente pelos céus da Alemanha, reafirmou o senhorio de Cristo na Declaração de Barmen, em 1934.[8] No segundo artigo, eles declararam:

> Rejeitamos a falsa doutrina de que haveria áreas em nossa existência em que não pertencemos a Jesus Cristo, mas a outros senhores.

E continuaram no terceiro artigo:

> Rejeitamos a falsa doutrina de que à Igreja seria permitido substituir a forma da sua mensagem e organização [...] de acordo com as respectivas convicções ideológicas e políticas reinantes.

Não, Hitler não era senhor sobre a igreja. Os cristãos, com justiça, concedem ao Estado autoridade em determinadas áreas da vida

---

[8]"The Barmen Declaration," *Encyclopedia of Protestantism*, editado por Hans J. Hillerbrand (London: Routledge, 2004), p. 327.

da igreja: regulamentos urbanísticos; políticas de proteção à infância; exigência de que a organização não tenha fins lucrativos, caso a igreja deseje tal status. O Estado, contudo, não tem autoridade sobre a membresia ou a mensagem de uma igreja. A Igreja Confessional deixou isso claro no quinto artigo:

> Rejeitamos a falsa doutrina de que o Estado poderia ultrapassar a sua missão especifica, tornando-se uma diretriz única e totalitária da existência humana.

Um ano após a Declaração de Barmen, a Igreja Confessional percebeu que o nazismo propunha nada mais nada menos que uma nova religião. Eles declararam em um sínodo realizado em 1935: "Vemos nossa nação ser ameaçada por um perigo mortal; perigo esse que reside em uma nova religião." Eles também disseram que as igrejas de Cristo seriam chamadas "a prestar contas" diante de seu Juiz celestial "se a nação alemã voltasse suas costas para Cristo antes de ser alertada". Sua tarefa era dar o alerta. Eles temiam a Deus e eram embaixadores de outro rei. Logo após fazerem essa última declaração, a Gestapo prendeu setecentos pastores. Alguns membros permaneceram sob vigilância, outros foram aprisionados, e outros foram enviados para campos de concentração.[9] Em pouco tempo, a Igreja Confessional se tornara proibida.

Os cristãos americanos possuem tamanha coragem e temor de Deus. diante das convicções ideológicas e políticas que predominam na época atual? Ou nós bajulamos o poder? João Batista não bajulava Herodes. Ele falava a verdade e acabou perdendo sua cabeça. Certamente, é possível existir uma relação de amizade entre líderes cristãos e aqueles que estão no poder. Preocupa-me,

---

[9]Leonore Siegele-Wenschkewitz, "Christians Against Nazis: The German Confessing Church," *Christianity Today*, acessado em 10 de outubro de 2017. Disponível em: http://www.christianitytoday.com/history/issues/issue-9/christians-against-nazis-german-confessing-church.html. Originalmente publicado em *Christian History*, edição 9, 1986.

CRISTÃOS: NÃO SÃO GUERREIROS CULTURAIS, MAS EMBAIXADORES

contudo, qualquer líder cristão que não se disponha a ofender os poderosos em nome do Todo Poderoso, ainda que isso signifique perder prestígio político ou coisa pior.

Posso citar o exemplo de meu próprio pastor principal, Mark Dever, que uma vez por mês lembra nossa congregação na Colina do Capitólio de que não devemos reagir com pânico e alarmismo diante de mudanças sombrias em nossa cultura. Reagir assim seria contradizer o ensino bíblico sobre discipulado cristão comum, expondo um utopismo latente. Poderia até sugerir que teríamos adotado alguma versão política da teologia da prosperidade.

Em vez disso, Dever nos lembra de que um coração que teme o Senhor confia em Deus, não nas circunstâncias. Devemos ter em mente que tudo o que temos é a graça de Deus. Não devemos ser ríspidos com nossos empregadores, amigos, familiares e governantes, quando eles se opõem a nós. Como Paulo, podemos cantar mesmo estando na prisão, pois sabemos que nossos pecados foram perdoados e que nossa vindicação está próxima. A vitória de Cristo é certa e os portões do inferno não prevalecerão contra a igreja.

Não deve haver ansiedade ou desespero entre os santos, quando nos envolvemos na vida pública. Ame sua igreja, ame sua nação e até ame seu partido. Lembre-se, porém, que independente de sua igreja, ou mesmo sua nação, crescer ou cair, Jesus sempre vence. O membro da Igreja Confessional, Dietrich Bonhoeffer, tinha plena consciência disso, mesmo quando Hitler ordenou seu fuzilamento.

3. Obedeça e honre o governo

Mais uma vez, Pedro disse: "Temam a Deus e honrem o rei" (1Pedro 2:17). E Jesus disse: "Deem a César o que é de César" (Mateus 22:21).

E Paulo disse: "É por isso também que vocês pagam imposto, pois as autoridades estão a serviço de Deus, sempre dedicadas a esse trabalho. Deem a cada um o que lhe é devido: se imposto, imposto; se tributo, tributo; se temor, temor; se honra, honra" (Romanos 13:6-7).

A Bíblia demonstra a postura de honra e obediência no modo como José serviu ao Faraó e na forma como Daniel e os três moços hebreus serviram Nabucodonosor. Salvo quando o rei exigiu que cometessem idolatria, eles serviram com determinação. Paulo, igualmente, mostrou respeito pelo domínio de Roma em Atos.

Recordo-me de um irmão da igreja que trabalha em um órgão federal de fiscalização. Durante um jantar, ele explicou que alguns funcionários em sua agência se sentiam frustrados com a recente mudança na administração. "E por qual motivo eles se sentem frustrados?", perguntei.

"Porque eles estão sendo instados a agir conforme as regras da lei", respondeu ele.

Como é que é?

Ele prosseguiu em sua explicação. "O Congresso promulga as leis, mas cabe às diversas agências do governo interpretar a forma como elas devem ser aplicadas. Algumas vezes, minha agência tem se utilizado de uma visão tão extensa da sua autoridade, que seus atos vão muito além daquilo que a lei permite. Como consequência, os tribunais têm derrubado muitas decisões de minha agência, considerando que elas ultrapassam o que está definido em lei." A nova liderança da agência onde meu amigo trabalha queria aplicar a legislação de forma mais restrita, *segundo o que fora aprovado pelo Congresso*.

Meu amigo, ao desempenhar suas funções em um posto de alto escalão no serviço público, é uma ótima ilustração de obediência ao governo quando honra uma lei tal qual ela foi aprovada pelo Congresso. Da mesma forma, todos nós devemos obedecer e honrar o governo, preservando o Estado de direito.

Os cristãos são os melhores exemplos de príncipes e cidadãos, segundo Martinho Lutero. Sem dúvida, é assim que deve ser.

4. Lance mão de qualquer recurso político que possuir

Parte da obediência ao governo, contudo, é utilizar toda participação que você tenha no governo, seja você ou não chefe de uma agência ou departamento.

CRISTÃOS: NÃO SÃO GUERREIROS CULTURAIS, MAS EMBAIXADORES

Como disse no capítulo 5, Gênesis 9:5-6 se aplica a você. Aplica-se a todas as pessoas. Mais ou menos assim: "Ouçam bem, João, Sally, Omar e Zhang Wei: qualquer um que derramar sangue do homem, pelo homem seu sangue será derramado. Entenderam? Utilizem toda liderança política que possuírem para trabalhar nesse sentido."

Por isso, não obedecemos a um governo apenas porque estamos sob seu domínio. Ajudamos e servimos a causa do governo na medida em que fazemos parte dele. Há um vago sentimento democrático acerca do governo na Bíblia, visto que todos somos comissionados a buscar a justiça em Gênesis 9:5-6.

Certamente, Paulo jamais teria pensado em se unir a César para legislar. Ainda assim, ele fez uso do poder político que estava ao seu alcance quando apelou a César, ciente de que seu status de cidadão romano lhe garantiria proteção e a oportunidade de se manifestar em seu próprio julgamento.

Você, como cristão, deve utilizar qualquer poder político que você possa pessoalmente ter por causa do governo, tal qual Paulo. Se você nasceu príncipe, use essa posição de liderança. Se é cidadão americano, vote como um cidadão americano. Para alguns, essa liderança pode ser pequena, na realidade. Contudo, até o súdito de um monarca pode ser um bom vizinho e honrar o rei. Honrando o rei, você apoia o sistema de justiça que procura recompensar o bem e punir o mal.

Oportunidades e recursos distintos exigirão diferentes níveis de engajamento de um indivíduo para o outro. Em um país democrático como o nosso, dar o que é devido a César significa dar à democracia o que é devido à democracia. Deixar de votar, quando a pessoa é plenamente capaz, equivale indiscutivelmente a deixar de amar ao próximo e, portanto, a Deus.

Isso significa que não há espaço para apatia na postura cristã com relação ao Estado. Ainda que o público em geral se torne cada vez mais apático, os cristãos devem se manter civicamente informados e engajados. Por isso, vote. E o faça de forma esclarecida.

5. Conheça os valores supremos (ou ídolos) da sua cultura política e busque pontos de contato

Toda cultura prioriza alguns valores acima dos demais. Os Guinness observou sabiamente que "a liberdade é inquestionavelmente aquilo que os norte-americanos amam acima de tudo e foi esse amor que fez com que os norte-americanos se tornassem o povo que são". Ele continua: "Desde o berço, os Estados Unidos foram abençoados com um robusto direito de primogenitura à liberdade. A nação surgiu em meio à liberdade, expandiu-se em meio à liberdade e resolveu seus maiores conflitos em um 'novo nascimento da liberdade'".[10]

Grupos de esquerda e de direita vencem debates apelando à liberdade. Um lado apela à liberdade para definir o que é casamento, enquanto o outro apela à liberdade de mercado. O argumento pró-escolha sempre teve essa vantagem tática sobre o argumento pró-vida: ele utiliza a linguagem da liberdade. Afinal, somos uma nação que valoriza a liberdade acima da própria vida. Patrick Henry[11] não chegou a dizer: "Dê-me a liberdade ou a morte"?

Ora, o valor político supremo cristão deveria sempre ser a justiça. Falamos sobre isso no capítulo 5 e entraremos em maiores detalhes no próximo capítulo. Não basta dizer que essa ou aquela lei trará liberdade. Os cristãos devem se importar em saber se algo produz uma liberdade *justa*. Quando uma cultura trata certas coisas como prioritárias, enquanto a Bíblia as trata como secundárias, tal cultura na verdade criou um perigoso ídolo. Com o tempo, aquele ídolo fará cativos e causará destruição, como os ídolos sempre fazem.

Aqui nos deparamos com um dos maiores desafios na formação de argumentos políticos na esfera pública. Por um lado, todo bom político ou pastor sabe como construir argumentos a partir de pontos de contato com seus oponentes. "Você acredita em liberdade. Eu também acredito em liberdade. E eu concordo que leis contra

---

[10]Os Guinness, *A free people's suicide: sustainable freedom and the American future* (Downers Grove: InterVarsity Press, 2012), p. 17.

[11]Um dos pais fundadores dos Estados Unidos (N. do T.).

CRISTÃOS: NÃO SÃO GUERREIROS CULTURAIS, MAS EMBAIXADORES

a pornografia restringiram um tipo de liberdade. Contudo, vamos levar em conta as inúmeras mulheres que já foram escravizadas por traficantes sexuais e no quanto a pornografia agrava esse problema."

Por outro lado, você sempre corre o risco de confirmar a idolatria das pessoas quando segue essa linha de argumentação. "Por que não deixamos que as pessoas sejam livres para se casarem como quiserem, independente do seu gênero?"

A conclusão é que os cristãos necessitam de bom siso e sabedoria. Devo seguir essa linha de raciocínio, ou aquela? O que me leva à próxima lição...

6. Seja um "pragmático com princípios" em seus argumentos na esfera pública

Ao longo deste livro, venho desenvolvendo uma conversa interna com você. Tenho utilizado argumentos bíblicos e tratado você como alguém que crê que a Bíblia é a Palavra de Deus. E esse deve ser o ponto de partida de todo cristão ao raciocinar sobre política e sobre providências tomadas pela administração pública. Devemos começar perguntando a Deus o que *ele* pretende para nós e para o mundo, para que não deixemos algum outro deus estabelecer os termos.

Entretanto, após dialogarmos internamente, precisamos pensar sobre como podemos conversar com pessoas que não professam a mesma fé. Nesse sentido, um amigo recentemente indagou se eu era um "liberal clássico", ou um "pluralista com princípios", ou alguma outra coisa. Se um rótulo puder ser de alguma ajuda, eu me identifico como sendo um pragmático com princípios. Com isso, quero dizer que, *com o propósito de promover a justiça bíblica e dentro dos limites da moralidade bíblica (com princípios), eu utilizo qualquer argumento que funcione (pragmático).*

Não, não me refiro aqui ao pragmatismo filosófico. Estou falando de agir com sabedoria. A sabedoria, afinal de contas, é pragmática. Ela se interessa por aquilo que funciona. Lembre-se do versículo que mencionei como sendo a síntese da filosofia política da Bíblia: "Quando todo o Israel ouviu o veredicto do rei, passou a

POR QUE SE ENFURECEM AS NAÇÕES

respeitá-lo profundamente, pois viu que a sabedoria de Deus estava nele para fazer justiça" (1Reis 3:28). Essa devia ser nossa postura pública externa como cristãos. Isso é pragmatismo com princípios: sabedoria para fazer justiça.

Empregar estatísticas sobre o que traz realização humana pode vencer a discussão? Use-as. Utilizar pontos em comum com os valores mais caros ao seu oponente ajuda você a vencer? Então faça isso. Mostrar as contradições nas posições defendidas pelo seu oponente ajuda sua vitória? Então exponha tais contradições.

Mas tenha cuidado para não ficar encantado demais com qualquer cosmovisão política. Seus princípios mais arraigados devem vir das Escrituras, não de alguma ideologia. Dito isso, utilize o que for aproveitável no liberalismo, no conservadorismo, e até no nacionalismo. Aprenda a encontrar o que é bom e a abandonar o que não presta.

Pessoas que, por exemplo, se identifiquem como feministas podem às vezes criar um ídolo a partir da identidade pessoal do empoderamento feminino. Tal ídolo pode então produzir recomendações políticas biblicamente injustas, como o aborto. Ainda assim, Deus criou as mulheres à sua imagem e plenamente iguais aos homens. E um trabalhador é digno do seu salário (Levítico 19:13; 1Timóteo 5:18). Aliás, o Senhor se opõe àquele que retém injustamente salários (Malaquias 3:5; Tiago 5:4). Eu, portanto, incentivaria os defensores pró-vida a se unirem aos defensores pró-escolha na luta política para que as mulheres recebam salários iguais por trabalhos iguais.

Agora, quer você concorde ou não comigo nessa recomendação específica, espero que possa enxergar a tese mais ampla: a sabedoria (por ser pragmática) recomenda a cobeligerância entre partidos e vieses distintos. Creio que Tim Keller estava certo ao afirmar que "o trabalho dos cristãos em prol da justiça deveria ser caracterizado tanto por humilde cooperação como por respeitosa provocação".[12]

---

[12]Tim Keller, *Generous justice: how God's grace makes us just* (New York: Dutton, 2010), p. 158 [No Brasil: *Justiça generosa: a graça de Deus e a justiça social* (São Paulo: Vida Nova, 2013)].

Então estamos sempre prontos a ouvir e ponderamos antes de falar? Conseguimos demonstrar respeito ao debater? Um sinal de que você se identifica mais com sua tribo ideológica do que com Jesus é ser incapaz de dar ouvidos a um ponto positivo só porque foi sugerido por outra tribo. Você parte do pressuposto de que tudo que as pessoas do outro lado do espectro dizem deve estar errado.

Quando o encorajo a ser pragmático, incentivo você a fazer o que for possível para vencer. Ganhe o debate. Vença a eleição. Ganhe a causa no tribunal. Não por sua causa, mas por amor e em prol da justiça. Por isso, seja sábio. Seja astuto. Estude. Aprenda com os mestres da persuasão. Imite-os. Crie argumentos melhores. Vença!

7. Esteja disposto a invocar Deus em seus argumentos

Esse ponto se sobrepõe ao anterior e é longo (e importante) o bastante para ter seu próprio capítulo. Ainda assim, vou espremê-lo aqui como mais um ponto sobre como se engajar no debate público, que é um campo de batalha entre deuses, ainda que seja necessário estender a explicação.

O conceito de contrato social, que é a ética subjacente que frequentemente sustenta repúblicas constitucionais ocidentais como a nossa, forma cidadãos que se sentem obrigados a só utilizar argumentos que partam do consenso. Os cristãos, mais especificamente, apresentam três tipos de argumentos dentro de uma área de concordância: a que eu chamo de abordagem de Lutero (que apela à consciência), a abordagem MLK (Martin Luther King) (que recorre à lei natural) e a abordagem sociológica (que se utiliza de estatísticas).

Comecemos pela abordagem de Lutero, que apela à consciência.[13] Pense na famosa frase de Lutero na Dieta de Worms: "Ir contra a consciência não é seguro, nem correto".

---

[13]Poderia ser melhor chamar essa argumentação de abordagem de Madison. Não creio que Lutero estivesse se referindo à sua consciência como fundamento da justiça da mesma forma que figuras liberais como James Madison viriam a fazer ("A consciência é a mais sagrada de todas as propriedades"). Lutero atribuía à sua

Há alguns anos, por exemplo, a Lei do Tratamento Acessível do presidente Obama tentou exigir que os empregadores arcassem com o seguro das funcionárias para a realização de abortos. Igrejas e organizações cristãs imediatamente se manifestaram de forma contrária, argumentando, a partir da liberdade religiosa, que a lei, de forma injusta, fazia pesar na consciência do empregador a responsabilidade por garantir o aborto de uma funcionária. Ora, eu concordo com isso, mas perceba o que está acontecendo. A liberdade religiosa não é a verdadeira questão aqui, mas apenas uma questão de fundo. A verdadeira questão, para um cristão, é o assassinato. Não queremos que o Estado nos obrigue a pagar pelo que entendemos ser assassinato. Os cristãos, porém, compreendem que nem todos acreditam que aborto é assassinato. Então fazemos um argumento de fundo que apela a um ponto pacífico: nosso contrato social não aceita que violemos a consciência uns dos outros. Eu não violo a sua consciência e você não viola a minha. Fechado?

A segunda abordagem muito popular junto aos cristãos é a que faz uso da lei natural. Os pais fundadores dos EUA algumas vezes usavam essa abordagem. Também Martin Luther King Jr. usou celebremente essa abordagem em sua *Carta de uma prisão em Birmingham*. Ele escreveu: "Uma lei justa é um código produzido pelo homem que está de acordo com a lei moral ou a lei de Deus. Uma lei injusta é um código que está em desarmonia com a lei moral. Colocando nos termos de São Tomás de Aquino: uma lei injusta é uma lei humana que não está fundamentada na lei eterna e na lei natural".[14] King supôs que seus leitores reconheceriam, em algum nível, que certas leis morais eternas estão associadas à própria criação. Dessa forma, ele poderia persuadi-los apelando às leis eternas. Portanto, sim, a lei

---

consciência o papel de juiz, para lhe dizer o que Deus queria que ele fizesse. Deus era o fundamento da justiça. Ainda assim, chamo essa construção argumentativa de abordagem de Lutero porque Lutero enalteceu o papel da consciência para todos que vieram após ele.

[14] "Letter from Birmingham Jail," in: *Philosophical problems in the law*, editado por David M. Adams (Belmont: Wadsworth Publishing Company, 1992), p. 60.

CRISTÃOS: NÃO SÃO GUERREIROS CULTURAIS, MAS EMBAIXADORES

natural apela a uma lei externa e transcendente, mas presume que todo ser humano seja capaz de compreender e concordar com ela em termos que consiga reconhecer. Um exemplo recente de uma argumentação baseada na lei natural pode ser encontrado no livro *What is marriage? Man and woman: a defense* [O que é o casamento? Homem e mulher: uma defesa], de Sherif Girgis, Ryan Anderson e Robert George. Os três autores são católicos romanos que acreditam no que a Bíblia ensina sobre o casamento. O argumento do livro, contudo, procura persuadir os leitores que não acreditam na Bíblia.

A terceira abordagem é sociológica. Suponha que eu queira construir um argumento em torno da importância do casamento, principalmente para o bem das crianças. Eu poderia mencionar diversos estudos demonstrando que crianças criadas por apenas um dos pais apresentam risco de serem fisicamente abusadas até três vezes maior que crianças criadas por pais casados; risco de abuso físico quatro vezes maior se forem criadas por pais que apenas moram juntos; e risco de abuso físico dez vezes maior se forem criadas por um dos pais que coabite com um namorado ou namorada.[15] Não seria o caso, portanto, de apoiarmos políticas públicas que promovam lares com dois pais casados?

Todas as três abordagens pretendem ser amplamente acessíveis a pessoas de diferentes religiões e com diferentes cosmovisões. Todas as três são orientadas para um ambiente público pluralista. E, a despeito de quaisquer fraquezas que cada uma possa ter, todas podem ser úteis em ocasiões distintas. Lembre-se de que devemos ser pragmáticos com princípios.

Todas as três, contudo, compartilham um mesmo defeito. Trata-se de um ponto sutil, porém crucial. Nenhuma das três possui a força da convicção, precisamente por conta de sua maior virtude — a capacidade de encontrar pontos de contato — necessitar confirmar a intuição moderna de que toda autoridade e legitimidade moral depende

---

[15]Institute for American Values: National Marriage Project, *Why marriage matters: thirty conclusions from the social sciences*, 3. ed. (New York: Institute for American Values, 2011), p. 45.

POR QUE SE ENFURECEM AS NAÇÕES

da anuência de cada indivíduo. Se eu não puder ser convencido da veracidade de algo *em meus próprios termos*, aquilo não será considerado verdade. Dessa forma, cabe a você convencer-me em meus próprios termos. Ironicamente, a mera tentativa de *persuasão* traz o risco de *endurecer* a pessoa, deixando-a ainda mais segura de que está certa.

Todos nós sabemos como isso funciona na prática. Quão bem-sucedidas têm sido suas discussões sobre política e religião com amigos e familiares? Eles costumam ser persuadidos ou endurecidos? Lembro-me de sentar em uma cafeteria com Jacob, para conversarmos sobre casamento entre pessoas do mesmo sexo. Ele queria me convencer. Eu queria persuadi-lo. Durante toda a conversa, eu sentia que ele apenas usava meus argumentos para montar argumentos melhores em defesa da sua posição.

Não me entenda mal. Não estou dizendo que devamos abandonar a abordagem de Lutero, de MLK ou a sociológica. Cada uma tem seu papel. Contudo, para compensar a fraqueza que todas compartilham, devíamos adicionar mais uma arma ao nosso arsenal: a abordagem de Policarpo. A abordagem de Policarpo não busca pontos de contato. Ela reconhece que, de tempos em tempos, vale a pena simplesmente aparecer e anunciar: "Contemplai vosso Deus", como faziam os profetas do Antigo Testamento.

Policarpo foi um pastor do segundo século em Esmirna (atual Turquia). Em 155 ele foi preso e um procônsul romano lhe instruiu a adorar o imperador e amaldiçoar a Cristo. Policarpo respondeu: "Por 86 anos tenho sido seu servo e ele jamais me fez mal algum. Como posso amaldiçoar meu Rei, que me salvou?" O procônsul ameaçou queimá-lo em uma estaca. Policarpo respondeu que o procônsul poderia apenas acender um fogo que arderia brevemente. Deus ameaçava ambos com um fogo eterno que jamais se apagaria. O procônsul ordenou sua morte e Policarpo foi queimado na estaca.[16]

---

[16]Dan Graves, editor, "Polycarp's Martyrdom," *Christian History Institute*, acessado em 10 de outubro de 2017. Disponível em: https://christianhistoryinstitute.org/study/module/polycarp/.

CRISTÃOS: NÃO SÃO GUERREIROS CULTURAIS, MAS EMBAIXADORES

O filósofo Nicholas Wolterstorff comenta que os cristãos ocidentais não resistem às intromissões do Estado como Policarpo resistiu. Nós "não declararemos que Cristo é nosso rei". Em vez disso, apelamos à liberdade religiosa. Somos mais Lutero que Policarpo, disse Wolterstorff. "Não temos Policarpos entre nós". Para um não cristão, acima de tudo, nossa abordagem deve parecer egoísta. Apelar à consciência é exatamente aquilo que eles fazem. A fidelidade bíblica, contudo, não exigiria algo mais de nós? Wolterstorff entendeu que sim: "A fidelidade às Escrituras cristãs exige que os cristãos se juntem a Policarpo e declarem que Cristo é nosso soberano".[17]

Não, a estratégia de Policarpo não funcionou no curto prazo para o próprio Policarpo. Entretanto, seu martírio, juntamente com o de muitos outros fiéis, acabou por dar credibilidade às afirmações dos cristãos e se seguiram mais e mais conversões ao cristianismo. Quando cristãos invocam o nome de Deus ou de Cristo em um argumento público, transmitimos não apenas a mensagem de que Jesus é nosso Rei e Senhor, mas também Rei e Senhor deles, ainda que o neguem.

Leia novamente Salmos 2: "Por isso, ó reis, sejam prudentes; aceitem a advertência, autoridades da terra. Adorem o SENHOR com temor; exultem com tremor" (v. 10-11). O salmista não estava buscando pontos de contato. Ele estava dizendo: "Deus é assim e é melhor que vocês prestem atenção. Essa é a realidade". Essas são as palavras de um embaixador, o qual foi enviado por um rei, cujos carros de combate estão prestes a surgir na curva da montanha.

As palavras de Policarpo e do salmista são antidemocráticas? Há uma tensão inevitável entre a declaração democrática de "Nós, o povo" e as palavras do profeta: "Assim diz o Senhor"? Pode-se dizer que o mais famoso filósofo político do século vinte, John Rawls, entendia que sim. Ele dizia que somos moralmente obrigados a apenas apresentar argumentos que todos possam compreender em

---

[17]Nicholas Wolterstorff, *The mighty and the Almighty: an essay in political theology* (Cambridge: Cambridge University Press, 2012), p. 17.

POR QUE SE ENFURECEM AS NAÇÕES

seus próprios termos. Nós só *devemos* formar argumentos onde houver um "consenso sobreposto", dizia Rawls.[18]

Eu, contudo, considero a exigência de Rawls como sendo um cavalo de Tróia para a idolatria de deuses com "d" minúsculo. Algumas vezes, um governo precisará tomar decisões sem que exista consenso. Por exemplo: o que é um casamento? Eu preciso convencer Jacob em seus termos, ou Jacob precisa me convencer nos meus termos? Quais deuses ficarão responsáveis pela decisão na esfera pública no que tange a essa questão? O deus de alguém tomará conta.

Adotar a abordagem de Policarpo não significa impor o discurso religioso na esfera pública. Significa admitir que a esfera pública contém *apenas* discursos religiosos. O que Jacob apresenta é seu discurso religioso, enquanto eu apresento o meu. E nós dois devíamos admitir isso.

Não, não penso que devêssemos tentar forçar quem quer que seja a adorar coisa alguma. Nem acredito que teríamos poder para tanto. O que estou dizendo é que todos deviam adentrar a esfera pública admitindo quem são seus deuses. Então todos poderiam lançar mão de seus melhores argumentos — com ou sem pontos de contato — explicando por que sua versão de justiça produziria as melhores leis.

E como seria a abordagem de Policarpo em termos práticos?

Eis aqui um e-mail que nos dá um bom exemplo. Um pastor amigo meu o enviou para a diretora da escola de seus filhos. Ele utiliza tanto a abordagem de Policarpo como a de Lutero. Ele cita explicitamente Jesus Cristo como fundamento de suas crenças, mas também buscou pontos de contato ao mencionar a liberdade de expressão. A diretora havia escrito um e-mail para os pais com filhos na escola, expressando seu desgosto com um incidente racial que ocorrera mais cedo em uma parada de ônibus. Ela também

---

[18]John Rawls, *Political liberalism* (New York: Columbia University Press, 2011), p. 150 [no Brasil: *O liberalismo político*, tradução de Álvaro de Vita (São Paulo: WMF Martins Fontes, 2011)].

CRISTÃOS: NÃO SÃO GUERREIROS CULTURAIS, MAS EMBAIXADORES

expressou sua satisfação por certos folhetos na parada de ônibus terem sido removidos. Meu amigo lhe enviou a seguinte resposta:

Cara Hailey,

Muito obrigado por alertar os pais sobre o abominável incidente ocorrido hoje, e por nos incentivar a buscar boas fontes e a conversar com nossos filhos e entre nós sobre como reagir...

Como pastor de uma das igrejas da comunidade local, tenho tentado criar oportunidades para que nossa congregação converse sobre o mal e a predominância do racismo, de modo a interagir com perspectivas fora da cultura dominante. No último ano, tivemos uma série de sermões com o tema "Racismo e a igreja", considerando o tópico a partir de diversas perspectivas: a perspectiva ásio-americana, o racismo e as forças policiais, a imigração e a experiência afro-americana. Tivemos ministros de minorias étnicas, casais de diversas etnias e inter-raciais, bem como representantes da cultura majoritária, que conversaram conosco sobre os desafios que enfrentam no dia a dia. Temos a intenção de prosseguir com esses diálogos no próximo ano.

Trago esse relato para que você compreenda que, como uma comunidade de fé, estamos ao lado da comunidade como um todo, rejeitando o racismo pelo mal que ele representa, e trabalhando para combatê-lo sempre que o percebemos, mas principalmente em nós mesmos. Diálogo, troca de ideias e oportunidades para que os diversos grupos raciais escutem uns aos outros é um passo crucial nesse trabalho. Como cristãos, também cremos que isso seja fundamental para a mensagem de Jesus Cristo, que veio para sarar nossas divisões, tanto com Deus como entre nós.

Entretanto, preocupa-me algo que li em seu e-mail, e que identifico como uma aparente supressão da liberdade de expressão. Em nosso país, até mesmo expressões abomináveis e de ódio são protegidas, salvo se provocarem algum tipo de constrangimento ou ameaça. É evidente que dois homens gritando para um estudante inocente é um claro constrangimento e não pode ser tolerado.

Já os folhetos, por mais abomináveis que sejam, foram colados em uma área comum que é utilizada pela comunidade em geral, para anunciar toda sorte de eventos, associações e ideias. Incentivar ou aprovar que ideias legalmente expressas em áreas públicas sejam suprimidas, apenas porque as achamos ofensivas, não é uma mensagem que queremos passar aos nossos filhos; nem é a forma que queremos ensiná-los a reagir diante de discursos dos quais discordem...

Nossa reação diante de um discurso torpe, e a resposta que devemos ensinar a nossos filhos, não deve ser a de supressão da expressão; mas educá-los para desenvolverem discursos superiores, com uma mensagem mais convincente que a do ódio ou da intolerância. Nossa reação deve ser a de criar comunidades onde tais discursos infames não ganhem atenção, com cada vez menos pessoas dispostas a ouvi-los ou lhes levar a sério.

Sei que esse é seu objetivo em nossa comunidade e estou ao seu lado nesse esforço.

Atenciosamente...

A carta defendeu a liberdade de expressão, mas transpareceu estar defendendo interesses próprios. Buscou pontos de contato, mas também declarou uma pretensão mais elevada e transcendente: a mensagem de Jesus Cristo. Assumiu uma posição firme contra os males que ocorrem "lá fora", mas também reconheceu a trave em seus próprios olhos: "trabalhando para combatê-lo sempre que o percebemos, mas principalmente em nós mesmos".

De modo geral, entendi o e-mail do meu amigo como sendo politicamente astuto e pastoralmente sábio. Foi um e-mail diplomático.

Diga-se de passagem, a diretora ligou para meu amigo após receber seu e-mail. Ela lhe disse o quanto o tinha apreciado e reconheceu que não tinha pensado com cautela na questão da liberdade de expressão. Ela então convidou meu amigo para se juntar ao grupo de Igualdade e Paternidade que se reúne na escola para conversar sobre questões relacionadas a raça e etnias na comunidade.

CRISTÃOS: NÃO SÃO GUERREIROS CULTURAIS, MAS EMBAIXADORES

Se a esfera pública é um campo de batalha entre deuses, estaremos nos enganando se fecharmos os nossos olhos a essa realidade. Fingir que todos entram no debate sem um viés sectário é se deixar levar por uma ilusão em massa. Eu estou tentando lhe vender meu cavalo de Tróia, enquanto você se esforça para me vender o seu. Não entendo que devamos desistir de buscar pontos de contato. Nisso consiste a democracia e a vida em meio ao pluralismo. Talvez, contudo, esteja na hora de começar a reconhecer honestamente nossas perspectivas. "Veja, meu Deus na verdade exige algo de nós; mas acredito que você descobrirá que suas demandas trazem paz, nosso bem e prosperidade. No que diz respeito aos seus deuses, como eles estão se saindo? Quais estatísticas você indicaria para argumentar que os Estados Unidos está melhorando e seu povo está ficando mais feliz?"

Sem dúvidas, a abordagem de Policarpo também tem seus custos. Basta perguntar a Policarpo depois do martírio! Ela fará com que ouvidos se fechem de forma imediata, especialmente em nosso cenário público atual. Quase todo mundo hoje em dia sofre da ilusão em massa da "neutralidade". Estou simplesmente apontando a direção na qual gostaria que os cristãos conduzissem os debates públicos, pouco a pouco, com prudência e discrição. Comece expondo os deuses de todos, ou ao menos ajudando os envolvidos a enxergar a cosmovisão por trás de suas posições políticas. Então mencione nosso Deus como o verdadeiro Deus e apele à consciência, às leis imutáveis da natureza humana e às estatísticas para argumentar que os caminhos do Senhor são melhores e mais justos.

E quão melhor seria se contássemos com um ambiente repleto de igrejas saudáveis e hospitaleiras, dando testemunho das mesmas verdades.

8. Pratique a gentileza ao expor sua convicção

Eis mais uma dica acerca desses diálogos públicos. Gosto da expressão "convicção com gentileza" do livro de Russell Moore, *Onward:*

engaging the culture without losing the gospel [Avante: participando da cultura sem perder o evangelho].[19] Devemos agir de acordo com nossas convicções, mas de forma gentil.

Pedro nos exorta: "Vivam entre os pagãos de maneira exemplar para que, naquilo em que eles os acusam de praticarem o mal, observem as boas obras que vocês praticam e glorifiquem a Deus no dia da sua intervenção" (1Pedro 2:12, ESV). A integridade do mensageiro é relevante. Sua conduta perante o mundo o destaca como um porta-voz crível de Cristo: você faz boas obras, tem um comportamento humilde e se arrepende quando falha?

A qualidade e o tom do nosso discurso também são importantes. Tiago ofereceu conselhos para todo nosso discurso, inclusive para nossa participação política: "Sejam todos prontos para ouvir, tardios para falar e tardios para irar-se, pois a ira do homem não produz a justiça de Deus" (Tiago 1:19-20). Paulo faz uma observação ainda mais sutil a esse respeito: "O seu falar seja sempre agradável e temperado com sal, para que saibam como responder a cada um" (Colossenses 4:6).

Se você participa de redes sociais, seu tom edifica ou transmite carinho? Ou você é violento e depreciativo? Como isso afetará seu evangelismo?

Nossos argumentos devem procurar persuadir, não ganhar pontos. Uma clara indicação de que você está apenas tentando marcar pontos é quando você pinta o outro lado com as piores cores possíveis. Quando expõe os piores cenários possíveis do seu oponente, o seu lado aplaude e faz festa, mas o outro lado sabe exatamente o que você está fazendo: você os está envergonhando. Como resultado, sua tática amplia a divisão. Em vez disso, represente seu oponente da melhor forma possível. Com o tempo, você ganhará credibilidade e respeito, podendo até aprender algo conforme trabalha para representá-los de forma justa.

---

[19]Russell Moore, *Onward: Engaging the Culture Without Losing the Gospel* (Nashville: B&H Publishing, 2015), p. 187.

CRISTÃOS: NÃO SÃO GUERREIROS CULTURAIS, MAS EMBAIXADORES

Por esse motivo, devemos permanecer genuinamente abertos à persuasão, especialmente no território marcado por linhas tênues da sabedoria. Os não cristãos frequentemente detêm competências que não temos. Eles podem compreender relações econômicas de causa e efeito melhor que nós. Podem possuir uma formação científica que subsidie nosso raciocínio sobre política energética. Eles podem compreender a situação concreta na Ucrânia com maior profundidade que nós. Em questões como essas, a humildade exige que busquemos indagar de forma genuína. Além de ser a coisa certa a fazer, terá um claro efeito no modo como seremos percebidos.[20]

9. Não atribua sua interpretação de eventos históricos à Providência

Os cristãos às vezes tentam vencer discussões políticas afirmando "saber" o que Deus está ou não fazendo na história. Isso, porém, pode ser uma forma sutil de idolatria. "As coisas encobertas pertencem ao SENHOR, o nosso Deus, mas as reveladas pertencem a nós", diz Deuteronômio 29:29. Presumir saber o que Deus está fazendo nos bastidores é presumir ser Deus.

O fascinante livro do historiador Mark Noll, *The civil war as a theological crisis* [A guerra civil como uma crise teológica] traz muitos exemplos de cristãos, tanto do Norte como do Sul dos Estados Unidos, interpretando eventos da guerra civil a seu favor. Ambos atribuem a Deus motivações que respaldam a justiça da sua causa, seja na derrota ou na vitória.

O Norte acreditava que o desejo sulista de perpetuar um sistema maligno trazia desgosto a Deus, por isso Deus estava colocando um fim naquele sistema. O Sul interpretava suas derrotas como um ato de disciplina divina contra os justos.

Lembro-me, de igual modo, de líderes americanos interpretando o furacão Sandy em 2012 como um juízo de Deus contra as transgressões morais da nação.

---

[20]Agradeço a Nick Rodriguez, que contribuiu para essa seção.

POR QUE SE ENFURECEM AS NAÇÕES

Estaria Deus fazendo alguma dessas coisas? Talvez. Ou talvez Deus estivesse fazendo milhões de outras coisas. Abraham Lincoln, demonstrando profundo discernimento, observou, em seu segundo discurso de posse, que tanto o Norte como o Sul "leem a mesma Bíblia, oram ao mesmo Deus; e cada lado invoca sua ajuda contra o outro". Contudo, as orações "de nenhum dos dois lados têm sido plenamente respondidas. O Todo Poderoso tem seus próprios propósitos".

Quando afirmamos *saber* o que Deus está fazendo na história, e fazemos afirmações que não estão nas Escrituras, corremos o risco de projetar nossas próprias preferências partidárias e ideológicas sobre Deus. Na verdade, substituímos a sabedoria de Deus pela nossa e, dessa forma, tornamo-nos idólatras.

10. Conheça os pontos fortes, os pontos fracos e a trajetória idólatra do seu partido

Não devemos nutrir uma lealdade cega à nossa filiação partidária. Caso contrário, submeteremos nossa fé ao nosso partido. Por isso, é uma boa ideia conhecer os pontos fortes, os pontos fracos e a trajetória idólatra do seu partido.

Permita-me apresentar minha própria avaliação dos dois principais partidos norte-americanos. Você não precisa concordar, mas quero apenas dar um exemplo do tipo de avaliação que eu incentivaria todo cristão a fazer.

Um ponto forte do Partido Republicano, a partir de uma perspectiva bíblica, é sua ênfase na responsabilidade pessoal e no fato de não enxergar o governo como um provedor de serviços. O Partido Democrata, biblicamente falando, tem o ponto forte de procurar representar os desfavorecidos e os desafortunados.

Uma trajetória idólatra do Partido Republicano é sua tendência a um liberalismo amoral, que pode operar segundo o princípio utilitarista de sacrificar alguns em benefício de muitos. Sua ênfase positiva na responsabilidade individual pode ignorar realidades estruturais mais amplas e negar preconceitos implícitos. Esses

CRISTÃOS: NÃO SÃO GUERREIROS CULTURAIS, MAS EMBAIXADORES

pontos cegos ou idolatrias — e pode ser um ou outro — acabam por abandonar os pobres, os estrangeiros e as minorias. Isso é injusto.

Uma trajetória idólatra do Partido Democrata vai na direção de um ateísmo secular que literalmente despreza Deus em sua convenção nacional, ao mesmo tempo em que trata o governo como um salvador divino para todos os males da vida. Muitos no partido têm acreditado no deus da autodefinição e da autoexpressão, uma religião que condena e elimina a moralidade bíblica. A plataforma e as práticas do partido valorizam a "liberdade" de sexualidade e decisões de estilo de vida acima da vida e da liberdade de um nascituro.

Quer você se identifique com os democratas ou com os republicanos, o evangelho não nos vincula a nenhum dos dois, capacitando-nos a participar de ambos como embaixadores. O evangelho o capacitará a ser um melhor membro partidário, confirmando o que é bom, denunciando o que é ruim e influenciando o partido na direção da justiça.

Assim como se deu com a KKK, com o Partido Nazista, ou com o Partido Comunista, acredito que pode chegar um dia em que os cristãos não poderão se filiar a certos partidos. Contudo, tenha sempre em mente que há uma diferença entre seu julgamento pessoal nessa questão e o julgamento da igreja sobre questões de filiação partidária. E até que sua igreja esteja pronta para assumir uma decisão dessa envergadura, os cristãos devem demonstrar respeito, cautela e amor mútuo, independentemente de tendência partidária.

11. Esteja preparado para ocasionalmente desobedecer ao estado

Pense em Daniel e nos três hebreus que se recusaram, em ocasiões distintas, a se curvar e adorar os falsos deuses de Nabucodonosor, ainda que suas vidas fossem ameaçadas. Ou pense em Pedro, que fez o mesmo perante o Sinédrio: "É preciso obedecer antes a Deus do que aos homens" (Atos 5:29).

Há momentos raros em que os cristãos devem desobedecer ao Estado e, talvez, momentos ainda mais raros em que devemos depô-lo.

Mais cedo dissemos que todo ser humano é comissionado por Gênesis 9:5-6 e que há algo vagamente democrático acerca do governo na Bíblia. Uma implicação desse princípio é que devemos trabalhar para promover Gênesis 9:5-6, mesmo quando um governo não o faz.

Pergunte a si mesmo: Gênesis 9:6 se aplica a Adolf Hitler? "Quem derramar sangue do homem, pelo homem seu sangue será derramado." Ou estaria um ditador como Hitler *além* do alcance da responsabilização desse versículo? Os cristãos algumas vezes debatem se o pastor alemão Dietrich Bonhoeffer estava certo em participar do plano para assassinar Hitler. Pela parte que me toca, entendo que Bonhoeffer — visto que ele teve a oportunidade — teve o *dever* de participar seguindo Gênesis 9:6. Hitler havia eliminado toda possibilidade pacífica de o removerem do poder e Hitler *não* estava acima de Gênesis 9:6. O mesmo vale para qualquer governo.

De forma geral, é realmente raro que cristãos e cidadãos considerem a deposição de um governo. Inúmeras outras considerações devem ser levadas em conta. Se, com toda a probabilidade, eventuais tentativas de golpe podem acabar levando família e amigos à morte e nada mais, sua insurreição pode não ser justa. A teoria da guerra justa também se aplica aqui. Sua revolução será injusta, a não ser que você possa colocar um governo melhor no lugar. Caso contrário, a anarquia que você criará levará a todo tipo de injustiças. Contudo, a princípio, um governo que não sustente a vida humana, mas que efetivamente prejudique, abuse e destrua seu próprio povo é um governo que, poderíamos dizer, merece o julgamento de Gênesis 9:5-6.

Esse é o argumento bíblico para uma revolução. Não se trata de simplesmente retirar o consentimento, como disse Thomas Jefferson. Obviamente, toda ação que você tomar contra um governo será julgada por Deus no Último Dia. Certifique-se de estar pronto para prestar contas.

Mais comum são aqueles casos em que um cristão precisa decidir se obedece a uma lei que o faz transgredir alguma lei de Deus.

CRISTÃOS: NÃO SÃO GUERREIROS CULTURAIS, MAS EMBAIXADORES

Logicamente, nem sempre é fácil determinar uma situação assim. Você é juiz de paz e lhe pedem para realizar um casamento entre pessoas do mesmo sexo. Você o faz? Provavelmente não. Você é um funcionário do cartório e lhe dizem para datilografar a certidão do casamento entre pessoas do mesmo sexo que acabou de ser celebrado. Você o faz? Eu sinceramente não sei responder.

O melhor conselho que posso lhe dar, caso você venha a se ver em tal situação, é: converse com seus amigos cristãos e, em especial, com seus pastores. Muitos cenários assim precisarão ser tratados caso a caso.

Há muito mais que precisaria ser dito aqui, mas espero que você esteja compreendendo as linhas gerais. Deus deu ao governo um trabalho para ser feito, logo sua autoridade está sujeita aos limites que Deus definiu. Quando o governo desvia da sua senda, ou promove o pecado em seu âmbito de atuação, acaba sua obrigação moral de obedecê-lo. Além disso, quando um governo trabalha de forma habitual e sistemática contra o mandato que lhe foi dado por Deus, pode ser hora de demiti-lo.

A propósito, louve ao Senhor por vivermos em um país onde temos tantas formas pacíficas de demitir nossos governantes, sem precisarmos recorrer à desobediência civil ou revolução. Deus não promete ao seu povo um país tão bom como os Estados Unidos têm sido.

12. Ore pelo governo

Paulo nos orientou a orar "pelos reis e por todos os que exercem autoridade, para que tenhamos uma vida tranquila e pacífica, com toda a piedade e dignidade" (1Timóteo 2:2). Não devemos orar apenas pelos governos de que gostamos, mas também por aqueles de que não gostamos.

Se devemos orar pelo rei para que tenhamos vidas pacíficas e tranquilas, segue-se outra implicação: devemos também orar por governos injustos. Gosto muito do exemplo de Philip Ryken, sobre uma igreja dedicada à oração em Aberdeen, Escócia, chamada

Gilcomston South Church. Ele serviu lá como pastor estagiário. Eis o relato de Philip:

> Nos idos de 1992, os membros daquela igreja tinham o hábito de agradecer a Deus pela forma como ele havia derrubado a Cortina de Ferro do comunismo na Europa oriental. Pelo modo como oravam, eles claramente acreditavam que suas orações tinham algo a ver com o colapso do Império Soviético. Eu me sentia tentado a puxar um deles de lado e dizer: "Sabe, o que aconteceu foi um pouco mais complicado do que isso. A economia global teve alguma influência, para não mencionar a corrida armamentista e a falência espiritual do comunismo. Foi preciso mais que suas orações para derrubar o Muro de Berlim".
>
> Eu me sentia tentado, mas jamais faria isso. Quem pode determinar o impacto de uma igreja dedicada à oração nas questões mundiais? Se você visitasse *Gilcomston* em um sábado à noite, você saía informado sobre o que estava acontecendo no mundo. As orações do povo de Deus realmente estão no coração daquilo que Deus realiza. Quando a verdadeira história do mundo tiver sido finalmente escrita, descobriremos que cristãos como os de Aberdeen tiveram profunda influência nos eventos mundiais.[21]

CONCLUSÃO

Voltemos ao início deste capítulo. As Escrituras nos convocam ao engajamento político em nome do amor, mas alertam que não devemos depositar grandes esperanças na política deste mundo. Nossa esperança política deve estar no reino de Cristo e em sua igreja.

Um amigo pastor recentemente compartilhou a história de uma mulher de 75 anos de sua igreja. Quando solicitada a abrigar uma jovem moradora de rua durante uma noite, ela respondeu: "Oh,

---

[21] Philip Graham Ryken, *Jeremiah and Lamentations: from sorrow to hope* (Wheaton: Crossway, 2012), p. 390-1.

pastor, Tiago afirma que fé sem obras é morta. Ela não só pode vir para minha casa, como pode usar minha própria cama". A jovem então passou diversos meses na casa da idosa. Ela passou por um processo de reabilitação do vício em drogas e chegou a literalmente dormir na cama de sua anfitriã.

Essa santa mais idosa entendia de política cristã. Ela começou com decisões em sua própria vida, então alcançou quem estava em volta. A fé deu lugar à ação.

Entretanto, também não havia espaço para triunfalismo. Logo na semana passada — o pastor contou-me enquanto eu escrevia esse texto —, a jovem morreu de overdose.

A política neste mundo, como já dissemos, é sisifeana. "Vaidade de vaidades! Tudo é vaidade", disse o autor de Eclesiastes (1:2, NAA).

Eis duas perguntas para você: Primeira, será possível que Deus tenha bons propósitos mesmo na futilidade de overdoses e em tantas outras falhas políticas? Segunda, você buscará amor e justiça entre aqueles que estão ao seu redor, ainda que não veja resultados, para a glória de Deus, a vindicação do seu povo e o bem do seu próximo?

Adoro a série de tweets que meu colega de ministério, Isaac, postou um dia após uma multidão de nacionalistas brancos marcharem em Charlottesville, Virginia. Isaac é negro. Ele postou:

Acordando para ver o que aconteceu em Charlottesville, onde conheci Meg (minha esposa branca) e a pedi em casamento. Amamos aquela cidade.

Então:

Ver o que aconteceu lá me faz lamentar de tal forma, que lembro que fui feito para uma casa que não foi construída por mãos humanas (2Coríntios 5:1).

Por fim:

Então eu sigo trabalhando aqui embaixo, forçando a linha de batalha, ainda que apenas um centímetro, mas minha esperança não está nas minhas forças. Minha esperança é Deus, minha alegria plena.

Em nossa igreja, Isaac trabalha para ajudar a cultura majoritária a compreender melhor as preocupações das minorias. Ele profere palestras especiais, organiza grupos de discussões sobre livros, procura discipular irmãos de minorias como presbíteros em potencial. Ele se dedica a desmiolados como eu. Fora de nossa igreja, ele escreve sobre questões de raça. Realiza eventos de declamação de poesia evangelística em livrarias locais para não cristãos. E muito mais. Ele avança pouco a pouco, pela alegria que está posta diante dele.

Isaac é um cristão politicamente engajado, sim, mas também é sábio. Ele não busca ter acesso aos poderosos. Ele discipula as pessoas comuns, as pessoas normais, os desfavorecidos, assim como o fez o Salvador Jesus. Ele não está tentando mudar o mundo. Ele está vivenciando um mundo transformado. Ele começou pequeno, consciente de que o reino de Deus é como um grão de mostarda.

O envolvimento de um cristão em política implica, portanto, tanto em riscos maiores como menores do que podíamos inicialmente pensar.[22] Os riscos são maiores no sentido de que todos somos obrigados a representar a Cristo adequadamente na esfera pública. Tanto nas palavras que usamos como nos resultados que alcançamos, somos parte da obra solene de glorificar a Deus e dele desfrutar para todo sempre. Os riscos, contudo, também são menores no sentido de que nenhum resultado político nesta terra é definitivo.

Empreendemos esforços sinceros para persuadir os outros de nossos pontos de vista; contudo, não temos medo de perder, pois sabemos que nosso Deus já venceu. Todo resultado político que se

---

[22]Agradeço mais uma vez pela ajuda de Nick Rodriguez nesse parágrafo e no seguinte.

desenrola nesta vida está sob o controle soberano de Deus e ocorre para o bem daqueles que o amam e são chamados conforme o seu propósito (Romanos 8:28). Saber disso nos liberta para sermos o tipo de embaixadores alegres que são sempre fiéis e, eventualmente (com a ajuda de Deus), eficazes.

8

JUSTIÇA: NÃO GIRA EM TORNO *APENAS* DE DIREITOS, MAS DO QUE É CERTO

"Bem, Sr. Leeman, por que o senhor gostaria de lecionar para a segunda série?", perguntou a diretora.

Segunda série? É para isso que ela está me entrevistando? Eu nunca pensei em lecionar para a segunda série. Será que eu gosto de crianças de sete anos de idade?

Depois de um tempo, eu gaguejei: "Ora, a segunda série é crucial, pois você ainda está assentando os alicerces e alicerces são importantes, sabe". Eu não lembro o que falei depois disso.

Eu nunca tinha assistido a uma aula sequer de pedagogia na faculdade. Toda minha formação universitária fora na área de ciências políticas, mas eu ficara sabendo que a Diretoria de Ensino do Distrito de Columbia estava desesperada por professores e dando licenças temporárias. Estava com 24 anos de idade, era solteiro e tinha interesse em um ano de aventuras enquanto escolhia a direção que daria à minha carreira acadêmica na pós-graduação. Então compareci na feira de empregos da Diretoria de Ensino e me inscrevi para ensinar estudos sociais no ensino médio.

A única ligação que recebi foi do ensino fundamental.

A diretora não perguntou maiores detalhes. Em vez disso, ela passou os quinze minutos seguintes explicando sua filosofia de ensino. Ela terminou, sorriu e disse: "Então, Sr. Leeman, eu acho que o senhor vai se encaixar muito bem na nossa escola. Espero que o senhor aceite a vaga de professor". Ela estava no fim de uma longa carreira e sem nenhuma energia.

Então: sem cursos na área de pedagogia; sem diploma; sem maiores perguntas; sem verificação de antecedentes; sem um telefonema para verificar minhas referências. Uma rápida olhadela de quinze segundos no meu currículo e, pasmem: algumas semanas mais tarde, lá estava eu em uma sala de aula com 26 alunos da segunda série.

Uma menina na minha sala era hispânica. Os demais eram afro-americanos, como eram todos os demais adultos na escola, com exceção de duas pessoas. A escola ficava enfiada entre prédios públicos do governo federal e projetos habitacionais para populações de baixa renda. Os estudantes vinham dessas moradias. Atualmente, a escola está entre as piores colocadas (12ª pior colocada do país em matemática, 9ª pior colocada em inglês).

Eu estava tentando desempenhar algo totalmente além da minha capacidade. No primeiro mês, a escola não tinha currículo algum que eu pudesse seguir. Não tinha livros, lápis nem papel. Somente eu, um quadro negro, 26 cadeirinhas, 26 escrivaninhas e 26 lindas e preciosas crianças de sete anos de idade. Eu nunca tive uma auxiliar de sala. A diretora só entrou na sala de aula por alguns minutos, uma meia dúzia de vezes, durante o ano inteiro.

Felizmente, minha igreja forneceu os suprimentos escolares básicos para todas as crianças. E uma senhora da igreja apareceu para ajudar diversas vezes. Eu mesmo produzi minhas folhas de atividades.

Muitas das crianças eram criadas por suas avós, a maioria por mães solteiras que claramente trabalhavam arduamente para sustentar o lar. Elas chegavam atrasadas alguns minutos para pegar os filhos, esbaforidas e pedindo desculpas.

Uma mãe deixava seu filho sempre em torno das dez da manhã. Ela estava sempre drogada. Um funcionário da administração da escola disse que o menino era um "filho do crack", expressão usada na década de 1990. Soa insensível usá-lo agora. Era impossível segurá-lo em sua mesa e ele ficava sempre correndo pela sala, cutucando as outras crianças e alheio aos meus pedidos. Em vários dias eu era obrigado a levá-lo à secretaria da escola. Ele ficava lá sentado por uma ou duas horas e eles então o mandavam de volta. Também não havia nada que pudessem fazer por ele.

Eu nunca quis lecionar por mais de um ano. Creio que, de modo um tanto egoísta, eu só queria ter a experiência. Foi com certeza o ano mais difícil da minha vida profissional. Graças a Deus, as crianças aparentemente aprenderam a somar e subtrair números com dois dígitos. Sua leitura melhorou, ainda que minimamente. Não acredito que eu tenha prejudicado sua educação, mas também não sei avaliar o quanto ajudei.

Algumas semanas antes do fim do ano letivo, uma amiga da área de jornalismo me ligou e contou sobre uma revista internacional de economia que procurava um gerente editorial. Ela conhecia o editor e se ofereceu para telefonar e me indicar, caso eu estivesse interessado. Eu estava. Alguns dias mais tarde, lá estava eu sentado em uma longa mesa de mogno, cercado de cadeiras de espaldar alto e diante de membros influentes de Washington, D.C., trajando camisas e sapatos de alto valor. De um lado havia uma divisória de vidro; de outro, a visão do nonagésimo andar do centro de Washington. O auxiliar de escritório ofereceu algumas opções de bebidas em um copo com gelo. Ali não havia bebedores de escola com gosto metálico no corredor. Lembro-me claramente de recostar na cadeira alta e perceber outra coisa que a escola não tinha: ar-condicionado.

Eu passei os dois anos seguintes naquela revista. Eu não mantive contato com as crianças e me senti um pouco culpado por isso. Em vez disso, imaginei-me sentado em um belo restaurante em Washington, D.C., relatando as aventuras que vivi durante aquele ano angustiante. Após algumas histórias sobre "filhos do crack", eu ouvia os cumprimentos: "Que fantástico, Jonathan. É muito legal de sua parte ter feito isso". Olhe só para mim: eu sou o herói branco.

OS ESTADOS UNIDOS SÃO CAPAZES DE SARAR SUAS DIVISÕES?

Comecei este livro dando exemplos de como os Estados Unidos haviam se tornado conflituosos e divididos. Estamos divididos com relação à imigração, sistema de saúde, inúmeras questões políticas que suscitam debates entre nacionalismo e globalismo, regras conjugais, igualdade LGBT, políticas para transgêneros em vestiários no ensino médio, liberdade religiosa e muito mais.

A política racial, pano de fundo do ano que passei lecionando para a segunda série, traz outro exemplo óbvio de como os Estados Unidos estão divididos atualmente. Eu fui capaz de cair de paraquedas e sair de helicóptero daquela escola por conta de meus talentos e habilidades individuais? Ou foi porque tinha acesso a diversas opções e a uma rede de contatos que meus colegas e alunos afro-americanos não tinham; como um lar com dois pais que me apoiavam, professores na faculdade e empregadores que me davam o benefício da dúvida, por eu ser branco, além de amigos bem colocados no centro de Washington, D.C., que podiam dar telefonemas em meu favor? Deixe-me reformular a pergunta: a responsabilidade pelas condições insuportáveis daquela escola e daquela vizinhança pertence a um grupo específico de indivíduos (pais ausentes, mães viciadas, diretoras exaustas)? Ou injustiças sistêmicas mais amplas prepararam o terreno para que toda a narrativa do meu ano se desenrolasse (escolas com poucos recursos; privilégio branco; práticas discriminatórias em empréstimos hipotecários e fuga de populações brancas; aplicação de sentenças mais elevadas por uso de drogas quando o acusado é negro, o que leva a pais ausentes)?

Você pode interpretar essa história de uma ou de outra forma. E eu suponho que os leitores escolherão uma ou outra visão. Com base nas pesquisas, se você for branco, protestante e conservador, estará mais propenso que as demais categorias demográficas (minorias, não cristãos e outros) a culpar os próprios indivíduos. Se você for negro, conservador e protestante, estará mais propenso que todas as outras categorias demográficas a culpar "o sistema".[1] O primeiro grupo afirma que essa é uma questão de responsabilidade individual. O segundo grupo diz que é uma questão de justiça.

O ponto central que eu procuro elaborar aqui é que, por trás de cada divisão política no país, há uma visão diferente de justiça. Selecione um ponto controverso qualquer (aborto, imigração, política racial ou outro) e verá que, por trás dessa divisão, existem ao menos dois lados daquilo que a justiça demanda. Aquilo que vivi em uma escola pública, por exemplo, provocará clamores por justiça em alguns, mas não em outros.

Se vivemos em uma era de polarizações, como diz o subtítulo deste livro, isso se deve em parte a visões diferentes de justiça. E tais visões discordantes daquilo que é justo tornam muito difícil dialogarmos uns com os outros. Em vez disso, latimos uns para os outros como cães assustados. Os estudantes nos campi universitários reclamam de "microagressões", exigem "espaços seguros" e confrontam palestrantes conservadores com violência. Professores acabam usando colares cervicais. Nesse meio tempo, nacionalistas brancos marcham em Charlottesville, Virginia, e em outras partes do país. Além de existirem divergências, nós parecemos anunciá-las aos berros cada vez mais.

"Pois eu sinto um profundo sentimento de pavor", disse um escritor na revista de política externa *The American Interest*, "de que

---

[1]Michael Emerson; Christian Smith, *Divided by faith: evangelical religion and the problem of race in America* (New York: Oxford University Press, 2000).

nosso tecido social esteja muito corroído para canalizar suas discordâncias por meio das instituições políticas; de que o credo estadunidense esteja atropelado e destruído". Ele conclui: "Grandes nações podem ruir. Eu não sei como isso seria para os Estados Unidos. E eu não sei como interromper esse processo".[2]

Eu não sei se as divisões que os Estados Unidos enfrentam hoje são comuns ou se a nação se encontra à beira de uma divisão cataclísmica, sob risco de ver sucumbir o Estado de direito. Meu próprio instinto é de que a fartura relativa da nossa nação disfarça a profundidade da divisão. Se a economia desmoronasse, descobriríamos do que o país realmente é feito.

De um jeito ou de outro, você acredita que os Estados Unidos possuem os meios para sarar suas divisões? Isso dependerá de onde buscarmos justiça.

UMA DECLARAÇÃO DE MISSÃO NACIONAL

A principal ferramenta dos Estados Unidos para curar suas divisões e buscar uma visão unificada de justiça tem sido afirmar e reafirmar nossa crença comum em igualdade, liberdade e direitos naturais. Você ouve tais afirmativas em discursos de posse, salas de aula e filmes.

Contudo, já há muto reconhecemos que o objetivo de união por meio dessa visão de justiça representou um tipo de provação para nós. A Guerra Civil, por exemplo testou essa união. Abraham Lincoln abordou tal tema em seu discurso em Gettysburg, em 1863. Seu discurso com 272 palavras começava assim:

> Há 87 anos, nossos antepassados geraram neste continente uma
> nova nação, concebida na liberdade e dedicada ao princípio de que
> todos os homens foram criados iguais. Hoje, estamos envolvidos

---

[2]Jason Willick, "Terror in Charlottesville and American Decline," *The American Interest*, 13 de agosto de 2017. Disponível em: https://www.the-american-interest.com/2017/08/13/terror-charlottesville-american-decline/.

em uma grande guerra civil, a qual testará se essa nação, bem como qualquer outra assim concebida, será capaz de subsistir.

Pense na questão proposta pelo discurso: uma nação autônoma, dedicada à liberdade e à igualdade, pode *subsistir*? A grande guerra civil estava testando esse princípio.

Quando Lincoln fez essa pergunta, ele estava trazendo à memória o que ocorrera "há 87 anos", fazendo referência ao ano de 1776 e à Declaração da Independência. A Declaração também tinha afirmado a verdade "autoevidente", de que "todos os homens são criados iguais". O problema é que nem o próprio autor da Declaração havia adotado de verdade esse princípio, pois possuía escravos. A própria Constituição não havia se apropriado desse princípio. O cálculo populacional que determinava o número de representantes de cada estado na Câmara contava escravos como três quintos de um indivíduo. E diversas gerações de proprietários de escravos americanos resistiram a esse princípio. A justiça não prevaleceu.

Lincoln estava então perguntando se a nação finalmente adotaria o princípio de que todos — o que significa *todas* as pessoas de *todas* as corres — foram criados iguais?

Ele concluiu seu discurso conclamando "um novo nascimento da liberdade". Essa nova liberdade provaria que o autogoverno ("governo do povo, pelo povo, para o povo") realmente funciona ("jamais desapareça").

Juntos, a Declaração de Jefferson e o Discurso de Lincoln representam a declaração de missão dos Estados Unidos com relação à justiça: somos um povo dedicado aos princípios de igualdade, liberdade e direitos naturais.

TER COMPROMISSO COM A LIBERDADE E A IGUALDADE É SUFICIENTE?

O que você acha: nossa declaração de visão nacional sobre justiça é suficiente para sarar nossas divisões nacionais? Basta que alguém repita o discurso de Gettysburg?

Ou deixe-me melhorar a pergunta: seria possível que eu e você, *independentemente dos deuses que adoremos*, conseguíssemos nos autogovernar com justiça, baseados apenas em um compromisso mútuo com princípios de liberdade, igualdade e direitos individuais? Será que trezentos milhões de pessoas conseguiriam isso?

Acredito que a resposta seja não.

Se não houver temor a Deus, a esperança da Declaração e de Gettysburg é uma esperança equivocada para uma nação. Os cristãos não devem buscar apenas igualdade, liberdade e direitos individuais; mas uma igualdade justa, uma liberdade justa e um conjunto de direitos justos, *segundo o que Deus define como justo*.

Não quero dizer que é chegada a hora de envolver a cruz em uma bandeira americana. Também não digo que precisemos de uma emenda constitucional que afirme crer no Deus da Bíblia. O que estou dizendo é que precisamos parar, reconhecer a realidade e divulgar as questões que venho levantando ao longo deste livro. Todo mundo possui um Deus ou deus que adora em tudo que faz. Todo Deus ou deus traz junto seu próprio tipo de justiça. Por conseguinte, todo Deus ou deus apresenta suas próprias concepções de igualdade, liberdade e direitos.

Escolha seu Deus ou deuses: dali sairão suas visões sobre justiça.

Escolha sua concepção de justiça: dali sairão suas visões sobre igualdade, liberdade e direitos. Podemos encontrar visões coincidentes com os deuses de outras pessoas; mas não temos ao nosso dispor conceitos de justiça, igualdade, liberdade e direitos que sejam religiosamente neutros.

Tanto defensores quanto opositores da doutrina "separados, mas iguais", das leis de Jim Crow, diziam proteger algo chamado igualdade. Entretanto, eles claramente atribuíam sentidos distintos à palavra.

Ativistas pró-vida e pró-escolha concordam em algo que denominam liberdade. Eles, contudo, discordam quanto a mulher ter a liberdade de encerrar sua gravidez.

Conservadores e progressistas concordam que gays e lésbicas têm o direito de se casarem. Discordam, porém, profundamente, se eles teriam o direito de se casaram com alguém do mesmo sexo.

Por trás de cada lado, nas três duplas antagônicas, ao menos em termos funcionais, temos visões distintas de justiça e deuses diferentes. O passado americano já teve sua cota de falsos deuses, como o deus da supremacia branca. Talvez os deuses mais famosos da atualidade sejam o deus do ego e o do meu grupo; valendo destacar que ambos se enfurecem vigorosamente contra o Senhor e seu Ungido.

Ou seja: podemos, sim, afirmar, juntamente com Lincoln e Jefferson, as verdades "autoevidentes" sobre os direitos "inalienáveis" e a igualdade de todas as pessoas. Isso, porém, não significa que não venhamos a acabar como uma nação dividida. Quanto mais prevalecer para todos, o deus do ego e o do meu grupo, mais profundamente afundaremos no tribalismo.[3]

Quero utilizar o restante deste capítulo para comparar dois tipos de justiça e os deuses que estão por trás delas. É quase como observar dois universos diferentes. O objetivo aqui é descobrir como "cristianizar" o país? Não, é ajudar os cristãos a compreenderem como defender a justiça do Deus verdadeiro e não se alinhar à justiça de algum falso deus. Não há uma terceira opção.

A JUSTIÇA COMO RESPEITO AOS DIREITOS

O conceito de justiça preponderante nos Estados Unidos, que herdamos desde sua fundação, é justiça como respeito aos direitos. Eu tenho direitos. Você tem direitos. Justiça significa assegurar e proteger esses direitos na medida do possível, sem interferir nos direitos de outra pessoa. Direitos endireitam as coisas. Os tribunais existem, entre outras razões, para decidir judicialmente quando os direitos de pessoas diferentes entram em conflito.

Definir justiça como respeito aos direitos parece um meio-termo pragmático e agradável para a manutenção da paz entre pessoas

---

[3]Nicholas Wolterstorff, *Justice: rights and wrongs* (Princeton: Princeton University Press, 2008), p. 393.

JUSTIÇA: NÃO GIRA EM TORNO APENAS DE DIREITOS, MAS DO QUE É CERTO

com cosmovisões e religiões diferentes. Podemos não concordar sobre quem Deus é. Mas podemos respeitar os direitos uns dos outros, certo?

Bem, não é tão simples assim. Quem ou o que define quais direitos são os corretos? Algumas vezes nossos deuses concordarão sobre quais direitos estão certos. Em outros momentos, não haverá acordo, e é quando as batalhas começam. Como já ponderamos ao longo deste livro, a visão de "direitos" de uma pessoa traz implícito um deus e a definição daquele deus daquilo que é certo ou errado.

Chai Feldblum, comissária nomeada por Obama para a Comissão de Igualdade de Oportunidade de Emprego, concordava substancialmente com isso. Feldblum é lésbica. Ela passou a década de 1990 trabalhando para reverter a proibição governamental de gays e lésbicas no serviço militar, e os anos 2000 lutando por igualdade para a população LGBT no mercado de trabalho. Ela acreditava que cristãos, por exemplo, na indústria de casamentos, não podiam ter o direito de recusar clientes homossexuais. "Uma vez que os indivíduos optem por entrar no fluxo econômico do comércio, abrindo estabelecimentos comerciais, acredito ser legítimo exigir que eles se portem de acordo com certas regras."[4] Assim, um confeiteiro cristão fica obrigado a fazer um bolo para um casamento homossexual. O proprietário de uma pousada é obrigado a hospedar casais lésbicos ou heterossexuais que não sejam legalmente casados.

Feldblum reconhecia que seus valores morais eram diametralmente opostos aos valores morais dos cristãos evangélicos. É um jogo de soma zero, dizia ela. Alguém tem de ganhar e alguém tem de perder. Simplesmente não dará certo fingir que podemos encontrar pontos de contato ou neutralidade. Feldblum não considerava sua identidade lésbica como "religiosa". Ela fazia uma diferenciação entre "liberdade-crença" e "liberdade-identidade", mas admitia que ambas as coisas tinham o mesmo papel na vida de uma pessoa.

---

[4]Chai Feldblum, "Moral Conflict and Liberty," *Brooklyn Law Review 72*, n. 1:119.

Ambas são essenciais para a formação da identidade e ambas determinam nossa política.

Ela escreveu: "Se me for negado um emprego, um apartamento, um quarto de hotel, uma mesa em um restaurante, ou um tratamento médico, pelo fato de eu ser lésbica; isso será um dano profundo, intenso e tangível". E tal dano, disse ela, não é aliviado apenas porque ela pode descer a rua e encontrar outro fornecedor. Não. "A violação à minha dignidade e ao meu sentimento de segurança no mundo ocorre quando a negativa inicial tem lugar. Aquela violação não é mitigada pelo fato de que outras pessoas podem não vir a me tratar da mesma forma."[5]

Para Feldblum, a identidade é suprema. A identidade é deus. Não há nada mais profundo, mais significativo, mais inabalável. Por conta disso, a identidade é a fonte de tudo que é justo e correto. Se meu senso de identidade o exige, isso deve ser correto.

Sua política então segue sua religião de identidade pessoal e coletiva. Os direitos de gays e lésbicas superam os direitos dos cristãos e a liberdade religiosa: "Na tomada de decisão desse jogo de soma zero, estou convencida de que a sociedade deveria se unir ao lado que protege a liberdade da população LGBT". Aliás, ela considerava "difícil vislumbrar quaisquer circunstâncias" em que os tribunais devessem apoiar a liberdade religiosa contra a identidade LGBT.[6]

Nesse campo de batalha entre deuses, a vitória pertencerá àquele cujo deus puder gritar mais alto, que mais caluniar o outro lado e conseguir obter a maior quantidade de votos. É uma mera competição por poder. Se meu deus puder derrotar seu deus, o entendimento do meu deus daquilo que constitui um direito passa a definir os direitos de todos. Cabe ao meu deus determinar o que é justiça.

A justiça, em um sistema desses, não se trataria apenas de definir quem tem mais poder?

---

[5] Ibidem.
[6] Ibidem, p. 115.

Às vezes as pessoas se referem ao tipo de pensamento defendido por Feldblum como "política identitária". Políticas identitárias, de modo geral, partem de observações fundamentadas no senso comum de que nossas vidas e crenças são moldadas conforme os grupos que ocupamos; quer sejam esses grupos formados conforme o sexo biológico, a raça, a classe, a orientação sexual ou algo mais. Elas então propõem reivindicações morais e políticas baseadas nessas identidades do grupo.

Em sua melhor forma, a política identitária, ao menos quando vem da esquerda, dá voz aos oprimidos e desperta a consciência pública para sua opressão. Ela age para criar empatia pelas pessoas marginalizadas e os cristãos deviam apoiar esse objetivo. Além disso, é proveitoso reconhecer que todos falamos a partir de nossas perspectivas, majoritárias ou minoritárias, cristãs ou não.

Em suas manifestações mais seculares, porém, é na política identitária que um mundo inebriado pela pós-religião, pela pós-verdade e pela pós-modernidade vai buscar a fonte de *toda* sua crença e moralidade. A política identitária secular nos diz que nossas crenças e moralidades são *todas* construções sociais. Deus está morto; a verdade com "V" maiúsculo, também. Isso significa que praticamente não há uma humanidade em comum sobre a qual falarmos, nem existiriam grupos moralmente inadmissíveis. Entretanto, ainda precisaríamos de algo em que acreditar, de algum padrão moral para guiar nossa vida.

E onde podemos conseguir isso? Com a nossa tribo. Nossas tribos nos dão sentido, propósito, valor: uma regra. Pessoas oriundas da direita e da esquerda política agem assim. Não é como se somente os progressistas jogassem esse jogo, enquanto os conservadores se mantivessem com uma postura objetiva. Todos vivemos e nos identificamos com nossas tribos. E esse grande conjunto de tribos coexiste em um estado de guerra perpétua, como no filme *Mad Max*. Na verdade, aquilo que concebemos como o "eu" ou o "ego" é uma combinação de todas as tribos de que participamos: os valores e palavras que aprendemos com certa família, determinada

POR QUE SE ENFURECEM AS NAÇÕES

identidade étnica, certa nação, determinada formação no ensino médio, certo grupo profissional, e assim por diante.

Duas consequências se sucedem. Em primeiro lugar, o diálogo entre as tribos é interrompido. Afinal de contas, falamos linguagens diferentes. "Eles não são 'esquerdopatas'." "Eles estão do lado errado da história."

Em segundo lugar, as tribos frequentemente se acusam mutuamente de injustiças básicas. Você me denuncia por ser preconceituoso e opressor. Eu lhe imputo a conduta de ser totalitário e de tentar controlar a forma como eu penso. E voltamos à competição de quem grita mais alto.

Quando você remove o Deus da glória e o Deus do juízo, que criou toda a humanidade à sua imagem, é nisso que culmina toda história da liberdade, direitos e igualdade. Ouso dizer que o Experimento Americano, uma vez dissociado de Deus, tornará inevitável o casamento entre pessoas do mesmo sexo, os debates em torno de banheiros para pessoas transgêneros e o fim da tolerância religiosa. Cada pessoa se tornará seu próprio deus. Cada cidadão possuirá o direito de "definir seu próprio conceito de existência, de significado, de universo e no que consiste o mistério da vida humana".[7]

Os conservadores condenam essa sentença extraída do caso *Planned Parenthood* v. *Casey*, julgado pela Suprema Corte; mas eu diria que ela é perfeitamente consistente com os valores da Declaração e do Discurso de Gettysburg, se os dissociarmos de Deus. Se Deus não for juiz e eu não for criado à sua imagem; então, sim, eu tenho todo direito de definir meu gênero, minha existência, tudo em mim.

Embora eu dificilmente possa provar tal tese, imagino que o Experimento Americano tenha lentamente alterado o discernimento moral da nação de uma forma que seus fundadores jamais poderiam prever. Os valores enaltecidos publicamente ao longo de duzentos anos acabam, um dia, definindo o sentido básico da

---

[7] *Planned Parenthood* v. *Casey*, 505 US 833 (1992).

moralidade de uma nação. E, ao longo de duzentos anos, os americanos ouviram professores nas escolas, discursos do Dia da Independência, histórias patrióticas, apelos às armas e filmes, nos quais o herói grita desafiadoramente "Liberdade" contra os opressores ingleses. Todos eles dizem a mesma coisa: "Nosso compromisso com os direitos, a liberdade e a igualdade é o que nos torna grandiosos. Chegaremos até o sacrifício máximo de deixar nossa própria vida no campo de batalha por isso". Outrora, os norte-americanos viveram com uma vasta gama de percepções morais, como a crença na honra, na lealdade, no respeito pela autoridade e pelo sagrado.[8] Contudo, lentamente, pouco a pouco, de geração a geração, essas percepções mais antigas, cujas categorias morais básicas não suscitavam discussões, foram desaparecendo. Elas fazem cada vez menos sentido para nós. A única categoria moral que passou a predominar é uma crença na liberdade, na justiça proporcional e em não causar danos a outras pessoas — os três valores que dão vida à justiça social. Portanto, se você dissesse atualmente à maioria dos norte-americanos: "Isso é degradante" ou "Não a desonre emocionalmente" ou "Você lhe deve respeito" ou "Por favor, obedeça" ou "Honre seu corpo" ou "É inadequado que você se vista e aja dessa forma", suas palavras não significariam praticamente nada. Nosso tato moral simplesmente não reconhece essas categorias.

JUSTIÇA COMO A APLICAÇÃO DAQUILO QUE DEUS AFIRMA SER CERTO

Agora é hora de olhar para um segundo universo. O que a Bíblia fala sobre justiça? Os cristãos têm mencionado muito a palavra nos últimos tempos, então quero tomar cuidado aqui. Desacelerar em um primeiro momento será útil no longo prazo. Comecemos pelas cinco qualidades da justiça bíblica.

---

[8]Jonathan Haidt, *The righteous mind: why good people are divided by politics and religion* (New York: Vintage Books, 2013), p. 150-79.

1. Ela pressupõe juízo

O termo em hebraico que minha versão da Bíblia traduz 125 vezes por "justiça" é intercambiável pelo termo "juízo" ou "julgamento". Trata-se da forma nominal do verbo "julgar". Justiça na Bíblia é, acima de tudo, uma atividade; e uma atividade de *julgar ou aplicar juízo*.

2. Ela pressupõe retidão

O termo não se refere a qualquer tipo de julgamento, mas a um julgamento segundo aquilo que é reto diante de Deus. Quase metade das vezes que você encontra a palavra *justiça* no Antigo Testamento, a palavra *retidão* está próxima, como quando o salmista disse a Deus: "A retidão e a justiça são os alicerces do teu trono" (Salmos 89:14). As duas palavras juntas são o que os gramáticos chamam de um *hendíade*: duas palavras unidas pela conjunção aditiva "e" que se explicam mutuamente e, juntas, significam algo maior, como *agradável e aconchegante*. Os conceitos bíblicos de justiça e retidão estão vinculados e se definem mutuamente, mesmo quando não aparecem juntos.

Por essa razão, unindo os pontos um e dois, quando vejo a palavra *justiça* na Bíblia, eu frequentemente trago à mente as expressões *"julgamento justo"* ou *"aplicação da retidão"*. Se Isaías afirma que "o Senhor é Deus de justiça" (30:18), eu penso comigo: *o Senhor é um Deus de julgamentos justos*. Quando Provérbios diz: "O rei que exerce a justiça dá estabilidade ao país" (29:4), eu entendo que um rei edifica a terra quando aplica a retidão.

Se você quiser uma definição de justiça a partir de uma perspectiva bíblica, *julgamento justo* ou *administração da retidão* serão as opções mais simples. A definição um pouco mais longa proposta no livro de J. Paul Nyquist, *Is justice possible? The elusive pursuit of what is right* [A justiça é possível? A busca inatingível pelo que é correto] também é útil: a justiça é *"a aplicação dos padrões morais virtuosos de Deus à conduta do homem*".[9] Eu gosto dessa definição, pois nos ajuda a enxergar que justiça não é apenas uma palavra corrente em tribunais, onde juízes literalmente julgam. Queremos exercer justiça — aplicar os padrões virtuosos de Deus — em nossas famílias, junto aos que nos cercam, no convívio com irmãos e irmãs na igreja, em relação aos menos favorecidos, e assim por diante. Isso é fazer justiça.

3. É uma qualidade

Justiça não é apenas uma atividade, mas uma qualidade. Quando falamos de uma balança justa, de uma lei justa ou de uma pessoa justa, queremos dizer que aquela balança, lei ou pessoa está de acordo com padrões de retidão.

4. É pessoal e relacional

Falando em "padrões", ocorre-me que palavras como *padrões*, *leis* ou *fórmulas* podem soar impessoais. E padrões podem ser impessoais, como quando as Escrituras se referem a "balanças justas". Entretanto, a ideia mais ampla de justiça nas Escrituras é pessoal e relacional. Como assim? A justiça começa com Deus e Deus, por natureza, é pessoal e relacional. Todos os atributos de Deus, inclusive sua justiça, são, portanto, pessoais e relacionais. Sempre que Deus executa um juízo, ele o faz segundo seus próprios padrões *internos* e *pessoais*. Além disso, ele o faz de maneira perfeitamente adequada aos relacionamentos entre suas três pessoas e compatível com sua relação pactual com os seres humanos.

5. É pactual

Isso nos traz a um quinto ponto: a justiça bíblica é pactual. Deus estabeleceu e definiu seu relacionamento com *a humanidade como*

---

[9]J. Paul Nyquist, *Is justice possible? The elusive pursuit of what is right* (Chicago: Moody Publishers, 2017), p. 25.

um todo por meio de "alianças comuns", firmadas por meio de Adão e Noé. E ele instituiu e definiu seu relacionamento com seu povo especial por meio de "alianças especiais", firmadas por meio de Abraão, Moisés, Davi e Cristo.

Quando perguntamos a questão bíblica: "O que a justiça exige?", precisamos pensar sobre qual aliança estamos falando. A justiça exige coisas ligeiramente distintas segundo os padrões — ou melhor, segundo as promessas divinas — das diferentes alianças firmadas por Deus. Um conjunto de promessas divinas vincula as pessoas de determinada forma segundo a aliança firmada com Noé; de outra, segundo a aliança firmada com Abraão, e assim por diante.

QUE TIPO DE JUSTIÇA AS ALIANÇAS COMUNS DE DEUS EXIGEM?

Vamos examinar mais detidamente as alianças comuns. Que tipo de justiça elas exigem?

Examinamos no capítulo 4 a obrigação do governo de buscar a justiça com base em Gênesis 9:5-6, que é um dos elementos da aliança com Noé (Gênesis 9:1-17). Deus disse que exige uma "prestação de contas" pelo sangue derramado, baseado no fato de que as pessoas são criadas à imagem de Deus. O padrão aqui é paridade (sangue por sangue) por tudo aquilo que fira a um ser humano, que traz em si a imagem de Deus. É a isso que um governo e seus cidadãos precisam prestar atenção.

Com efeito, Deus condenou Israel e seus líderes mais adiante na história por não terem cumprido tais níveis básicos de justiça, por meio do profeta Ezequiel: "Seus oficiais são como lobos que despedaçam suas presas; derramam sangue e matam gente para obter ganhos injustos [...] O povo da terra pratica extorsão e comete roubos; oprime os pobres e os necessitados e maltrata os estrangeiros, negando-lhes justiça" (Ezequiel 22:27,29).

Deus, por meio de suas alianças, identificou-se com toda a humanidade mediante sua imagem. Atacar, degradar, abusar ou explorar alguém criado à imagem de Deus é o mesmo que cometer tais atos contra ele. É como rir do reflexo de alguém no espelho. Você está rindo da própria pessoa. A imagem de Deus em nós é como uma armadura ou um campo de força. Ela protege cada um de nós.

Além disso, ela nos torna valiosos e dignos. Aquele feto abortado, aquele desabrigado que vive nas ruas, aquela pessoa que sofre com disforia de gênero, aquele membro do partido adversário, aquele muçulmano — Deus se identificou com cada um deles ao criá-los à sua imagem.

Todas essas lições certamente se aplicam a um tribunal, onde um juiz pode requerer sangue por sangue. Suas implicações, contudo, vão muito além de um tribunal. Os escritores da constituição e os parlamentares de um bom governo desejarão garantir que todas as leis de uma nação confirmem o valor e a dignidade de seres humanos feitos à imagem de Deus.

Suponha, por exemplo, que tanto os índices de evasão escolar como as taxas de desemprego comecem a subir. Um governo justo se empenharia em investigar tais questões. Afinal, ser criado à imagem de Deus envolve crescer em conhecimento e trabalhar. E, se algo estrutural estiver impedindo parte da população de crescer em conhecimento e trabalhar, tais fatores estruturais terão efetivamente criado uma injustiça. Ou, ao menos, poderemos dizer que o impulso de corrigir o problema é um ímpeto justo.

Uma irmã de minha igreja, Chelsea, leciona em uma escola pública onde o índice de evasão era de 46% há alguns anos. Chelsea sabe, a partir de Genesis 9:5-6, que cada um desses estudantes foi criado à imagem de Deus. Por isso, ela trabalha, tanto dentro como fora da sala de aula, para ajudar a reduzir os índices de evasão. Eu pedi que ela explicasse exatamente o que fazia:

> Eu organizo estudos bíblicos, com lanches, em minha sala após o horário de aula; compro diversos lanches do McDonald's/Subway para alunos famintos; dou carona até a igreja para as crianças; tenho sempre pão, manteiga de amendoim e geleia na mini geladeira da minha sala de aula para que as crianças façam um lanche;

armazeno barras de granola e cereais em meu armário; comprei artigos de higiene pessoal para alguns alunos; compro montes de camisetas de uniforme escolar; arrecado agasalhos, que sejam aprovados para uso com uniforme escolar, junto a membros da igreja e os guardo em sala de aula; tenho sempre à mão super cola, agulha e linha para remendar uma calça rasgada ou um óculos quebrado; já fiz inúmeros cartazes e fui a diversos jogos de basquete e futebol americano, para torcer por estudantes cujos pais nunca comparecem...

Essa irmã está aplicando a retidão de Deus em seu trabalho — fazendo justiça ao tratar esses adolescentes como imagem de Deus; cujas vidas, em sua maioria, foram moldadas por camada após camada de injustiça.

Não sou a favor da opinião de que uma distribuição desigual de recursos seja intrinsecamente injusta. Deus dá mais a alguns, menos a outros, conforme ele julgar apropriado. Pense na parábola dos talentos de Jesus, na qual um homem recebe cinco talentos, outro dois e outro um. Ainda assim, a imagem de Deus em cada ser humano deve suscitar uma preocupação especial pelos marginalizados e oprimidos. "Os justos levam em conta os direitos dos pobres" e "Se o rei julga os pobres com justiça, seu trono estará sempre seguro", diz Provérbios (29:7,14). Precisamos da sabedoria de Salomão para fazer isso corretamente. Intervenções governamentais podem tanto prejudicar como ajudar. A questão é que o tipo de justiça atribuída aos governos por meio da aliança de Noé parece ser mais amplo que a mera retribuição. Ela encarrega o governo de se preocupar com os pobres, os oprimidos e os estrangeiros, como disse Ezequiel.

Na verdade, tudo isso representa a justiça do próprio Deus. "O Senhor faz justiça e defende a causa dos oprimidos" (Salmos 103:6); e "o Senhor defenderá a causa do necessitado e fará justiça aos pobres" (140:12; veja também Deuteronômio 24:17-18; Salmos 10:18; 82:3; Isaías 1:17, 23; 10:1-2; Jeremias 5:28; 22:13-16).

PRIMEIRO O QUE É CERTO, DEPOIS OS DIREITOS

O fato de que fomos criados à imagem de Deus também significa que um governo justo trabalhará para proteger os direitos dos seus cidadãos. O teólogo holandês Herman Bavinck, do século dezenove, apurou esse ponto a partir das alianças comum e especial de Deus: "Deus firma uma 'aliança da natureza' com Noé e uma 'aliança da graça' com Abraão; atos pelo qual ele, mais uma vez, por pura graça, *concede a suas criaturas uma gama de direitos* e *se compromete, mediante um juramento, a manter esses direitos*" (grifo meu).[10]

Em outras palavras, o conceito de direitos humanos naturais não começou com os pensadores seculares e anticristãos do Iluminismo, no século dezoito. Ele remonta à aliança de Deus com Noé. As pessoas possuem direitos porque Deus as criou à sua imagem. Governos devem respeitar os direitos do povo *porque* cada pessoa é feita à imagem de Deus e seu valor é inestimável.[11]

Entretanto, eis o que é crucial que os cristãos norte-americanos reconheçam. A verdadeira justiça não começa com os nossos direitos. Ela tem início na retidão de Deus e naquilo que ele entende como sendo correto. Promovemos a justiça ao fazermos o que é certo, o que inclui respeitar os *direitos* das pessoas. Primeiro o que é certo, depois os direitos. A ordem aqui é crucial. O que Deus define como correto é a raiz, os direitos são a flor.

Em outras palavras, não devemos jamais deixar de indagar o que torna os direitos corretos. A resposta para um cristão deve ser que os direitos são corretos porque Deus diz que eles são corretos. É por isso que os governos humanos devem respeitar nossos direitos.

---

[10]Herman Bavinck, *Reformed dogmatics,* vol. 2: *God and creation,* tradução de John Vriend (Grand Rapids: Baker Academic, 2004), p. 227 [no Brasil: *Dogmática Reformada,* vol. 2: *Deus e a criação* (São Paulo: Cultura Cristã, 2012)].

[11]Esse é um dos principais argumentos do livro de Wolterstorff: *Justice: Rights and wrongs.*

Quando os norte-americanos falam sobre justiça apenas como respeito pelos direitos de terceiros, eles cortam a raiz da flor (para citar o raciocínio de David Elton Trueblood). Com o tempo, essas flores murcham e morrem.

"Eu tenho direito ao aborto".
"Eu tenho direito a meus preconceitos e ao meu ódio".
"Eu tenho o direito de me casar com quem eu quiser".

Tem certeza? Quem disse?

Quando desconsideramos a definição de Deus sobre o que é certo, então qualquer um pode dizer quais direitos são corretos e quais não são. Não há contra-argumento. Não há uma retidão pública e consolidada, ou um padrão do que é certo.

Direitos são dádivas maravilhosas quando uma sociedade é virtuosa e possui um padrão cristão daquilo que é certo. Nem tanto, quando ela se perverte.

DOZE LIÇÕES SOBRE COMO PROMOVER JUSTIÇA

Lembre-se também, conforme vimos no capítulo 5, que Gênesis 9:5-6 foi dado a toda a humanidade, não apenas àqueles que comandam nossos governos. Os cristãos, em sua vida privada e pública, devem, portanto, se interessar pela preservação da imagem de Deus nas outras pessoas. Eis doze sugestões práticas sobre como promover justiça conforme o padrão das alianças comuns.

1. Reconheça que justiça envolve punir o opressor e revitalizar o oprimido

Tenho a sensação de que os defensores da direita política enfatizam a punição, enquanto os que se situam à esquerda dão maior destaque à revitalização do oprimido. A Bíblia enfatiza ambos. Vemos isso na descrição do salmo 72 do rei justo: "Para que ele julgue com retidão e com justiça os teus que sofrem opressão [...] Defenda ele os oprimidos entre o povo e liberte os filhos dos pobres; esmague ele o opressor!" (v. 2-4).

Qual função você exerce? Eleitor? Funcionário do Senado? Presbítero? Professor? Pai? Você usa sua função não apenas para se opor ao mal, mas também para revitalizar aqueles que foram afligidos? Para defender o necessitado? Você fica atento para tais oportunidades? Isso faz parte da sua personalidade? Ou você é especialista em dar desculpas?

Tenha em mente que, quando você está no poder, você tem um interesse pessoal em conservar o *status quo*. Isso pode dificultar sua percepção de diversas formas de injustiça. Frequentemente, serão pessoas mais afastadas do poder que chamarão sua atenção para as injustiças. Um cristão em posição de autoridade deve se dedicar continuamente a cultivar a abnegação de Cristo, dando ouvido a tais vozes e ficando atento às injustiças, ainda que isso signifique perturbar o *status quo* e subverter o próprio poder. O biblista Leon Morris observou que justiça, nas Escrituras, não tem a ver com "observância de um costume" ou "conservação da ordem mais antiga"; sendo, mais exatamente, "nada menos que dinamite revolucionária".[12]

2. Reconheça que esferas distintas requerem tipos distintos de ação

Vamos supor que eu não esteja convencido de que as atuais leis de imigração sejam justas. Como eu buscaria a justiça nesse caso? Falaríamos simultaneamente de três coisas, conforme três áreas distintas de ação. Como estou sujeito às leis da nação, aplico a retidão de Deus obedecendo e implementando a legislação atual de forma imparcial. Como cidadão e eleitor, aplico a retidão de Deus

---

[12]Leon Morris, *The biblical doctrine of judgment* (Eugene: Wipf and Stock, 2006; orig. Inter-Varsity Press UK, 1960), p. 13.

procurando mudar a lei. Como cristão, aplico a retidão de Deus quando enfrento qualquer injustiça percebida na legislação vigente, por meio de atos de caridade ou de auxílio individual.

Chelsea, que trabalha em uma escola de ensino médio com altos índices de evasão escolar, enfrentou o problema de uma forma dentro da sala de aula e de outra forma com as meninas após a escola.

3. Reconheça que a obrigação de "fazer justiça" aumenta quanto maior for sua proximidade com a questão

Quanto mais próximo você estiver da situação de injustiça — seja uma proximidade geográfica, de relacionamento ou de responsabilidade formal —, maior será sua culpa se você não assegurar que as violações sejam corrigidas. Aprendemos isso com o exemplo de Boaz no fim do livro de Rute; bem como nos comentários de Paulo acerca da responsabilidade de um homem ser primeiramente com sua família, em 1Timóteo 5.

Os membros de minha igreja que vivem em meu bairro têm obrigação maior de participarem de nossas assembleias que membros que não vivem em nosso bairro. E mesmo essa obrigação pode ser diferente entre nós, conforme a função que cada um tenha recebido de Deus.

4. Aplique boas leis de forma justa e imparcial

Dentro do contexto da aplicação da legislação existente, fazer justiça significa "tratamento igual e um processo justo. Não aceite propinas. Não faça acordos debaixo dos panos. Não profira julgamentos difamatórios. Não quebre suas promessas. Não tire proveito dos mais fracos".[13]

---

[13]Kevin DeYoung; Greg Gilbert, *What is the mission of the church? making sense of social justice, shalom, and the Great Commission* (Wheaton: Crossway, 2011), p. 146 [no Brasil: *Qual a missão da igreja? Entendendo a justiça social e a grande comissão*, tradução de Francisco Wellington Ferreira (São José dos Campos: Fiel, 2012)].

5. Vote por leis que tratem as pessoas como criaturas feitas à imagem de Deus

No contexto da criação de novas leis, fazer justiça significa tratar as pessoas como imagem de Deus. Em 2012, duas medidas submetidas a plebiscito no meu estado de Maryland me deram oportunidade de exercer um julgamento justo. A questão 6 trazia: "Institui que a legislação acerca do casamento civil em Maryland permitirá que casais gays e lésbicos obtenham uma licença para casamento civil". A questão 7 solicitava "a expansão da exploração comercial de jogo de azar no estado de Maryland [...] aumentando de 15.000 para 16.500 o número máximo de terminais de vídeo-loteria que podem ser operados no estado". Eu votei contra as duas propostas, porque acredito que, conforme as Escrituras, casamento entre pessoas do mesmo sexo e jogatina causam danos às pessoas.

6. Diferencie meios e fins

Às vezes a justiça exige um processo justo, como no tribunal, onde se requer imparcialidade. Às vezes ela exige um determinado resultado, como a revogação das leis do aborto. Quando estamos tratando do primeiro cenário, não se pode ser flexível com relação aos meios ou ao procedimento para alcançá-lo. Quando falamos do segundo, é possível ser bastante flexível quanto ao procedimento.

7. Apoie direitos civis fundamentados em Deus

O movimento de direitos civis sempre incluiu tanto vozes seculares como teológicas. Quando Martin Luther King Jr. afirmou que "o arco do universo moral é longo, mas se curva em direção à justiça",[14] ele estava implicitamente dizendo que um Deus de justiça iria resolver todas as coisas no final. Todavia, Ta-Nehisi Coates, um

---

[14] Theodore Parker, citado por Martin Luther King, Jr., "Out of the Long Night," Órgão Oficial da Igreja da Irmandade, 8 de fevereiro de 1958, p. 14. (Internet Archive archive.org full view)

escritor mais recente, popular e ateu, afirmou que o universo moral não se curva em direção à justiça, mas em direção ao caos.[15]

Certamente, cristãos podem aprender com cristãos e não cristãos. Eu aprendi com Coates. Entretanto, na medida em que os direitos civis tomem uma direção contrária a Deus, fundamentando-se exclusivamente na identidade humana e removendo Deus dos alicerces da justiça, os direitos civis marcharão rumo à idolatria. O mesmo vale para qualquer reação da população branca a esse movimento.

O caminho melhor é continuar a insistir que todas as pessoas foram criadas à imagem de Deus: uma verdade gloriosa que declara tanto a igualdade quanto a diferença. Leia o livro de John Perkins, *Dream with me: race, love, and the struggle we must win* [Sonhe comigo: raça, amor e a luta que devemos vencer], para ter acesso a uma expressão mais recente dessa abordagem. Desenvolvendo sua argumentação a partir de Gênesis 1, Perkins, que liderou o registro de eleitores e os esforços de integração escolar na década de 1960, escreveu: "Não somos nós que damos dignidade às pessoas — Deus é quem dá".[16]

A abordagem secular de raça e etnicidade insiste que, ou todos devem se conformar a uma única norma cultural objetiva (talvez o erro mais comum do conservadorismo?), ou insiste que todos são diferentes e que não somos capazes de compreender uns aos outros (talvez o erro mais comum do progressismo?).

A vereda cristã declara tanto nossa humanidade comum como nossas diferenças criadas. Ela requer que ignoremos diferenças raciais com respeito à nossa unicidade em Adão e (se crentes) em Cristo (Gálatas 3:28). E demanda que percebamos essas mesmas diferenças com respeito a nossas experiências, histórias e tradições culturais, bem como as formas peculiares como cada pessoa glorifica a Deus (1Coríntios 12:13-14; Apocalipse 7:9).

---

[15]Ta-Nahesi Coates, *Between the world and me* (New York: Spiegel & Grau, 2015), p. 28 [no Brasil: *Entre o mundo e eu*, tradução de Paulo Geiger (Rio de Janeiro: Objetiva, 2015)].

[16]John Perkins, *Dream with me: race, love, and the struggle we must win* (Grand Rapids: Baker Books, 2017), p. 129.

A via secular tenta criar empatia, mas oferece pouco embasamento para tal. Sua linguagem se limita à força e à autoafirmação. A via cristã, construída sobre a unidade que temos com todas as pessoas devido à imagem de Deus e sobre nossa unidade cristã no evangelho, oferece fundamentos para a empatia. Especialmente dentro da igreja, descobrimos a capacidade de chorar com os que choram e nos alegrar com os que se alegram. Todas essas pessoas, de todas as cores, são meus irmãos e irmãs. Qualquer ato de discriminação contra uma delas será um ato de discriminação contra mim.

8. Desconfie de si próprio devido a sua capacidade para a injustiça

Como pecadores caídos, somos rápidos em arrumar desculpas e nos justificar. Entretanto, todos somos capazes de cometermos injustiças. Algo que já notei, tanto a respeito de meus amigos conservadores como a respeito de meus amigos liberais, é o quanto todos se tornaram extremamente sensíveis à menor crítica, principalmente quando advindas de sua própria tribo. Contudo, como cristãos justificados no evangelho, podemos descartar essa atitude defensiva. Em lugar disso, podemos ouvir, aprender, reconsiderar e confessar.

Valorizo muito o conselho de meu amigo Andrew Walker: "Leia aqueles de quem você discorda. Às vezes, vozes discordantes podem ter uma ponderação bem pensada a lhe dizer. Isso lhe ajudará a aprender que seu oponente ideológico não é um inimigo ou uma pessoa horrível. Além disso, você deve desenvolver a empatia como um instinto político. Para ser ouvido por uma pessoa de quem você discorda, é importante compreender o máximo possível suas origens e como o passado dela a moldou. Você nunca será convincente se não conseguir demonstrar empatia".[17]

---

[17] Andrew T. Walker, "Advice to Young Christian Politicos", *Andrew T. Walker (blog)*, 18 de julho de 2016. Disponível em: http://www.andrewtwalker.com/2016/07/18/advice-to-young-christian-politicos/.

9. Desconfie de si próprio devido a seu potencial para preconceitos e tendências implícitas

Essa é uma versão mais específica do ponto anterior. Eu certamente espero que todo cristão saiba se arrepender de atos conscientes de preconceito ou racismo. Devemos, entretanto, também vigiar nosso coração em busca de vieses implícitos: receios ou aversões inconscientes com relação a diferentes tipos de pessoas. Em certos aspectos, nossos cérebros são formados para fazer associações e seguir tendências. Uma criança pequena aprende a associar um forno quente com "não toque". Todavia, é muito fácil deixar nossas preferências naturais pelo "nosso grupo" resvalarem para um sentimento pecaminoso de superioridade e desprezo por outro grupo; principalmente aqueles que pertencem a uma etnia, um sotaque, uma cor de pele ou um gênero diferente.

Paul Nyquist listou diversos exemplos de vieses implícitos em seu livro *Is justice possible?* [A justiça é possível?]:

- Ásio-americanos possuem índices mais elevados de incidência de câncer que os demais grupos étnicos, mas menor probabilidade de receberem recomendação para exames de detecção de câncer.
- Médicos que recebam dois pacientes com históricos médicos idênticos, de modo que deveriam tratar acerca de problemas cardíacos, são muito menos propensos a recomendar cateterismos a pacientes negros.
- Estudantes afro-americanos enfrentam probabilidade muito maior de serem suspensos que estudantes brancos.
- Corretores de imóveis mostram a clientes afro-americanos uma quantidade menor de apartamentos para alugar ou de casas para vender.
- Currículos com nomes que soem afro-americanos precisam ser apresentados a 50% mais empresas para produzir o mesmo número de retornos.[18]

---

[18] Nyquist, *Is justice possible?*, p. 79-80.

Já ouvi diversos professores negros relatarem que precisam se esforçar mais no primeiro dia de aula para convencer os alunos de que, sim, eles são inteligentes o bastante para lecionarem a matéria.

Meu objetivo aqui não é fazer com que seu coração se sinta culpado, mas encorajá-lo a examinar seu coração. Como cristãos, devemos ser os primeiros a parar de dar desculpas e os primeiros a assumir a própria culpa quando necessário. Nossos preconceitos e tendências, na verdade, são tão naturais que nos arrependermos deles é um projeto vitalício.

10. Construa amizades sinceras com pessoas de outras etnias e classes sociais

Lembra como comentei que a justiça bíblia é pessoal e relacional, visto que nosso Deus justo é pessoal e relacional? Para a maioria das pessoas, que, como eu, pertencem à classe média e à maioria étnica, compreender as frustrações e injustiças vividas por pessoas marginalizadas e pertencentes às minorias será difícil fora de um relacionamento pessoal. E amizades superficiais não servem. Em vez disso, todos precisamos desenvolver relacionamentos profundos e afetuosos com pessoas de diferentes etnias e classes sociais. Somente no contexto desses relacionamentos — pelo que prevejo — descobriremos que os requisitos da justiça nunca são tão simples como os chavões que lemos nos livros.

Muitas vezes imaginamos que a empatia pessoal e o amor confundem a imparcialidade da justiça. Por causa disso, a representação romana da justiça usa uma venda nos olhos. E, sim, a justiça deve ser imparcial. Entretanto, o amor é precisamente o que nos ajuda a reconhecer o peso do *valor* da imagem de Deus nas outras pessoas. Quando amamos alguém, reconhecemos o quão preciosa aquela pessoa é aos olhos de Deus. Poderíamos dizer que amor e empatia são pré-requisitos da justiça, sem os quais nossos julgamentos seriam sempre desequilibrados. Aquele que ama busca a justiça. Quem não ama, não busca. A justiça de Deus realmente é imparcial, mas seus olhos estão bem abertos. E seus juízos não estão jamais apartados do seu amor.

A lição que devemos extrair é a seguinte: se você quiser ser justo, construa amizades verdadeiras com pessoas que não se pareçam com você, que não soem como você e que não comprem no mesmo tipo de loja que você. Sem relacionamentos significativos com pessoas de diferentes grupos que envolvam seu coração, suas afeições e seu amor, você muito provavelmente construirá uma imagem incompleta daquele grupo. Dessa forma, suas avaliações sobre "o que é justo" serão muito provavelmente distorcidas, parciais e injustas.

11. Esteja atento a injustiças estruturais

As Escrituras nos dizem que não apenas indivíduos podem ser injustos, mas estruturas jurídicas e sociais. Pense em como Hamã convenceu Assuero a decretar uma campanha genocida contra os judeus no livro de Ester (3:7-14). Pense em como Jesus condenou os peritos na lei por sobrecarregar o povo com fardos que eram pesados demais para que carregassem (Lucas 11:46). Pense no privilégio dado às viúvas que falavam hebraico em Atos 6, ou aos mais abastados em Tiago 2. Como escreveu o profeta Isaías: "Ai daqueles que fazem leis injustas, que escrevem decretos opressores, para privar os pobres dos seus direitos e da justiça os oprimidos do meu povo" (Isaías 10:1,2).

Injustiças estruturais não deviam surpreender os cristãos. Pessoas ímpias aprovam leis ímpias, fundam instituições ímpias e planejam práticas sociais ímpias. Ou, na melhor das hipóteses, nós definimos, sem qualquer consideração, políticas ou práticas que inconscientemente impactam algum grupo específico; como um gerente administrativo que exija que seus funcionários trabalhem aos sábados, sem levar em conta os valores de um judeu ortodoxo em sua equipe (até o governo romano tinha melhores práticas).

Além disso, suponha que reconheçamos que não apenas os processos possam ser injustos, mas também suas consequências. O que poderíamos fazer com todos os guetos que se formaram nos Estados Unidos? Eles foram criados, ao menos em parte, pelas práticas discriminatórias de bancos, seguradoras, da Administração Federal de Habitação e do "êxodo branco".[19] Os residentes desses bairros ainda hoje continuam a sofrer os efeitos das injustiças perpetradas no passado; o que, de certa forma, não é justo.

Agora, nenhum ser humano possui a capacidade de lidar com todas as injustiças que ocorrem em sua cidade. Além disso, poucos cristãos têm a oportunidade de enfrentar leis, políticas ou consequências ruins de uma forma mais ampla ou sistemática. Lembre-se, porém, da ênfase deste livro em *ser* antes de *fazer*. Cada um de nós, como cristãos, tem a oportunidade de viver e amar em meio a tais iniquidades sistêmicas. Evidentemente, é fácil ignorar a existência do pobre, daquele que sofreu abusos ou daquele que sofreu discriminação. Afinal, vivemos preocupados com nossos próprios problemas e objetivos. Ainda assim, um coração habitado pelo Espírito de Deus terá dificuldade cada vez maior de ignorar a imagem de Deus entre aqueles que sofrem. E, pouco a pouco, o encargo de aplicar a retidão de Deus haverá de afetar nossas decisões diárias de uma forma ou de outra.

Três presbíteros e cerca de setenta membros saíram da minha igreja na Colina do Capitólio para plantar uma igreja em uma das áreas mais economicamente desfavorecidas em Washington, D.C. Muitos deles se mudaram para lá. Seu objetivo é viver e amar os moradores daquela bairro, criados à imagem de Deus. James, um dos presbíteros da igreja, contou-me que havia abrigado um adolescente chamado Theo na igreja. Assim que o conheceu, ele percebeu que havia um tempo que suas roupas não eram lavadas. Ele então indagou se Theo havia se alimentado. Nada naquele dia. Então a primeira parada foi na casa de James, onde James e sua esposa lavaram as roupas de Theo e o alimentaram.

---

[19]Ta-Nahesi Coates, "The Case for Reparations," *The Atlantic*, junho de 2014. Disponível em: https://www.theatlantic.com/magazine/archive/2014/06/the-case-for-reparations/361631/.

POR QUE SE ENFURECEM AS NAÇÕES

Para que não reste dúvidas, Theo ostenta a mesma imagem de Deus que James. Um homem não é melhor que o outro. Entretanto, gerações de dificuldades e pecado colocaram aqueles homens em posições totalmente diferentes. Os atos de James com relação ao Theo são atos de compaixão e amor, mas são também atos de aplicação da retidão de Deus com relação a um ser humano feito à imagem de Deus.

12. Apoie o sistema de justiça criminal e seus agentes, mas também trabalhe para melhorá-lo

É fácil perceber problemas no sistema de justiça criminal estadunidense. Contudo, para cada erro judicial, os agentes de polícia, juízes e administradores prisionais do país realizam centenas, se não milhares, de atos comuns e diários de justiça. Devemos agradecer a eles e louvar a Deus, que faz sua chuva cair sobre justos e injustos (Mateus 5:45). É fácil, em outras palavras, não darmos o devido valor a paz, segurança e proteção que os estadunidenses desfrutam. Tente viver em um país devastado pela guerra, como a Síria, ou comprar uma casa numa cidade controlada pela máfia que funcione à base de subornos. Somente devido à graça comum de Deus, quase todos os estadunidenses ainda acreditam no Estado de direito. E nossos agentes públicos e do sistema judicial cumprem as incumbências que lhes foram dadas por Deus. Devemos agradecer a Deus por eles e apoiá-los.

Dito isso, nosso sistema de justiça criminal conhece as consequências da corrupção, do preconceito e da insensatez. Os cristãos, portanto, podem buscar formas de ajudar. O livro de Nyquist, *Is justice possible?* [A justiça é possível?], sugere diversas etapas práticas na esfera política (conheça os problemas e pesquise as posições dos candidatos), na esfera judicial (defenda os que foram equivocadamente aprisionados e defenda uma reforma judicial que reveja o sistema de fianças, a hipercriminalização, a prolação de sentenças proporcionais, os estupros dentro do sistema prisional e os direitos civis) e na esfera pessoal (ministre dentro de presídios e seja voluntário em projetos fora dos presídios).[20] Comece por aqui para aprender mais.

Penso em um antigo companheiro de ministério, o presbítero Jeremy. Certa feita, Jeremy viu um amigo afro-americano ser parado por vários policiais. Ele então encostou atrás da revista apenas para acompanhar e ficar de olho em todos. Eu queria ter o amor e a coragem de Jeremy.

Nesse meio tempo, nossa igreja convidou um dos membros, chamado Homere, que há pouco havia ingressado no departamento de polícia de Washington, D.C., para compartilhar seus motivos de oração em culto de domingo à noite. Conforme ele ia descrevendo o quão sombrio era o mundo que ele enfrentava todas as noites nas ruas, a congregação ia sentindo cada vez mais empatia por Homere. Nós ansiávamos pelo seu bem e por sua capacidade de fazer o bem. Mais que isso, nós apresentamos nossas orações diante do trono da graça em seu favor e em favor de toda a polícia.

QUE TIPO DE JUSTIÇA AS ALIANÇAS ESPECIAIS DE DEUS EXIGEM?

Até aqui, venho falando apenas sobre a justiça da "aliança comum". O que podemos falar sobre a justiça requerida por Deus por meio de suas alianças especiais?

Aqui nos deparamos com uma das mais notáveis características da justiça na Bíblia. No contexto de suas alianças especiais, a justiça e a retidão de Deus produzem salvação, vindicação e justificação para seu povo. Lembre-se: eu disse mais cedo que a justiça é pactual. A justiça e a retidão de Deus, com respeito ao seu povo, são como um marido que cumpre os votos conjugais assumidos com sua esposa, ainda que com grande custo para si mesmo.

Isso ocorre porque o povo de Deus é reto e justo? Não, isso ocorre porque Deus se uniu de forma especial ao seu povo, como

---

[20]Nyquist, *Is Justice Possible?*, p. 108-10, 112-18, 120-23.

um homem se une a sua esposa. Ele pagou suas dívidas e concedeu a ela toda sua riqueza. Confrontado com sua infidelidade, Deus disse: "Naquele dia farei em favor deles um acordo [...] Eu me casarei com você para sempre; eu me casarei com você com justiça e retidão, com amor e compaixão" (Oseias 2:18,19).[21]

Deus demonstra sua retidão e justiça quando prova ser fiel aos seus votos, conservando a justiça da sua noiva (Romanos 3:21-26).

Para o povo de Deus, então, a justiça de Deus produz redenção. Isaías nos disse: "Sião será redimida com justiça" (Isaías 1:27; veja também 30:18; 42:1, 3-4; Oseias 2:19-20; Mateus 12:18). E o salmista orou: "Ouve a minha voz pelo teu amor leal; faze-me viver, SENHOR, conforme as tuas ordenanças" (Salmos 119:149).

Onde a justiça começa para o cristão da nova aliança? Como aplicamos a retidão? Antes de qualquer outra coisa, *fazemos justiça* quando colocamos nossa fé em Cristo: "o justo viverá pela fé" (Habacuque 2:4; Romanos 1:17, ARA). Lembre-se de como Nyquist definiu *justiça*: aplicar a retidão de Deus à conduta do homem. A retidão de Deus é aplicada a nós, primeiramente, quando depositamos nossa confiança em Cristo. Isso não é extraordinário?

Em segundo lugar, *fazemos justiça* por meio do evangelismo. Proclamamos as boas novas do julgamento justo de Deus, que são evidenciadas na vida, morte e ressurreição de Cristo, então convidamos as pessoas a se arrependerem e crerem. Isso aplica a retidão de Deus a quem nos cerca e as ajuda a crescer em justiça. Quer ter um vizinho justo? Compartilhe o evangelho. Quando as pessoas se tornam cristãs e se juntam à igreja, passam a participar da vida de justiça e retidão verdadeiras que deveria caracterizar nossas igrejas.

Em terceiro lugar, *fazemos justiça* quando trabalhamos para corrigir injustiças, principalmente entre os que sofrem e são marginalizados. Aqui temos uma sobreposição entre as responsabilidades

---

[21]Veja a obra de Peter J. Gentry; Stephen J. Wellum sobre esse versículo em *Kingdom through covenants: a biblical-theological understanding of the covenants* (Wheaton: Crossway, 2012), p. 530.

JUSTIÇA: NÃO GIRA EM TORNO APENAS DE DIREITOS, MAS DO QUE É CERTO

ligadas à aliança comum e à aliança especial. Pessoas justificadas promovem a justiça das formas definidas anteriormente. Por isso, os apóstolos pediram a Paulo que "se lembrasse dos pobres", que era "a única coisa" que Paulo "estava ávido para fazer" (Gálatas 2:10, NIV). Paulo, por sua vez, disse a Tito: "Em tudo seja você mesmo um exemplo para eles, fazendo boas obras" (Tito 2:7). E Tito, por sua vez, deveria ensinar à igreja: "Lembre a todos que se sujeitem aos governantes e às autoridades, sejam obedientes, estejam sempre prontos a fazer tudo o que é bom" (Tito 3:1; veja também v. 8,14).

Nessas três etapas, vemos a vida política de uma pessoa justificada e justa.

Se você já assistiu ou leu *Les Misérables*, sabe que o inspetor de polícia frio e calculista chamado Javert se orgulhava de ser um homem da lei. Ele passa a maior parte da trama caçando Jean Valjean, que fugira da liberdade condicional. A história de Valjean começa para valer quando ele recebe um extravagante ato de misericórdia, após o qual ele passa sua vida sendo misericordioso e se sacrificando pelos outros. Ele, por exemplo tentou resgatar uma prostituta e, quando ela morreu, passou a criar sua filha. A Escritura bem poderia descrever esses dois personagens de uma forma surpreendente. Pareceria que Valjean não era apenas um homem misericordioso e compassivo, mas seu trabalho no resgate de vítimas de injustiças demonstra que ele é um verdadeiro justo . O mandamento de Deus para que façamos justiça é ao mesmo tempo um mandamento para demonstrarmos amor, compaixão e benignidade.

- "Aprendam a fazer o bem! Busquem a justiça, acabem com a opressão. Lutem pelos direitos do órfão, defendam a causa da viúva" (Isaías 1:17, veja também 1:23; Jeremias 7:5-7; Ezequiel 22:29).
- "Ele mostrou a você, ó homem, o que é bom e o que o SENHOR exige: Pratique a justiça, ame a fidelidade e ande humildemente com o seu Deus." (Miqueias 6:8, veja também Provérbios 21:3; 28:5; 29:27; Amós 5:22-24).

Nas palavras do ativista dos direitos civis John Perkins: "A verdadeira justiça se apresenta envolta em amor". Ambos estão "intimamente vinculados".[22]

Os cristãos fazem justiça provendo, de todas as formas, para os materialmente desprovidos e os espiritualmente injustiçados — fisicamente, socialmente, emocionalmente. Nós, contudo, fazemos justiça, acima de tudo, quando conduzimos as pessoas ao seu Juiz e ao seu potencial Redentor, convidando-as a se arrependerem e crerem.

A PRÁTICA DE UMA JUSTIÇA MAIS ROBUSTA

Comecei o capítulo com o relato de quando caí de paraquedas em uma escola no centro da cidade, antes de ser resgatado de helicóptero. Para mim, aquela história representa o verniz de justiça que o estadunidense consegue facilmente adotar. A descrição bíblica da justiça é muito mais multifacetada e robusta.

Em primeiro lugar, uma visão cristã da justiça começa com nossa vida em união dentro da igreja. Pense em Atos 6, quando as viúvas de fala grega (mas não aquelas que falavam hebraico) estavam sendo negligenciadas na distribuição diária de comida. Tínhamos uma injustiça étnica ocorrendo. Os apóstolos então indicaram sete homens para supervisionar a distribuição. A reação da congregação, no final das contas, foi etnicamente sensível: todos os homens escolhidos tinham um nome grego.

Minha própria congregação nunca passou por nada tão dramático como ter de lidar com viúvas passando fome. Mas já experimentamos todas as tensões de raça e classe que acompanham a vida nos Estados Unidos atualmente, especialmente em Washington, D.C. E quanto mais etnicamente diversos nos tornávamos, mais essas tensões cresciam.

Nosso conselho de presbíteros, por exemplo, tem demorado mais para se diversificar que a congregação, parcialmente por

---

[22]Perkins, *Dream with me*, p. 29,30.

JUSTIÇA: NÃO GIRA EM TORNO APENAS DE DIREITOS, MAS DO QUE É CERTO

conta do longo tempo necessário entre conhecermos um homem e o indicarmos como presbítero. Mas será que isso teria a ver com nossas próprias tendências implícitas de preferir outras pessoas brancas? Seja como for, minorias comparecem aos cultos por um ou dois domingos, sentem-se mal representadas junto à liderança, então saem para não mais voltar.

Então como nós, que formamos uma maioria de presbíteros brancos, a partir desse texto, trabalhamos para ajudar nosso conselho de presbíteros a refletir melhor uma congregação mais diversificada? Existem algumas decisões rápidas que podemos tomar, como pedir a membros de diferentes classes e contextos sociais para liderar os diversos elementos dos cultos dominicais. Isso incentivará tais membros a perceberem que eles podem aspirar posições de liderança, na qual eles serão bem recebidos. O trabalho mais difícil, porém, possui dois aspectos.

Primeiramente, há o trabalho de longo prazo de passar mais tempo com irmãos de diferentes etnias e classes sociais, discipulando-os para a liderança. De minha parte, portanto, passo um tempo enorme do meu tempo de discipulado com jovens que possuem um contexto diferente do meu. Faço isso, tanto para atacar o desequilíbrio estrutural mais amplo da igreja, como para combater as tendências preconceituosas que trago comigo. Aprendi essa prática com outros irmãos que convivem comigo.

Em segundo lugar, nossos presbíteros têm passado bastante tempo discutindo como nossos critérios de liderança podem ter influência da cultura branca ou ocidental. Para dar um exemplo, todo o conselho se reuniu recentemente para discutir se estávamos demorando para reconhecer potenciais presbíteros ásio-americanos, uma vez que irmãos oriundos de uma cultura asiática tendem a enxergar e se relacionar com figuras de autoridade diferentemente de alguns de nós. Tivemos que separar entre "O que é bíblico e o que são apenas nossas expectativas culturais de quem deve ser líder?"

Além disso tudo, o impulso de buscar a justiça dentro da igreja local implica em trabalhar contra toda forma de discriminação;

apoiar aqueles que sofreram abusos ou discriminação; buscar arrependimento por abusos em sua própria liderança; e ter consciência dos sacrifícios que a cultura da maioria pede à cultura da minoria, simplesmente para que se juntem a nós; e muito mais.

Eu diria que esse impulso até mesmo inclui seu próprio tipo de política identitária: identificar-se com os que sofrem ou com os que são vítimas de abusos ou discriminação. Meu amigo Isaac, afro-americano, caminhava para a igreja segurando a mão de sua esposa branca. Um homem branco interpelou Isaac, chamando-o de negro e implicitamente sugerindo que seu casamento equivalia a um estupro. Ao mesmo tempo, duas outras mulheres brancas de nossa igreja seguiam caminhando logo atrás e testemunharam todo o acontecimento. Elas puxaram Isaac e o encorajaram a continuar andando. Isaac então compartilhou com a igreja e todos nós oramos. Sua dor, nossa dor. Nossa glória na tribulação, sua glória na tribulação.

Assim, uma visão mais robusta de justiça começa dentro da vida da congregação. Só então, ela transborda para fora. E ela transborda, primeiramente, como um impulso evangelístico intencional. Isso não quer dizer que não devamos fazer o bem para quem é de fora por outras razões. Não quer dizer que não devamos compartilhar o evangelho todas as vezes que fazemos uma boa ação. Apenas significa que nossos amigos, vizinhos e filhos só terão uma experiência duradoura de retidão, prosperidade e amor com o conhecimento obediente de Deus. Assim, amamos e agimos de forma mais justa com relação a eles quando fazemos tudo com respeito a Deus, como Agostinho ensinou tão bem.

Em segundo lugar, nossa ação externa deve visar realidades de larga escala. Para alguns cristãos, isso pode significar trabalhar durante as férias para combater as injustiças que ocupam as manchetes do momento. Penso em Clare, de minha própria igreja, que separou um ano após a faculdade e se mudou para a Guatemala, a fim de fazer monitoramento de dados e avaliação sobre casos de abuso sexual infantil. Penso em Thomasine, também da minha igreja, que se mudou para Gana por alguns anos, para combater a escravidão

JUSTIÇA: NÃO GIRA EM TORNO APENAS DE DIREITOS, MAS DO QUE É CERTO

na indústria pesqueira. Chesed, um vizinho que é amigo íntimo da nossa família, ajudou a facilitar conexões entre refugiados do Afeganistão e membros de nossa igreja. Dave, um amigo de outra igreja, usa suas férias para ir à Tailândia e trabalhar contra a indústria de tráfico sexual lá. Ele tem feito isso por sete anos seguidos.

Examinar realidades de larga escala geralmente significa examinar o local onde você vive, trabalha ou vai à igreja; depois, perguntar a si mesmo se há algo que você possa fazer para solucionar padrões ou políticas há muito arraigadas, as quais podem fazer com que alguns grupos sejam ignorados ou marginalizados. A partir dos exemplos anteriores de vieses implícitos, um corretor de imóveis poderia pensar em como enfrentar o padrão generalizado que trata clientes pertencentes a minorias de forma diferente do que aqueles pertencentes a maiorias. Médicos poderiam investigar por que ásio-americanos recebem menor quantidade de encaminhamentos para tratamento de câncer, embora seus índices de incidência sejam mais elevados. Agentes públicos ou professores poderiam buscar formas de evitar tais preconceitos no trabalho. Meu amigo Matt é sócio em uma empresa em Washington, D.C. Ele foi convidado a participar do comitê de diversidade. Sua empresa queria promover a diversidade fazendo um grande evento no Dia de Martin Luther King. Perfeito. Porém, seria muito mais importante, conforme a proposta de Matt, que os sócios começassem a procurar funcionários capazes e pertencentes às minorias. Poderiam mentoreá-los e acompanhá-los até que se tornassem sócios. É uma solução de longo prazo, mas construiria uma solução mais sólida e duradoura. Não seria simplesmente um verniz de solução.

Ao continuarmos a buscar uma visão cristã de justiça, precisaremos enfrentar direcionamentos concretos e políticas públicas. A maioria dos cristãos já possui uma visão a respeito disso, conforme falamos nos capítulos anteriores. Aqueles que se posicionam à direita trabalham contra questões como o aborto. Já os que se posicionam à esquerda tendem a se dedicar a questões raciais. É profundamente frustrante para mim, como disse na introdução, que Satanás tenha conseguido dividir cristãos e igrejas com tamanho sucesso, especialmente de etnias diferentes, com respeito a preocupações com a justiça segundo as mais variadas avaliações. O primeiro passo para restaurar a confiança é recuperar nossa participação conjunta no evangelho. A segunda é deixar de lado toda atitude defensiva e escutar o que o outro lado tem a dizer. Imagine se santos pertencentes à maioria e à minoria começassem a trabalhar juntos aqui? Será que os santos não conseguirão fazer o reino das trevas recuar um ou dois passos? Em minha opinião, a maior responsabilidade por ouvir, aprender e avançar pertence à maioria. Mas que todos os santos ouçam o chamado do evangelho à unidade, amor e justiça.

Muito me agrada o exemplo do senador republicano Tim Scott, que trabalhou junto com o senador democrata Cory Booker, para oferecer créditos tributários a empregadores que oferecessem vagas de formação profissional a jovens que buscam emprego. Eles propuseram custear o programa reduzindo a impressão de publicações governamentais que já estão disponíveis online. Tenho absoluta certeza de que o mundo se beneficiaria de um número menor de publicações governamentais! Eles também se uniram para trabalhar em questões relacionadas ao encarceramento em massa.

Afora isso, sei pouco ou nada sobre esses dois homens, mas oro para que os santos sigam esse tipo de exemplo bipartidário. E me alegro que muitos já tenham começado.

CONCLUSÃO

Confesso que não me sinto otimista nesse momento com relação ao problema racial nos Estados Unidos, bem como com relação a outras questões que causam divisão. Continuamos reafirmando nossas crenças mútuas em direitos, igualdade e liberdade. Contudo, por trás dessas palavras, há deuses distintos e visões diferentes de justiça. Os princípios que unem os Estados Unidos, ironicamente, os dividem.

JUSTIÇA: NÃO GIRA EM TORNO APENAS DE DIREITOS, MAS DO QUE É CERTO

E essa é a principal questão aqui. Nossos desafios na questão da raça são apenas um exemplo. Igualdade, liberdade e direitos individuais são boas dádivas de Deus. Porém, dissociadas de Deus, elas não possuem lastro para manter a nação unida. Não há apelo algum àquilo que é certo e ao Criador do que é certo. Por isso, nossa nação se enfurece contra o Senhor, assim como todas as demais nações, desde que surgiram as primeiras nações.

Podemos forçar a nação a adotar nossa definição do que é certo na esfera pública? Não, é claro que não. Mas isso não significa que devamos parar de nos manifestar a respeito e de viver de acordo com o que cremos. Nosso sucesso político, lembre-se, depende de nossa fidelidade, não dos resultados.

Tenho esperança e confio na obra de Cristo e de seu Espírito na igreja. Nossas igrejas têm a solução: amor no evangelho e justiça no evangelho. Uma coisa leva à outra. No amor, o Deus justo se torna o Deus justificador. Quando éramos todos pecadores, Cristo morreu por nós (Romanos 5:8). Ao fazê-lo, ele removeu a barreira que havia entre nós e Deus, e então a barreira entre nós e nosso próximo. Nosso destino, esperança e vida não depende de modo algum do favor das nações.

O amor do evangelho e a justiça do evangelho, juntos, desatam nós, neutralizam ácidos e dissolvem as mais insolúveis obstruções. Só o amor fará com que escolhamos a justiça, que transformemos nossas espadas em arados e nossas lanças em foices. Que viremos a outra face e caminhemos mais uma milha.

Nossas igrejas não deveriam ser o primeiro lugar no planeta onde testemunharíamos essas coisas? Onde, como disse no capítulo 1, podemos encontrar e desfrutar a paz justa e duradoura de Lincoln? Devíamos viver dessa maneira dentro de nossas igrejas. Devíamos passar a reproduzir o mesmo tipo de vida no lado de fora. O trabalho da igreja, por fim, não depende de forma alguma da aprovação do nosso país com relação ao cristianismo. Podemos ser populares ou impopulares. Nossa missão política, contudo, é sempre a mesma: amar o próximo, compartilhar o evangelho, promover a justiça.

CONSIDERAÇÕES FINAIS

Por que a batalha pode piorar, mas nossas esperanças políticas devem permanecer inalteradas, inabaláveis e intactas

Fui assistir ao jogo de beisebol do *Washington Nationals* ontem, com minha esposa e meus filhos. Foi muito divertido: salgadinhos, batata frita com queijo, algodão doce, limonada. Mas ninguém quis cachorro-quente.

Durante o intervalo da sétima entrada, uma mulher cantou "Deus abençoe a América". Todos se levantaram. Alguns tiraram seus bonés.

Tenho de admitir que aquela canção soou um pouco estranha para mim. Qual Deus? Que tipo de bênção? É como as palavras "Em Deus confiamos" em nossas cédulas de dólares. Estamos falando do mesmo Deus? E como confiamos nele?

Vejo vantagens e desvantagens desses tipos de expressões cívicas de fé e crença em Deus. Por um lado, é trabalho da igreja pronunciar o nome do Altíssimo. Além disso, essas expressões cívicas podem parecer hipócritas.

Por outro lado, uma nação e seus governantes devem ser constantemente lembrados de que terão de comparecer perante o tribunal de Cristo, para que cada um possa receber o que é devido pelo que foi feito por meio do corpo, seja bom ou seja mal (2Coríntios 5:10). O salmista alertou:

CONSIDERAÇÕES FINAIS

Por isso, ó reis, sejam prudentes; aceitem a advertência, autoridades da terra. Adorem ao SENHOR com temor; exultem com tremor. Beijem o filho, para que ele não se ire e vocês não sejam destruídos de repente, pois num instante acende-se a sua ira. Como são felizes todos os que nele se refugiam! (Salmos 2:10-12)

Perceba a quem esses versículos se dirigem: a reis e governantes de todas as nações, incluindo aos da nossa. E, como eleitores, também não somos esses governantes? Talvez seja bom que um leve vislumbre dessa advertência apareça cada vez que um de nós olhar para uma cédula de dinheiro ou escutar aquela canção.

AMOR PELA NAÇÃO

Eu desejo de coração que Deus abençoe os Estados Unidos, a terra que eu amo. Quero que ele o abençoe com paz e justiça. Quero que a nação conheça a bênção que vêm sobre os cidadãos e os líderes que buscam refúgio nele, como diz o último versículo do salmo.

Alguns de meus amigos com mentalidade mais global se perguntam se seria um problema amar seu país. Como muitas formas de amor, há versões saudáveis e doentias de amor pelo país.

Amo os Estados Unidos de forma análoga à forma como amo minha igreja. Não amo minha igreja de um modo que exclui as demais igrejas. Todas as igrejas compartilham o mesmo evangelho e o mesmo Deus. Pertencemos a mesma família. Estamos no mesmo time. Não obstante, os membros da minha igreja, eu conheço pelo nome, eu cuido de seus filhos na sala infantil, eles participaram de minhas aulas, eu faço parte da vida deles. Meu amor por todo o povo de Deus é exercido ali, *entre* eles, mesmo com todas as nossas falhas e pecados.

O mesmo critério deve ser seguido com relação ao amor por nossa nação. Não devemos amá-la ao ponto de excluirmos as demais. Todos compartilhamos um mesmo Deus e pertencemos a uma mesma humanidade criada à imagem de Deus. Deus definiu a duração e os limites dos Estados Unidos e de todas as demais nações, para que as pessoas pudessem encontrar um caminho até ele (Atos 17:26-27). Mesmo assim, seus cidadãos, estátuas, prédios, feriados, artistas, paisagens, jogos de beisebol, batatas fritas com queijo e maternidades de hospital da nossa nação são aqueles cujos nomes conhecemos. Nosso amor pela humanidade deve ser exercido aqui, entre eles, mesmo com todas as suas falhas e pecados.

ESPERANÇA PARA A NAÇÃO

Nenhum de nós sabe o que nos aguarda no futuro da nossa nação. A batalha pode ficar temporariamente mais feroz. Pode temporariamente ganhar outra escala. Já sabemos que a nação se enfurecerá contra nosso Deus e seu Ungido. O Ungido de Deus, seu Filho Jesus, prometeu que eles fariam isso até que ele retornasse.

Ainda assim, as esperanças políticas da igreja devem permanecer inalteradas, inabaláveis e intactas. Afinal, nossa vida é sobrenatural e todo nosso trabalho é sobrenatural, como disse meu pastor. Não podemos ressuscitar os mortos ou dar vista aos cegos. Isso era verdade em 1790, em 1950 e é verdade hoje. Nosso trabalho, portanto, não é mais difícil ou mais fácil do que já foi. Ele sempre dependeu inteiramente de Deus.

Não devemos ser ingênuos acerca das forças das trevas arregimentadas contra nós. Contudo, medo e recuo não fazem sentido para a igreja. Seguiremos avançando, como sempre fizemos.

Sim, se for para eu ter alguma esperança para a nação, não a depositarei na nação. Ela estará nas igrejas saudáveis.

A genialidade dos pais fundadores dos Estados Unidos e a sabedoria da Constituição são constantemente enaltecidas. E devemos atribuir honra a quem ela é devida. A menos que você conte a pequena república de San Marino, cujos documentos aparentemente remontam a 1600, os Estados Unidos possuem a constituição mais antiga do mundo. Ela precisou de algumas correções ao longo dos anos, especialmente após a Guerra Civil. Contudo, de

CONSIDERAÇÕES FINAIS

forma geral, provou ser mais durável que qualquer coisa que possa ser encontrada nas grandes e antigas nações da Rússia, China, Alemanha, Egito ou qualquer outra. E, como se não bastasse, os Estados Unidos sem dúvida provaram estar entre as nações mais prósperas, livres e fortes do mundo.

Ainda assim, parece que se deve o mesmo crédito aos pastores que apascentaram a infância e os pais cristãos dos fundadores dos Estados Unidos, tal qual aos próprios homens em si. Quase todos os fundadores foram criados segundo as virtudes morais do cristianismo, ainda que muitos deles tenham acabado por rejeitar suas doutrinas. Eles aplicaram as lições aprendidas inconsistentemente, mas foram ensinados a considerar os seres humanos como criados à imagem de Deus, com cada pessoa sendo merecedora de dignidade e respeito. Eles herdaram um entendimento dos direitos, da consciência e da igualdade extraído de uma fé que mantiveram, sim dentro de seu campo de visão, ainda que em graus variados. Eles tomaram as flores, ainda que tenham cortado as raízes.

A graça comum de Deus concede a muitos uma nação melhor do que mereceriam, mas tenho pouca confiança de que os Estados Unidos continuarão fortes, prósperos e livres sem alguma noção da retidão e da justiça de Deus em alguma parte de sua formação. Não digo isso por acreditar em um evangelho de prosperidade civil: obedeça a Deus e a nação seria abençoada como se fosse seu povo escolhido. É porque creio que o caminho da retidão e da justiça de Deus é o caminho da sabedoria. E prosperidade e abundância geralmente chegam para os sábios. Uma nação pode ser forte sem a retidão de Deus, como um Estado totalitário é forte. Ou pode ser "livre", em alguns sentidos miseráveis e combalidos dessa palavra, como um cachorro abandonado é livre. Mas não poderá ser ambos.

O que me traz de volta às igrejas saudáveis. Se há esperança para a nação, é por meio do testemunho e do trabalho das igrejas. Nossas congregações têm a oportunidade de oferecer vidas transformadas, vivenciando uma cultura transformada, por meio de uma política transformada, em sua própria comunidade, agora mesmo

— e tudo para a glória de Deus e para o bem no nosso próximo. E nos tornaremos postos avançados do céu quando nos concentrarmos, não na esfera pública, mas em pregar a Palavra e em fazer discípulos. Juntos, esses discípulos devem crescer em maturidade, em Cristo, conforme cada parte fizer seu trabalho (Efésios 4:13-16). Seguir-se-á o efeito ressonante no lar, no mercado de trabalho, na esfera pública, e no resto da vida.

Deus não tem a intenção de demonstrar sua própria justiça, retidão e sabedoria por meio das coisas sábias, nobres e poderosas deste mundo, mas por meio das coisas tolas, fracas e desprezadas. Ele quer ser engrandecido primeiramente não por meio do Congresso dos Estados Unidos, ou do editorial do New York Times, ou dos departamentos de filosofia da Ivy League; mas por meio do Irmão Bob, da Irmã Sue, e do Diácono Darnell, lá na Igreja Batista Bumblestew.

Oh, nações da terra, observem esses três reunidos no nome de Jesus para ver os caminhos da justiça e da misericórdia de Deus. Eles são o sal e a luz de Deus para vocês. Percebem algo diferente neles? Uma espécie de brilho? Eles estão longe de serem perfeitos, sem dúvida. Seu Rei, contudo, é perfeito. E a vida deles, juntas, poderão lhes oferecer um antegosto de seu reino.

Este livro foi impresso pela Cruzado
para a Thomas Nelson Brasil.
A fonte usada no miolo é ACaslon Pro.
O papel do miolo é pólen natural 80g/m².